BESTSELLER

Pablo Vierci (Montevideo, 1950). Escribió *Los tramoyistas* (1979, traducido al inglés y portugués), *Pequeña historia de una mujer* (1984), *Detrás de los árboles* (1987), *99% asesinado* (2004), *La sociedad de la nieve* (2008, traducido al portugués y reeditado en 2022, traducido al inglés, italiano y catalán), *De Marx a Obama* (2010), *Artigas - La Redota* (2011), *El desertor* (2012), *Ellas 5* (2014), *Tenía que sobrevivir* (2016, en coautoría con Roberto Canessa, traducido al inglés, mandarín e italiano), *El fin de la inocencia* (2018) y *La redención de Pascasio Báez* (2021). Escribió guiones para los largometrajes *Aqueles dois* (1985), *El viñedo* (1999), *Matar a todos* (2007) y *Artigas - La Redota* (2011), así como para la serie *Contámela en colores* (2012). Obtuvo dos veces el segundo Premio Nacional de Literatura de Uruguay (1987 y 2004) y el Premio Libro de Oro de la Cámara Uruguaya del Libro (2009). Sus guiones obtuvieron el Premio Fona (1999), el Premio al Mejor Guion en el 29.º Festival de Cine de La Habana (2007) y el Premio al Mejor Guion en el 14.º Festival de Cine de Lleida (2008). En 2003 obtuvo el Citi Journalistic Excellence Award, otorgado por la Universidad de Columbia de Nueva York.

PABLO VIERCI

La sociedad de la nieve

La mayor historia de supervivencia jamás contada

DEBOLS!LLO

Papel certificado por el Forest Stewardship Council®

Penguin
Random House
Grupo Editorial

Primera edición en esta colección: noviembre de 2025

© 2008, 2022, Pablo Vierci
© 2022, Editorial Alrevés, S.L.
© 2025, Penguin Random House Grupo Editorial, S. A. U.
Travessera de Gràcia, 47-49. 08021 Barcelona
Diseño de la cubierta: Penguin Random House Grupo Editorial
basado en el diseño original de Elle Garrett – LBBG
Imagen de la cubierta: © Quim Vives

Printed in Spain – Impreso en España

ISBN: 978-84-663-8754-5
Depósito legal: B-16.299-2025

Impreso en Black Print CPI Ibérica
Sant Andreu de la Barca (Barcelona)

P 3 8 7 5 4 5

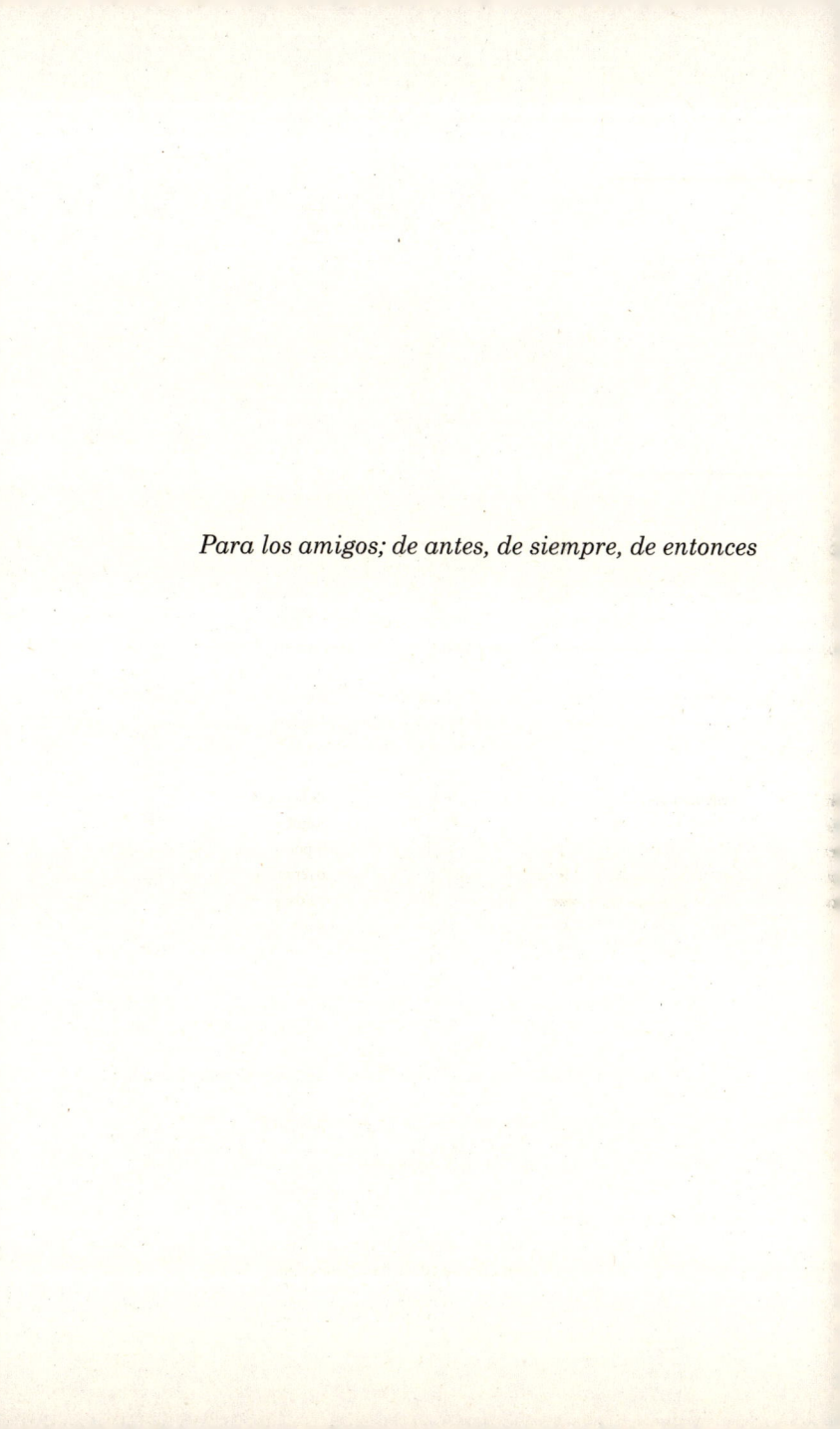

Para los amigos; de antes, de siempre, de entonces

Índice

◆

Cincuenta años

◆

En 2022 se cumplen cincuenta años de una historia que no tiene punto final, que nunca deja de mostrar nuevas miradas sobre lo que ocurrió en los Andes en 1972, y sobre nosotros mismos, pues el paso del tiempo no opaca esta historia sino, por el contrario, la revive en una constante reinterpretación de los hechos, así como el equilibrio mismo entre la vida y la muerte nunca termina de decantarse del todo.

Tras la publicación de *La sociedad de la nieve* en 2008 seguí conversando con los sobrevivientes, con familiares de quienes murieron, y con otros participantes de la tragedia, como los militares de la Fuerza Aérea Uruguaya que colaboraron en la búsqueda, entre ellos el capitán encargado de la expedición final en enero de 1973 al lugar del accidente, para tratar de buscar indicios que permitieran entender las razones del mismo y enterrar a los muertos.

Lo que ocurrió en los Andes es tan desmesurado que actúa como un lente de aumento resaltando lo relevante y dejando en evidencia lo intrascendente. La primera lección que aprenden los sobrevivientes es como una metáfora: el frío que entra por el boquete de atrás es gélido, pero si se acurrucan para dejar la menor superficie expuesta y, fundamentalmente, si se abrazan, no mueren congelados: «pégame, sóplame la espalda, abrázame, dame calor», le dicen al de al lado.

A partir de ahí van dejando por el camino todos los prejuicios y mezquindades de la sociedad del llano, que no sólo no sirven allí, sino que perturban en una situación catastrófica como aquélla, en el peor lugar imaginable, perdidos, abandonados. Contrariamente a lo que predicen las ficciones apocalípticas no hace su aparición la jauría humana, el «sálvese quien pueda». En lugar de ello asoma el espíritu solidario, donde lo prioritario es atender al más lastimado: la salvación es colectiva, con compasión y misericordia, porque cada vez que uno muere, todos se mueren un poco.

El pacto de entrega mutua cuando deciden que, si mueren, los demás pueden usar sus cuerpos como alimento para que uno o algunos lleguen a la meta, define que saldrán de allí por ellos mismos o en los músculos de sus compañeros. Todos saben que son sobrevivientes y combustible al mismo tiempo. Quienes lleguen a la otra orilla saben que retornarán por los demás y por los veintinueve que ya no regresarán vivos, a cuyas familias deberán contarles lo que sucedió.

El 22 de diciembre, tras pasar abruptamente de la sociedad de la nieve a la del llano, los sobrevivientes demoran en adaptarse, pues traen la primera impregnada en el cuerpo y en el alma, un vínculo que no se desprende fácilmente y que jamás se diluirá del todo: les cuesta dormir en un plano horizontal, les marea el bullicio ininteligible del llano, o les resultan atronadoras las bocinas de la ciudad, pues temen que sean aludes. Ese estado especial hace que al principio sólo se entiendan íntimamente entre ellos. Sus familiares hablan de un velo sutil que los envuelve, al principio para protegerse del exterior, pero luego ese velo cambia de forma, sin diluirse del todo, para preservar esa sociedad intermedia y novedosa.

Algunos, incluso, extrañan abandonar aquel ámbito donde vivieron experiencias radicalmente diferentes. «Cuando nos íbamos, tras el rescate, el avión fue quedando chiquito. Dejaba ahí setenta y dos días de sufrimiento continuo en cuerpo, alma y mente, sin ningún minuto de paz, salvo cuando me moría. Y pensé que algo bueno me llevaba de allá, la paz que encontré debería encontrarla en la vida, y por momentos lo he logrado», dice Coche Inciarte. Daniel Fernández Strauch nunca quiso regresar al lugar del accidente para que no se desvanecieran algunos aprendizajes que calaron muy hondo y que pretende preservar mientras viva. Gustavo Zerbino lloraba cuando el helicóptero se alejaba, «no sé si de alegría o de tristeza».

Experimentaron la absoluta incertidumbre, la genuina soledad, y al regresar sienten una eterna gratitud por estar vivos. Son luchadores, no desfallecen, no se resignan. Superaron el miedo convencional y experimentan más intriga que temor, lo que les otorga una seguridad y una confianza en sí mismos singular. Saben, a nivel consciente o inconsciente, que todos tienen una segunda oportunidad, hasta una segunda posibilidad de redimirse.

La cuenta regresiva

Desde el momento del accidente la situación es tan desesperante que se pone en marcha un reloj truculento, y comienza una cuenta regresiva, en una búsqueda enloquecida y a ciegas de la luz al final del túnel, que recién asoma cuando los expedicionarios ven al arriero Sergio Catalán en la precordillera chilena. Hasta ese momento todo es una carrera contra el tiempo, con información incompleta, un andar a tientas (hasta la salida por el oeste terminó siendo equivocada) siempre balanceándose en la cornisa, en el límite mismo entre la vida y la muerte.

Al momento del accidente murieron dieciséis y quedaron veintinueve con vida. Al final los números se invirtieron, dieciséis vivos y veintinueve muertos. Aprendieron que cuanto más dilataran la salida, más compañeros morirían: por las heridas, por el frío, por inanición, por imprevistos como el alud o, cuando subiera la temperatura en verano, por las temibles infecciones que acosarían sus cuerpos sin defensas, que habían perdido buena parte de su peso, y que habían mantenido a raya en un ambiente congelado de 30 grados bajo cero. Pero al mismo tiempo, si la huida era prematura, el riesgo sería mayúsculo, porque todos podrían sucumbir, como descubrieron con la escalada del día once, cuando dos de los tres expedicionarios, Daniel Maspons y Numa Turcatti, terminaron muriendo.

Piensan que no pueden estar peor, pero aprenden, con el alud del 29 de octubre, que también esto está equivocado: siempre pueden estar peor, están en el fondo de un pozo que no tiene fondo.

La cuenta regresiva operaba para todos: en primer lugar, para los heridos, porque el tiempo se les agota; pero era igualmente acuciante para los expedicionarios, quienes se jugarían la vida y debían ponderar factores tan desproporcionados y desconocidos como el hecho de que si salían más temprano de lo prudente (concepto el de la prudencia que caducó en la montaña, donde toda la epopeya estuvo marcada por la imprudencia), arriesgarían la vida de todos.

Este manejo de los tiempos pautó de forma desesperante toda la peripecia. ¿Cómo medir el tiempo cuando es a costa de amigos que se mueren, cómo sopesar la cantidad de cadáveres que les restan para alimentarse, cómo adivinar el costo de la inanición galopante, cuando sabían, porque lo aprendieron, que hay un punto de no retorno, cuando por más que se puje es imposible remontar la cuesta?

El reloj que pautó la cuenta regresiva, la carrera contra el tiempo, fueron los muertos. No hay estadísticas, no hay experiencia, no hay teoría, porque nunca había sucedido algo semejante. Todos sufrieron y no hay forma de medir la intensidad con que lo hicieron. Los que salieron despedidos cuando el avión impacta contra la cumbre de la montaña y se parte en dos; los que volaron cuando el fuselaje se desliza vertiginoso por la ladera de los Andes o los que mueren aplastados por hierros y asientos cuando se detiene abruptamente contra la berma de nieve. Los que mueren en la noche del accidente; los que mueren después, por las heridas; los ocho que mueren sepultados bajo el alud y los tres que sobrevivieron buena parte de la epopeya y fueron precipitando las salidas de las expediciones. Pujaron por vivir todo lo posible, hicieron el pacto de entrega mutua, sufrieron la humillación de tener que comer cadáveres, la claustrofobia del alud, vivieron toda la agonía, pero quedaron en la orilla, sin recibir la recompensa.

El medio siglo puede ser un momento propicio para ajustar el foco en los que no volvieron, los que dejaron una estela de dolor lacerante que nunca termina de cicatrizar en sus familias y amigos.

De los malheridos en el accidente, la última en morir fue Susy Parrado, la hermana de Nando.

Los ocho que murieron en el alud hicieron todo lo que pudieron, o más, para salvarse y salvar a los demás.

A Marcelo Pérez del Castillo le correspondió la dura tarea de hacer el aterrizaje de emergencia en la sociedad de la nieve, lo que hizo con coraje y gentileza, con una hidalguía que contagió a toda la peripecia, hasta el último minuto.

Juan Carlos Menéndez, que sólo conocía a Numa Turcatti y a Pancho Delgado, y que llegó al avión de casualidad, estuvo siempre a la orden para lo que se necesitara, con su perfil bajo, sin estridencias.

Enrique Platero, con un físico privilegiado, refleja como nadie el estoicismo: se olvida de inmediato de la herida en el estómago, por la que pierde sangre y se debilita y está presente en todas las tareas fuertes.

Diego Storm, dedicado estudiante de segundo año de Medicina, si bien no es «médico de guerra», como Roberto Canessa o Gustavo Zerbino, puso todo su conocimiento y ternura para salvar a Nando Parrado y atender heridos desde el primer momento del desastre.

El Soldado de Primera Técnico Especialista Carlos Roque, el mecánico del avión, que tras el accidente pierde la cadena de mando, había aprendido los conceptos de disciplina y jerarquía militar en la Escuela Técnica Aeronáutica y queda a cargo de ese avión de la Fuerza Aérea, aunque no sea más que un montón de hierros contrahechos, mientras en su casa en Montevideo lo espera un niño de un año y cinco meses. Y aun así se integra al grupo y ayuda en lo que puede, como cuando les pide que busquen las baterías en la cola del avión para intentar hacer funcionar la radio.

Daniel Maspons, el único varón de una familia con cuatro hermanas mujeres, puja desesperadamente por salir porque sabe que, si no vuelve, su padre no podrá sobreponerse, y esa consternación es una de las razones por las que participó en la temeraria expedición del día once, donde aprendieron de sus carencias y supieron un poco más sobre cuán perdidos estaban.

Gustavo «Coco» Nicolich es un luchador y su personalidad se refleja en las dos cartas que escribió en la montaña, redactadas a tirones, por impulsos, sin fecha de vencimiento ni destinatario asegurado, mostrando esa zona gris que en un mismo párrafo traduce la esperanza y la agonía, porque ya viven en un plano de conciencia que no es real ni irreal. Escribe que quienes emprendieron la primera expedición el día cuatro «demostraron ser de los tipos más valientes de los que quedaron», mencionando a Numa Turcatti, y destacando el rol de los «médicos», Canessa, Zerbino y Diego Storm. También aborda el tema más espinoso con coraje y entrega: «Una cosa que te va a parecer increíble y a mí también me parece; hoy empezamos a cortar a los muertos para comerlos, no tenemos otro remedio (…). Como lo único que interesa es el alma, no tengo por qué tener un gran remordimiento y si llegara el día y yo con mi cuerpo pudiera salvar a alguien, gustoso lo haría».

Liliana, con sus cuatro hijos esperándola en Montevideo, era la madre del avión, la que con una caricia curaba mejor que cualquier medicina que no tenían. Por eso, su hija mayor, María Laura, que tenía diez años en 1972, me cuenta ahora que «mamá en la casa era la misma que fue en la montaña». En la carta que escribió en los Andes, el 23 de octubre, poco después que escucharon en la radio portátil que no los buscan más, apunta: «Yo creo que esto es una prueba de Dios. Si salimos de aquí, nos dio una experiencia que en mi vida tendré, si no, espero que a mis hijos Dios los ayude y nunca le echen la culpa de nada. Cada persona tiene su destino, espero que la familia se ocupe de ellos, no quiero dar responsabilidad a nadie, ya sabrán quién los tomará». Y termina: «No se imaginan el grupo hermoso de jóvenes que nos acompañan».

A partir del alud, la muerte es inminente, la vida en el fuselaje es provisoria y tienen que salir cuanto antes, aunque no saben cómo, ni a dónde, ni cuándo. La muerte de los últimos tres pautó el tramo final, cuando el tiempo se aceleró exponencialmente. Cuanto más se estira y se sufre, más se acortan los plazos, que ya no se miden en días, ni en horas, sino en los latidos de los corazones que languidecen. «Si no se apuran, no llego», le dice el inquebrantable Rafael «Vasco» Echavarren al amigo que hizo en la montaña, Daniel Fernández.

La muerte de Arturo Nogueira, el 15 de noviembre, precipitó la salida de los tres expedicionarios, que partirían dos días después, el 17, rumbo al este, cuando encuentran la cola y descubren la clave para dormir en la alta montaña, el material aislante para el saco de dormir. Arturo, de veintiún años, era un joven sensible e inteligente, jugador del Old Christians, hábil en todos los deportes. Y, como lo cuenta en la carta que escribió en la montaña a su familia, en el accidente se le quebró una pierna y se le inflamó el tobillo de la otra, manteniéndolo tullido, la mayor parte del tiempo en las hamacas colgantes junto al Vasco Echavarren. Coche Inciarte describe la forma en que lo conoció cuando salía del fuselaje para colaborar en lo que podía. «Cuando logramos fabricar agua vi el primer acto de misericordia de la montaña. Arturo Nogueira hizo un litro de agua rosada porque usaba una botella que tenía un resto de vino, y empezó a pasar la botella sin probarla él primero, dejando para tomar al final, y éramos veintisiete vivos, daba para mojarte los labios, nadie pegó un trago más largo y cuando la botella volvió a Arturo, estaba vacía, y si no había sol, pasaba dos días sin tomar agua. No la había hecho para él, la había hecho para los demás».

En noviembre Arturo se debilita. Sus conversaciones anteriores sobre la vida en sociedad, sobre la utopía en el llano, se transforman en metafísicas, poniendo de manifiesto algo que todos están viviendo. La espiritualidad crece a medida que se aproxima el final. La carta que escribe a su familia y a su novia poco antes de su muerte termina así: «Fuerza que la vida es dura, aunque merece vivirse, aun en el sufrimiento. Valor».

El 3 de enero de 1973 el padre de Arturo publicó, en nombre de la familia, una carta en el diario *La Mañana* de Uruguay que operó como un bálsamo para los sobrevivientes: «Estas breves líneas, surgidas por un imperativo ineludible de nuestros corazones, desean rendir, públicamente, nuestro homenaje de admiración y reconocimiento a los dieciséis jóvenes héroes sobrevivientes de la tragedia de los Andes». Y más adelante, agrega: «Invitamos a todos los ciudadanos de nuestra patria a unos minutos de meditación, sobre la inmensa lección de solidaridad, coraje y disciplina que nos han dejado estos chicos, y que ella nos sirva a todos, para aprender a dejar de lado nuestros mezquinos egoísmos, desmedidas ambiciones y desinterés por nuestros hermanos».

El Vasco Echavarren murió el 18 de noviembre, un día después de partir la expedición rumbo al este. «El Vasco se ofrecía a salir, se ponía de pie, pero se caía, porque le faltaba una pierna, que estaba muy herida, porque el injerto, cuando le pegamos el trozo que se había desgarrado, sin antibióticos, no había funcionado. Entonces yo decía: "el Vasco quiere salir con una sola pierna y ustedes con dos no se deciden"», cuenta Gustavo Zerbino.

«Cuando subía a su hamaca a hacerle compañía le preguntaba si le dolía la herida, o si tenía frío, y él siempre me respondía que no, que no le dolía, que estaba bien, pero yo me daba cuenta que le dolía, porque si le rozaba la pierna sin querer, saltaba, y yo me congelaba, o sea él también lo hacía, pero jamás se lamentaba porque sabía que sus quejas agregarían desasosiego en ese infierno», relata Daniel Fernández.

El Vasco no escribió cartas: «yo no escribo porque voy a contarlo personalmente». Daniel Fernández fue el primero en regresar a Montevideo, junto con Bobby François, el 24 de diciembre, después del mediodía. Quería volver cuanto antes e irse al campo, a la naturaleza verde, sin gente que lo acosara, pero tenía un compromiso previo ineludible, no bien llegara: «yo era la carta que el Vasco nunca quiso escribir». En el auto hacia su casa, su padre le contó un hecho que lo dejó atónito: en el período del limbo de la búsqueda había trabado una intensa amistad con Ricardo Echavarren, el padre del Vasco, intercambiando informaciones, analizando la cordillera, que Ricardo recorría en avionetas, moviendo cielo y tierra, similar, en todo, al vínculo que Daniel había trabado con su hijo en la montaña. No bien llegaron a la casa, su padre llamó a Ricardo, como Daniel quería. A la mañana siguiente, 25 de diciembre, muy temprano, vino toda la familia, sus padres, sus tres hermanas y su novia. Daniel empezó a hablar, a contar todos los detalles de la penuria del Vasco en la montaña, su entereza. La familia lo escuchaba en silencio, no volaba una mosca, y aunque el relato era duro, no había llantos, ni exclamaciones o lamentos. «Pero lo más increíble de esa reunión del 25 de diciembre es que a medida que les contaba, me daba cuenta de que esa familia era exactamente igual a cómo la imaginaba cuando escuchaba los cuentos del Vasco». Beatriz Echavarren, su hermana menor, me cuenta que «en casa jamás se quitaron las fotos de Rafael, o jamás se insinuó que "acá nadie más se puede reír". Lo que sí ocurrió es que mi madre se quiso mudar de casa. En el apartamento de la calle Ponce estaba el dormitorio de Rafael y eso le provocaba tristeza».

Un mes después, en enero de 1973, Ricardo Echavarren llamó a Daniel Fernández para anunciarle que iría a los Andes a buscar el cuerpo de su hijo para cumplir con el deseo que tantas veces expresó en la montaña de que saldría de allí, acompañado por el padre de Gustavo Nicolich. Ricardo llevó a su hijo a caballo hasta que, cuando llegó a la ciudad más cercana, San Rafael, lo detuvieron porque faltaba la documentación correspondiente para transportar un cuerpo. Cuando lo liberaron, lo trajo de regreso un avión de la Fuerza Aérea Uruguaya. «Y lo enterraron en el panteón 571 del Cementerio del Buceo, el mismo número que tenía el avión que se cayó en la montaña, acompañado por los sobrevivientes y muchas familias de los que no volvieron», cuenta Daniel. Algunos compañeros de los Andes tomaron las asas del cajón hasta la tumba.

Numa Turcatti, como el Vasco, también viajó de casualidad, no pertenecía al Old Christians y de los que sobrevivieron al accidente sólo conocía a Pancho Delgado, su amigo de toda la vida. Cumplió veinticinco años el 30 de octubre, sepultado bajo el alud. Era musculoso, de complexión fibrosa, aunque no demasiado alto. Numa era, además, un personaje especial. En la carrera de postas de la montaña, colaboró en todas, desde el primer momento, sin medir jamás el riesgo, sin hacer el más mínimo cálculo sobre la energía que entregaba y la que debía reservar para él. Participó en la expedición del día cuatro, en la salida desesperada del día once, poco después de escuchar por la radio que suspendían la búsqueda, y siempre quiso participar en las expediciones finales, aunque una herida que sufrió durante el alud se le había infectado y empeoraba día a día, porque sus cuerpos ya no tenían defensas.

«Formado como persona desde los pantalones cortos, maestro del amor, amado por siempre, Numa Turcatti», como lo definió Gustavo Lussich, un compañero de infancia y juventud en el colegio en el que había estudiado, el Sagrado Corazón de los jesuitas en Montevideo. En el avión, en esos pocos días de tragedia, se ganó el cariño y la admiración de todos. «Cuando hablo de Numa me pongo a llorar: es la mejor persona que conocí en mi vida», dice Coche Inciarte. «Si yo contenía a los que flaqueaban con ternura, Numa lo hacía mucho mejor porque nunca se cansaba. Siempre estuvo pendiente de la angustia de todos. Irradiaba paz, jamás claudicó, cuando él se acercaba yo sentía como si bajara Jesucristo, con la misericordia a flor de piel, en la mirada. No sé de dónde sacaba tanta fuerza».

Nando Parrado recuerda que Numa vio algo muy angustiante en la expedición del día once. «Gustavo Zerbino no nos decía la verdad por entero, para no desanimarnos. Cuando yo le preguntaba a Numa, no sabía mentir, y me decía: "hasta donde llegamos, se ven más montañas". Pero igual él siempre quiso ser expedicionario. "Yo quiero ir", me decía, pero yo me daba cuenta que no podía, se había desgastado demasiado y estaba herido».

Entonces Numa se acercaba a Daniel Fernández, sabiendo que tenía predicamento sobre los otros e intentaba convencerlo: «"yo puedo, Daniel, créeme que puedo". Como yo le decía que la herida se lo impedía, él volvía a trabajar más fuerte, como un toro, sacando nieve para desenterrar el avión tras el alud, para demostrar que sí, que podía».

Si conocemos a su familia, lo comprendemos mejor. «En casa siempre nos enseñaron que tuviéramos el mismo respeto por todas las personas por igual», cuenta Daniel, su hermano menor. «Éramos una familia sencilla donde se fomentaba que fuéramos genuinos, sin máscaras. Se valoraba el esfuerzo y papá predicaba con el ejemplo, trabajando de sol a sol. Mamá aportaba la ternura, la incondicionalidad para con sus hijos. Eso se traducía en que todos los amigos preferían venir a casa, siempre eran bienvenidos, y por eso la casa era una romería de gente, con cinco hermanos, cuatro de ellos varones. A su vez Numa encarnaba bien el lema del colegio al que íbamos, "*ut serviam*", "para que yo sirva", o ese otro que lo define: "vivir la vida de tal suerte, que viva quede en la muerte"».

«Era una familia tan armónica que mi mejor juventud la pasé con ellos», asegura su amigo Pancho Delgado. «Era humilde pero no sumiso, tenía su temperamento. Jugando al fútbol era medio polvorita, no toleraba el juego sucio, aunque jugaba fuerte», añade su hermano Daniel. «No permitía que se hablara mal de los amigos, nunca lo escuché criticar a nadie, tenía una lealtad exacerbada, lo que le puede haber jugado en contra en la montaña, porque no sabía ser egoísta».

«Nunca me lo imaginé viviendo en el llano, porque lo conocí y lo quise en aquel tormento de los Andes», sostiene Coche. «Le costaba comer, igual que a mí. Lo hicimos en el límite, apenas para sobrevivir, yo bajé cuarenta y cinco kilos, él bajó más. A partir del alud se le infectó la pierna, como a mí. Los dos nos operamos juntos, con una hojita de afeitar. Pero él se deterioró un poco más que yo, porque había entregado mucho, había sido demasiado generoso. Por eso Numa es el último que muere y el primero que se sacrifica».

«Numa se inmola para provocar la salida de los expedicionarios, como si dijera: "si me muero ahora, primero dejo de sufrir y además los impulso para que se vayan"», asegura Gustavo Zerbino, que fue quien encontró la nota que Numa escribió en su mano cerrada. «Con ese mensaje les hablaba a los expedicionarios: "les toca a ustedes". Lo miré a Roberto y Roberto me responde: "ya está, salimos mañana"». «Y ninguno de los diez días de la expedición final nevó, y hubo luna llena. No cayeron en una grieta y cuando tropezaron con un río que podía bloquearles la salida, eligieron el lado correcto, que les permitió continuar. Y al final encontraron a un arriero generoso», culmina Coche.

Tiempo después del regreso a Montevideo, algunos sobrevivientes quisieron visitar a la madre de Numa —su padre había muerto— para hablarle de lo que había sido su hijo en la montaña. El hermano menor, Daniel, que estaba presente, lo recuerda así: «Mamá escuchaba en silencio. Ellos hablaban, uno a uno, mientras mamá revivía la vida de su hijo, ese agujero que nunca se llenó. De repente les pregunta: «¿en algún momento Numa les falló?»… y en cierto modo recibió la respuesta que quería escuchar, que tampoco le sorprendió, pero le reconfortó confirmar lo que ella siempre creía: la muerte de su hijo no había sido en vano».

Juan Antonio Bayona

En abril de 2017 conocí, en Londres, a Juan Antonio Bayona, el cineasta español que en pocos años se convirtió en uno de los más prestigiosos del mundo. Desde hacía seis años «Jota», como le dicen sus más cercanos, estaba muy interesado, junto con su compinche y productora Belén Atienza, en hacer una película basada en el libro *La sociedad de la nieve*. Como manifestó públicamente, el libro había sido fuente de inspiración durante el rodaje de su película *Lo imposible*, leyendo fragmentos a los actores. Incluso el título, *Lo imposible*, se inspiró en una idea recurrente de *La sociedad de la nieve*.

Su sensibilidad y talento me cautivaron de inmediato, como luego cautivaron a los sobrevivientes y a las familias de los muertos que conoció. Trabajamos muchos años en la versión que él quería hacer, en Madrid, Barcelona y Montevideo, donde en 2018 entrevistamos largamente, una vez más, a los sobrevivientes y algunos amigos de los que no volvieron. Al fin Jota encontró lo que consideró que era la forma más adecuada de narrar la peripecia.

El 30 de julio de 2021 fuimos con Jota Bayona y Gustavo Zerbino a la Biblioteca Nuestros Hijos, donde nos recibieron muchos de los hijos de las madres que impulsaron esa iniciativa, en memoria de los que no volvieron de la montaña. Jota quiso contar el punto de vista de la película y cuando comenzó a explicar que quienes suelen considerarse héroes en la sociedad del llano no siempre cumplen su destino en la sociedad de la nieve, sino que mueren en la orilla haciendo todo el sacrificio, pero sin recibir ninguna recompensa, se le nublaron los ojos y la voz se le entrecortó. Todos entendieron perfectamente lo que quería decir. No conocía a ninguno de los presentes, pero era como si los conociera desde hacía muchos años, mientras recreábamos la historia de lo ocurrido en los Andes.

Poco después, el 2 de agosto, fuimos con Jota y el actor uruguayo que interpreta a Numa, Enzo Vogrincic, a conocer la casa donde vivió sus veinticuatro años, en la calle Tapes, en el Prado, donde ahora funciona una organización de fomento rural. Nos acompañaron los únicos hermanos que permanecen con vida: Isabel, la menor, y Daniel. Isabel observaba atentamente a Enzo mientras recorríamos la casa, el comedor donde estudiaba con sus amigos, el dormitorio que compartía con sus hermanos, el sótano donde los varones jugaban al fútbol, con los mismos placares de madera que todavía muestran las huellas y los abollones de los pelotazos. El tiempo comenzó a diluirse. Cuando llegamos al fondo del caserón donde de niños, en los días de lluvia de verano, Numa competía corriendo con Daniel desde una fuente hasta la pared lindera para llegar ensopados de regreso, Isabel tomó la mano de su hermano mayor (Enzo), como si hubiera acabado de ganar otra carrera.

El 8 de octubre de 2021, poco antes de que los actores viajaran a España para el rodaje (a Barcelona primero, para los ensayos y luego a Sierra Nevada, además de lo que se filmaría en los Andes argentinos y chilenos, en Uruguay, en Chile y en España otra vez), se organizó un encuentro con los sobrevivientes, en un Club House de un barrio en las afueras de Montevideo. La reunión se fue cargando de una energía diferente, como si todos estuvieran a diez centímetros sobre el piso. Miraras donde miraras se veía una escena sobrecogedora: un grupo de sobrevivientes giraba en torno del capitán Marcelo, para buscar las diferencias físicas porque era demasiado parecido; a Daniel Fernández todos le llamaban Francisco, a Tintín le decían Agustín, los nombres de los actores, con la misma naturalidad con que los sobrevivientes llamaban a los actores con sus propios nombres, al punto que había un momento en que uno no sabía quién era quién.

Hablaron todos los sobrevivientes y algunos, como Gustavo Zerbino, se refirieron a los muertos. Luego hablaron los nuevos pasajeros del avión. Susy Parrado leyó un texto que había escrito sobre la muerte y todos decían que lo que estaban viviendo no podía ser verdad, ni real, que estaban tocando el cielo con las manos, o las estrellas, como dijo Diego Storm, porque estaba muerto.

El 10 de enero de 2022 comenzó el rodaje en Sierra Nevada, Granada, en uno de los tres fuselajes rodeados de nieve recreados hasta en las minucias, en el Base Camp Peñones. (Otro está a más de tres mil metros, en la montaña, en un paisaje insólitamente similar al Valle de las Lágrimas, aunque en otra escala y el tercero en un valle rodeado de olivos). El plató se encuentra dentro de un gigantesco hangar donde está el avión destruido, con niebla y pantallas que recrean el escenario del Valle de las Lágrimas. El avión acaba de estrellarse, está nevando y todos se estremecen. Jota Bayona, como algunos actores, se había infectado una semana antes con el virus del covid, le faltaban dos días para terminar la cuarentena y teledirigía con voz firme y emocionada por un altoparlante, que nadie sabía de dónde provenía.

La voz de Jota ayuda a ubicarse, en el lugar, en el momento y en el estado espiritual de la tragedia. Una multitud de técnicos, fotógrafos, camarógrafos, *gaffers*, sonidistas, continuistas, vestuaristas, maquilladores, de efectos especiales, médicos, enfundados en abrigos de montaña, con gorros, guantes y tapabocas, van de aquí para allá, encienden y apagan lámparas, mueven asientos del avión, corren obstáculos, cadáveres, se trepan en andamios, operan una grúa gigantesca, como sombras. Abro y cierro los ojos y son como zombis, en un caos que, a diferencia del otro, está controlado.

Los actores, en mangas de camisa, tiritan y deambulan a tientas, intentando entender qué ocurrió, dónde están, orientados por la voz de ultratumba, que cada momento parece provenir de más lejos. De pronto el rodaje hace una pausa y se abren las enormes puertas del hangar. Miro a un lado y al otro y es el mismo paisaje, la montaña, la niebla, el frío, la ventisca; miro a un lado y al otro y no sé cuál es real, o irreal.

Los actores salen del fuselaje, algunos murieron o van a morir, otros se están salvando, la voz del más allá los sigue guiando. Estoy tan desorientado como ellos, me acerco por un instante a la cornisa en la que vivieron en octubre de 1972, oscilando entre la vida y la muerte. Nos estamos transportando.

P. V.
<small>Junio de 2022</small>

Carta de J. A. Bayona,
mayo de 2011

◆

Descubrí *La sociedad de la nieve* durante un largo proceso de documentación para el rodaje de mi anterior película, titulada *Lo imposible*. Ambientada en Tailandia durante el tsunami del 2004, la película se centra en la historia real de una familia que sobrevivió a la tragedia.

De todos los textos que leí durante el largo proceso de documentación previo al rodaje, el vuestro no sólo fue el más iluminador, sino que supuso un vuelco para todas las personas relacionadas con la película, a las que fui confiando la lectura de vuestro libro como si de un tesoro se tratara.

Lo imposible está impregnada de vuestro relato en la medida en que todas las experiencias extremas y profundas se tocan entre sí: la capacidad de brindarse al otro que tiene el ser humano; la sensación de incertidumbre que revela la certeza de la muerte; el alivio y la culpa que supone sobrevivir... El abanico coral, y por lo tanto amplísimo, de emociones y vivencias que vivieron ustedes allá en la montaña nos iluminó a todos (técnicos, actores y las personas que vivieron el drama real) de manera casi cegadora, con la misma intensidad con la que su sol pegaba en la nieve.

La sociedad de la nieve es uno de los relatos más impresionantes, inspiradores y reveladores que he leído nunca. Ha pasado el tiempo y el recuerdo de vuestra narración nos sigue conmoviendo. Y no puedo dejar de pensar que al cerrar el libro tuve la sensación de que no conocía realmente la historia que creía conocer, que aquello que había leído o visto anteriormente no era más que la punta del iceberg de lo que realmente sucedió allí y que su viaje debería ser contado en la gran pantalla con la misma intensidad con la que yo devoraba las páginas.

Hay algo que me obsesiona de sobremanera en su historia y es esa visión profundamente humana y optimista del hombre. Creo que «el corazón desnudo» del que habla Adolfo Strauch, «donde el ser humano se entrega al otro» no ha sido llevado realmente al cine. Creo que no hay mejor motivación a la hora de hacer una película que la de hablar de la dignidad a la que Roberto Canessa se refiere cuando habla de «la chance de vivir la vida de aquellos que no tuvieron la oportunidad de hacerlo». Creo que su historia merece una película que explique el contexto verdadero de la montaña, que transmita el frío, el hambre, que se exprese en el idioma en el que se desarrolló realmente y por encima de todo transmita la profunda espiritualidad que nació en su sociedad, que al ser tan profunda es universal y está a la altura de todo lo imposible que vivieron allá arriba.

Estoy a su completa disposición para hablar lo que crean necesario o responder cualquier pregunta que les parezca conveniente hacer. Con la esperanza de volver a hablar otra vez con ustedes les envío un abrazo calurosísimo desde España.

Muchas gracias,

J. A. BAYONA

1

Marzo de 2006: volver a la montaña

❖

Subir hasta el glaciar en el Valle de las Lágrimas en marzo de 2006, donde está sepultado el fuselaje del F571 que cayó en 1972 en la falda de las sierras de San Hilario, entre los volcanes Tinguiririca y Sosneado, es una experiencia temeraria.

Requiere un largo recorrido, con un ascenso lento de dos días a caballo por senderos improvisados por cabras o caballos, de menos de medio metro de ancho, con el precipicio al costado, en una cordillera que cambia de continuo los paisajes y las alturas, pero donde siempre está el vértigo del riesgo inminente. Se avanza lentamente, paso a paso, ya sea en la montaña o cuando se atraviesan los torrentes de agua impetuosa y helada que bajan de la cordillera y arrastran todo a su paso. Incluso parecen querer llevarse a los caballos y a las mulas, que se tambalean pero no caen, afirmando los cascos entre los cantos rodados del fondo antes de dar el paso siguiente. Algunos jinetes avanzan con los ojos vendados para evitar el susto confiando en el instinto de los animales.

Cada tanto surge una imagen o un imprevisto que estremece. Tormentas de viento y nieve irrumpen súbitamente. Una mula se desbarranca varios metros, pataleando en una polvareda que no permite observar el desenlace, hasta que logra afirmar los cascos en una saliente de la pendiente, con el jinete encogido y aferrado a las crines. Un caballo tropieza, apoya una rodilla en el sendero y queda con las patas traseras haciendo equilibrio en el aire, sobre el precipicio. Una mula de carga se asusta con la ventolera y se desboca entre las rocas, galopando montaña abajo y arrojando los bultos por el camino, mientras un baqueano la persigue a galope tendido. Los códigos están cambiando; el vértigo se asimila al paisaje. El grupo está llegando a la prehistoria.

Cuando dos días después se arriba al Valle de las Lágrimas, a casi cuatro mil metros de altura, en el centro mismo de la cordillera de los Andes, en la frontera entre Chile y Argentina, el panorama es grandioso y aterrador. Parece un anfiteatro monumental: al centro, sobre un promontorio de rocas, hay una cruz de hierro, donde están enterrados los restos de los muertos del accidente. Al sur se divisa una interminable sucesión de montañas y picos que llegan hasta el Cabo de Hornos, al final del continente. Al norte, con un paisaje similar, se extiende hasta Panamá, desplegando sus 7.240 kilómetros de extensión y conformando un macizo montañoso más largo que el Himalaya; al oeste la vista se estrella contra una pared de rocas y hielo de 5.180 metros de altura, las sierras de San Hilario, tan imponente que impide siquiera imaginarse el horizonte. Hacia atrás, al este, se regresa a la Argentina, por donde llegó el grupo a caballo. Los interminables picos nevados terminan, en la lejanía neblinosa del este, en el más alto de todos: el volcán Sosneado, de seis mil metros de altura. En medio de ese paisaje de fin del mundo, reina un silencio inorgánico, sacudido de cuando en cuando por la violencia del viento y el crujido del glaciar.

Es necesario abandonar los caballos, que deben bajar mil metros antes de que el sol se esconda entre las montañas para no morir congelados. Luego el grupo debe caminar otros ochocientos metros al oeste de la cruz de hierro hasta el lugar exacto donde está enterrado el fuselaje del Fairchild, en medio del glaciar. Falta el oxígeno, cada paso exige un esfuerzo superior al anterior. Náuseas, confusión y jaqueca, el mal de altura comienza a insinuarse entre los menos habituados a la alta montaña.

En el grupo vienen cuatro sobrevivientes del accidente de 1972: Roberto Canessa, Gustavo Zerbino, Adolfo Strauch y Ramón *Moncho* Sabella. Además los acompaña Juan Pedro Nicola, cuyos padres fallecieron en el accidente. Como todos en el grupo, viene con su hijo, para que conozca la tumba donde descansan los restos de los abuelos y de los otros que nunca regresaron. El hijo observa a su padre, que está absorto, con la vista perdida en las cinco agujas de piedra donde se estrelló el avión.

Cuando el glaciar está próximo, y la pared de nieve de las sierras de San Hilario aumenta sus dimensiones, los integrantes del grupo deben encordarse unos con otros y colocarse crampones en las suelas de las botas antes de continuar el ascenso. El glaciar, con el fuselaje en el centro, está ahí nomás, atravesado de lado a lado por grietas de veinte y treinta metros de profundidad, disimuladas por delgadas capas de hielo. Tres andinistas profesionales van adelante, probando el terreno con picos y bastones. Unos metros detrás vienen los cuatro sobrevivientes.

El paisaje que vio Gustavo Zerbino el 13 de octubre de 1972, a las 15:35, instantes después del accidente, cuando el fuselaje destartalado se detuvo en medio del glaciar, después de deslizarse a velocidad arrebatada, zigzagueante, sorteando conjuntos rocosos que asoman sobre la ladera de nieve, ha cambiado poco en estos treinta y cuatro años. Lo primero que él vio, al sur, fueron las abruptas pendientes cubiertas de nieve y coronadas en la cima por las puntas de piedra que instantes antes observaba Juan Pedro Nicola. Las más elevadas son las de los extremos, contra una de ellas pegó el ala izquierda del avión, y contra las del medio su vientre, cuando se desplazaba con los motores rugiendo al máximo, en un intento desesperado por esquivar una colisión que a esa altura, perdido el rumbo por completo, resultaba inevitable. Hacia el oeste, la pared de rocas cubiertas de nieve, observada desde el lugar del fuselaje, parece incrustada en posición vertical, humanamente inalcanzable, salvo que se intente una hazaña más allá de toda lógica, o a menos que se esté viviendo en una sociedad desconocida.

El 13 de octubre de 1972, a las 15:37, Gustavo Zerbino, con diecinueve años, perteneciente al grupo de los menores, experimentaba lo mismo que ahora. Le faltaba el aire, no tenía fuerzas, lo acosaba la jaqueca y estaba muy confundido. Ha resultado ileso y debe ayudar a su amigo Roberto Canessa, con la misma edad, a salir de la trampa donde está inmovilizado, debajo de dos asientos arrancados de cuajo que lo han atrapado entre hierros filosos y en punta. De inmediato, entre los dos, empiezan a retirar los asientos que aprisionan a los heridos y a los que están enteros. Para mover algunos cadáveres que están entreverados en los hierros retorcidos y los destrozos del fuselaje, deben atarlos de los pies, con los cinturones de seguridad, y arrastrarlos entre cuatro hasta la nieve, para colocarlos boca abajo, allí nomás, a tres metros del desastre.

Gustavo arremete con decisión para ayudar en lo que puede. No hay tiempo para pensar, sólo para colaborar con Roberto, que mientras cura a un herido, le toma el pulso a un moribundo, instantes antes de hacer un torniquete de urgencia para evitar que se desangre Fernando Vázquez, a quien la hélice del ala derecha que salió disparada y embistió contra el aparato le cercenó una pierna. Luego le endereza la tibia rota a Álvaro Mangino, la coloca en su lugar y lo aparta del camino: ya está atendido. Ahora le toca el turno al siguiente, un compañero que está acurrucado entre los hierros, temblando, con una herida en el estómago. De pronto se incorpora para mostrarle a Gustavo el tubo de metal que tiene clavado en las entrañas.

—No me duele, sólo tengo frío —le dice Enrique Platero.

Hoy está todo intacto. Como si el tiempo se hubiera congelado. No hay herrumbre en los restos del avión desperdigados por el lugar. El ala izquierda, partida a la mitad en el lugar exacto donde estaba la hélice, luce con nitidez las inscripciones de antaño, el lugar de fabricación, la fecha, indicaciones técnicas. El cielo se encapota de repente y el grupo resuelve desandar los ochocientos metros hasta el promontorio de piedras donde está la cruz de hierro, a cuyo lado se han montado dos carpas de alta montaña.

Nubes oscuras avanzan amenazantes presagiando viento y tormentas de nieve, que sacuden las carpas como si fuera a arrancarlas de cuajo. Adolfo Strauch, que en 1972 pertenecía al grupo de los mayores, con veinticuatro años, anuncia la inminencia de una avalancha. Observa con atención y luego de su advertencia le señala a su hija, Alejandra, cómo se produce un gigantesco desprendimiento de nieve acumulada en la gran pared del oeste, que deja a su paso un estruendo y una estela de vapor. Pero ahora están a salvo, a ochocientos metros de donde estaban los restos del avión en el 72.

De pie, junto a la cruz de hierro, con el brazo sobre el hombro de Roberto Canessa, Gustavo Zerbino vibra como si estuviera en un presente continuo. La noche anterior, en el campamento-base El Barroso, en una carpa de alta montaña que compartió con uno de sus hijos, a mitad de camino rumbo al Valle de las Lágrimas, no consiguió dormir, acosado por náuseas y pesadillas. Cuando amanece, monta su caballo y asciende en silencio, internándose en el tiempo. Cuando llega a precisar el Valle de las Lágrimas, ya está a bordo del F571. Su relato, ahora, se ahoga con suspiros, se quebranta con recuerdos tan vívidos que llega a experimentar que da un paso hacia atrás, como hizo en 1972, para salir de los restos espectrales del avión partido.

En el instante en que el avión golpeaba contra la aguja de piedra, a las 15:30, tras un pozo de aire interminable, inconscientemente se quitó el cinturón de seguridad y se puso de pie en el pasillo, tomando con todas sus fuerzas los soportes metálicos que separaban los valijeros, para no volar con el golpe. Sintió el impacto, luego los chiflones de viento helado y nieve que le castigaban la cabeza, la espalda y las piernas, y contó los segundos interminables que demoró el cono partido del avión patinando sobre el hielo, hasta detenerse abruptamente, aplastando asientos y gente contra el compartimiento del equipaje y de los pilotos.

Roberto Canessa siente el impacto del ala contra las rocas y se toma con todas sus fuerzas del asiento de adelante. Impetuosamente le vienen a la mente imágenes sueltas, confusas, que lo llevan a un único desenlace: está protagonizando un accidente aéreo en la cordillera de los Andes. De un segundo a otro se estrellará contra la montaña y conocerá lo que se esconde del otro lado de la vida.

2

Roberto Canessa*

Abandonados

◆

No sé si hubo algún científico loco y maldito que dijo: en lugar de poner cobayos, pongamos seres humanos en el hielo. Que sean jóvenes para que resistan más y no se mueran con las enfermedades que traen consigo. Quitémosles el oxígeno del aire para que se tambaleen y alucinen. La mayoría serán universitarios, para ver si se las pueden ingeniar, para ver cómo se organizan, cómo operan en equipo, cómo planifican y resuelven creativamente los problemas. Pongamos deportistas, y veamos si son capaces de resistir setenta y dos días, mientras tres y luego dos de ellos intentan caminar diez días sorteando el abismo, trepando la montaña hasta llegar a los valles. Vamos a descubrir en este laboratorio siniestro cómo se forma la sociedad de la nieve. Para ver hasta dónde resisten, cuánto pueden soportar. Si resistieron hasta aquí, ateridos de frío, al borde del pánico, pues agreguemos otra trampa, más cruel todavía, más humillante si se puede, para que desciendan al fondo mismo de los abismos, y cuanto más hondo, siempre peor.

Lo más perverso de ese experimento es que puedo decir lo que pensaba ese cobayo sometido a semejante escarmiento. Yo y los otros quince que sobrevivimos.

La prueba es más siniestra todavía porque podemos observar cómo el cobayo experimenta, por ensayo y error, cómo se equivoca, cómo encuentra la casilla errada y lleno de esperanzas cree vislumbrar la salida, cree escuchar los aviones del rescate, pero es un espejismo. Lo vemos subir al sur y casi muere agotado, casi queda ciego; baja al este y casi se congela. Que aprendan de sus errores, con la peculiaridad de que siguen probando, porfiados, no desfallecen, continúan moviéndose, aunque sea para el lado equivocado.

Sigamos humillándolos, tensando la cuerda hasta lo impensable. Que primero comiencen a comer los músculos de los cadáveres y luego se vean obligados a seguir con las vísceras, hasta que deban abrir los cráneos a hachazos para llegar al interior del cerebro.

Veamos cuántos van quedando por el camino, sobre los que se asienta la salida postrera, en la ruta improvisada del oeste. En la sociedad de la nieve los códigos eran completamente diferentes a la sociedad de los vivos, donde lo que se apreciaba no era algo material, sino intangibles como ser todos iguales, pensar en el grupo, ser fraternos, prodigar afectos o abrigar ilusiones. Por eso lo que más quiero en la vida es rescatar esa sociedad de la montaña, ese experimento de comportamiento humano único que funcionó en base a los cinco conceptos más sencillos que puedo imaginar: equipo, persistencia, afectos, inteligencia y, sobre todo, esperanzas. Pero para reproducir el modelo debo conocer sus claves, desentrañar sus misterios.

No puedo imaginarme pobreza ni humillación mayor que la que vivimos en la montaña. Pero regresamos de la muerte y aquí estamos. Pregunten que les contamos. Hay muchos que hoy están escalando sus cordilleras, y nosotros podemos prestarles los zapatos que nos ayudaron a salir de la emboscada.

Volvimos a la sociedad convencional pero lo hicimos valorando la vida en una forma diferente, sabiendo que un vaso de agua puede equivaler a varias horas de ardua tarea para fundir la nieve con los rayos del sol que se cuelan entre las nubes. Que cualquier trozo de pan viejo es infinitamente mejor que lo que teníamos que comer en la montaña, que el colchón más duro y roñoso es muchísimo más mullido que el piso de metal roto y abollado de un fuselaje congelado. Y que si tengo esos elementos, soy una persona rica, tengo lo necesario para vivir y el resto depende de mí, porque en cualquier momento se te cae el avión y entonces te das cuenta de todo lo que tenías y lo que perdiste.

El mundo nos pensaba muertos y tenía fundamentos. Pero íbamos a intentar volver, y si lo lográbamos, le pediríamos a la sociedad que nos dejara entrar. Y cuando aparecimos entre la bruma, se sintió culpable o ignorante, porque falló lo que tenía previsto, y por eso nos acogió y aceptó a regañadientes todo lo que le contamos.

Estábamos abandonados por la sociedad pero sin embargo nuestras familias, con un empecinamiento irracional, nos buscaban. Yo, por ejemplo, le enviaba mensajes mentales a mi novia Lauri para que continuara con su vida, para que no sufriera, para que no creyera que iba a regresar y se liberara de la tristeza de quererme y quedarse anclada en esa imposibilidad.

Mi padre me buscaba porque sabía que si él se hubiera perdido, yo lo hubiera hecho hasta abajo de la última piedra, hasta el último día de mi vida. Mi madre me buscaba porque sabía que estaba vivo, y el padre de Lauri, Luis Surraco, me buscaba para consolar a su hija, para decirle lo mismo que yo: no llores más, Lauri, rehacé tu vida, tu novio no existe más que en las fotos y los recuerdos. Cuando mi padre y Luis vinieron a buscarnos a la montaña, mi novia le dio a su padre un par de medias de lana muy gruesa, una campera y remedios para el estómago, y le dijo: «Roberto tiene mucho frío y, con los hierros del avión que chocó contra la montaña, está haciendo casitas para guarecerse». Porque al igual que mi madre, siempre estuvo convencida de que estaba vivo, y que estaba aterido de frío, lo que era verdad; será por eso que durante los setenta y un días de la montaña usé el pulóver de lana gruesa que ella me había tejido un año antes. Mi madre, hasta hoy, cuando está conmigo, me sigue con la mirada en mis idas y venidas, porque no quiere perderme de nuevo. Entonces, ¿qué era lo cierto? ¿La verdad racional de mi padre y de Luis Surraco o el irracional sentimiento de mi madre y mi novia? Todo estaba tan trastocado, que lo racional se cruzaba con lo imposible y a la realidad la superó la utopía.

Como nunca había ocurrido antes, para la sociedad era imposible que hubiéramos chocado contra la montaña y siguiéramos vivos, era imposible que pudiéramos soportar el frío, era imposible atravesar esa muralla de nieve, rocas y hielo y era más imposible todavía seguir caminando, cuando encontramos, detrás, un sinfín de montañas blancas, en lugar de los valles verdes que imaginábamos. Era imposible, sí. Pero la historia de los Andes es una sucesión de quimeras, de situaciones inadmisibles.

Cuando surge la idea de alimentarnos con los cadáveres, a mí no me resultó nuevo. La base teórica la traía de antes, porque había leído sobre metabolismo en Medicina, que era la carrera que estudiaba. Conocía el ciclo de Krebs, sabía que la proteína se puede transformar en azúcar y la grasa se puede convertir en proteína, y que podíamos sobrevivir con una dieta única a base de carne sin caer en la inanición. Y ahí estaban las proteínas de los cuerpos de los amigos, pero yo no tenía el permiso de tocarlos, con la desesperación agregada de que no les podía pedir autorización porque ya estaban muertos.

Hasta que encontré la paz para nuestras conciencias cuando se nos ocurrió decir que, si muero, entrego mi cuerpo para que los demás lo usen, que mis brazos ayuden y mis piernas caminen y mis músculos se muevan y formen parte del proyecto de vivir.

Al darme cuenta de que yo podía formar parte del capital de alimentos para los que estaban vivos, lo único que me faltaba era cortar el pedazo y tragarlo. Era el momento de pasar a la acción que se estaba postergando y que todos merodeábamos, y sentí que yo estaba en el grupo que tenía que ejecutarla, con Adolfo Strauch y Gustavo Zerbino. Era una carrera de postas, en este momento a mí me tocaba correr y llevar la antorcha, porque hoy o mañana podría formar parte de los que no podían seguir, en cuyo caso continuaría, pero en el cuerpo de los otros, como casi me sucedió en el alud.

Dar ese paso fue gigantesco, aunque sólo tuvimos que caminar unos pocos metros para llegar a la parte trasera del fuselaje partido, porque sus consecuencias serían irreversibles, nunca más seríamos los mismos. Un paso difícil de comprender en todas sus dimensiones. Empezando por el hecho de abrir la ropa que uno muchas veces reconocía y hacer un corte imposible en la carne congelada. Un salto al vacío. Fue una tragedia mayor que el choque del avión, porque cuando el avión se estrelló, fue una agresión externa, pero cortar los cuerpos fue nuestra iniciativa.

En ese momento me sentí la persona más miserable del mundo y me pregunté qué había hecho de malo para verme obligado a asumir esa actitud tan humillante. Los que nos observaban desde el fuselaje compartían con nosotros esa profunda tristeza. Todos experimentamos ese momento de degradación, comerte a la muerte. Y por eso todos nos morimos un poco ese día.

Pensé en mi madre, que poco antes, tras el accidente de otros tres compañeros del colegio que se habían ahogado al darse vuelta una canoa en el Río de la Plata, frente a la playa de Carrasco, había asegurado con una gran convicción que ella jamás podría soportar la pérdida de un hijo, que no podría tolerar la tragedia que vivían esas tres madres que recorrían en sueños las playas, día y noche, alumbradas con faroles, esperando el regreso de sus hijos. No le podía fallar. Cada uno de mis compañeros tenía un motivo tan poderoso o más fuerte que el mío que lo impulsaba a tragar el primer bocado. Dejamos de ser aquellos jóvenes alegres para transformarnos en esos seres antiguos, jóvenes-viejos, estigmatizados por la antropofagia, para bajar y seguir bajando hasta descubrir que el límite no tiene fondo, porque este sólo aparece cuando te mueres.

A la montaña empezamos a conocerla, como cuando descubrimos que si el volcán llamado Sosneado, al este, se cubría de nubes, esa noche habría tempestad y temblaríamos de frío y de miedo porque la montaña rugiría enloquecida. Aprendimos que los aludes que veíamos circular aquí y allá no nos alcanzarían, pero estábamos equivocados porque un alud nos sepultó y todo tuvo que empezar de nuevo.

Nos seguimos precipitando gradualmente en un pozo que no tenía fondo. Porque en las primeras horas tras el alud tuvimos que alimentarnos con los cuerpos de los que estaban a nuestro lado. Sabía que si no daba ese paso y no les mostraba a los demás que ese era el camino, nos paralizaríamos. Sentía que tenía que ir adelante y hacer cosas que en la vida nunca me hubiera imaginado, sumado al dolor que les causaría a las familias de los que no volverían. Quizás la medicina me hizo visualizar la situación como un cirujano, que sabe que al abrir el vientre y sacar un órgano logra separar lo físico de lo espiritual.

Enterrados en vida aprendimos a esperar. Como una regresión tan intensa que volvimos a ser semilla: una vida posible, en subjuntivo, que no sabes si en verdad germinará. Una vez más las reglas de juego habían cambiado bruscamente, sin consultarnos. De ser nuestra casa y nuestro cobijo, el fuselaje se transformó en una trampa mortal que nos acechaba para traicionarnos en cualquier instante.

En cierto momento pensé que en esa zona de nadie estábamos tornándonos en bestias salvajes, que estaba primando nuestra parte animal, la que aniquilaría a la otra. Pero me equivoqué. Porque si bien es cierto que tuvimos que hacer cosas que ningún animal suele hacer, como comer a su propia especie, lo hicimos mediante un pacto de sublime generosidad, esencialmente humano y que me emociona hasta hoy: yo podría ser tu alimento de mañana. Y en la montaña vi gestos de generosidad y entrega como jamás volví a ver en mi vida. Y esos gestos, en particular de gente malherida, que sabía que moriría, te obligan a dar todo de ti, hasta la última gota de tu sangre.

Cuando regresaba al fuselaje de las expediciones a la cola del avión y veía lo deteriorados y desfigurados que estaban los amigos, con los pelos largos e hirsutos, la mugre acumulada y los rostros tan demacrados, ojerosos, con el hueso de las cejas salido y las mejillas hundidas, recordaba las ilustraciones de aquel libro de Charles Dickens, *A Tale of Two Cities*, donde los niños tenían cara de viejos. Éramos esqueletos con cuero caminando, con los labios agrietados y secos y un olor permanente a cementerio.

Conozco los dos grupos porque al principio yo pertenecía a la comunidad del avión, ayudaba en todo lo que podía, incluso era el que curaba a los heridos con la colaboración de Gustavo Zerbino y Diego Storm. Luego pude observar cómo era ese otro mundo fuera del avión cuando tuve que atender a Gustavo, el día que regresó destrozado de su caminata a la montaña del sur. Había perdido la visión, sentía que tenía arenilla dentro de los ojos, yo tenía que masticar la carne y ponérsela en la boca desmenuzada porque se le habían aflojado los dientes, debía frotarle los pies porque los tenía congelados y no los sentía.

Uno de los amigos, Arturo Nogueira, con las piernas rotas, me dijo: «Qué suerte tienes tú, Roberto, que puedes caminar por los demás». Fue entonces cuando me di cuenta de que era la persona para hacerlo. Y cuando asumes esa idea, te empiezas a convertir en los sueños y las ilusiones de los otros, y caminas por ti y porque los demás han depositado en ti una confianza que ni tú mismo tienes, porque manejas una información y una realidad que ellos no pueden conocer ni percibir.

Así empieza a prepararse la expedición final, algo materialmente posible, aunque aparentemente imposible. Entonces pensé: voy a poner mi parte y le pediré a Dios que si quiere ayudarnos, que lo haga. Que si me interpone una pared, que esta tenga grietas para poder clavar las uñas y treparla. Que si coloca una trampa en el camino, que deje una vía para esquivarla.

Poco después llegó el momento de la verdad, cuando no había más candidatos para atravesar la cordillera. Nando tenía el compromiso de salir, tenía una necesidad imperiosa de volver a su padre y decirle que no todo estaba perdido, después de la muerte de su madre y hermana. Tintín ya había salido en otras expediciones anteriores y se sentía cómodo y fuerte en esos desplazamientos, yendo y viniendo. A él le gustaba exigirse al máximo, y por eso la caminata final, aquellos sesenta kilómetros, o cien mil pasos, Tintín no dudó en hacerla, porque estaba dispuesto a entregar todo, a pesar de esos dos litros de sangre que perdió en el momento del accidente, que formaron un coágulo gigante, y nunca terminó de reponerlos.

Esa sociedad de la nieve estaba colmada de instantes sublimes, que de un momento a otro podían arrojarte nuevamente en la profunda incertidumbre. La mejor noche, y al mismo tiempo una de las peores, fue durante el primer día de la expedición final, en el día sesenta y uno, cuando íbamos escalando la ladera gigantesca, con Nando y Tintín. Ascendimos la pared durante todo el día, con un ángulo que nos provocaba vértigo. Seguimos subiendo de tarde, pero anocheció de golpe, y comenzó a soplar un viento helado. Teníamos los pantalones mojados que empezaron a congelarse, y no encontrábamos un lugar donde guarecernos para descansar y, eventualmente, dormir. La noche ya se estaba desplomando y con ella no veíamos más dónde pisábamos, en medio de las grietas y los acantilados. Pero cuando ya nos había ganado la desesperación y lloraba de frustración porque no podría cumplir con nuestra promesa de vivir y de traer la vida para nuestros amigos, en un recodo escondido de la montaña sorpresivamente encontramos una explanadita de piedra, dos metros por dos, con hielo y nieve, donde pudimos poner el saco de dormir sobre los cojines que nos aislaban del frío. No lo podíamos creer, y también nos costó creer que inmediatamente se calmó el viento, asomó la luna, y ante nosotros apareció ese valle infinitamente blanco donde estaba el avión, y las estrellas tan cercanas, y yo pensé: no puede ser que esto sea lindo, que esté disfrutando de esta visión, con las Tres Marías y la luna ahí tan cerca. Pero era cierto, esa noche sentí que era un ser privilegiado por estar en ese lugar, sentí que era la única persona, con mis dos compañeros, capaz de ver el universo con esa perspectiva. Pensé que la luna era un espejo donde veía mi casa y sentí que iba a poder verla de vuelta desde Montevideo, cuando unos minutos antes creía que la vida se estaba terminando. Aprendí para siempre que cuando te sientes perdido en la inmensidad, es sólo un sentir.

Existen hombres para sus circunstancias. En ese sentido, Nando, Tintín y yo conformamos un equipo de montaña. Se apoyaban mucho en mis opiniones, y yo en la voluntad irrefrenable de Nando de seguir adelante, y en la actitud incondicional de Tintín ante las decisiones tomadas, lo que conformó una simbiosis funcional. Luego, con Nando formamos una pareja ensamblada y complementaria. A ella se suma, al final, el arriero Sergio Catalán, que en verano lleva las vacas a apacentar a «la veranada», como le llaman los pastores, una zona donde aquí y allá, entre el hielo, surge pasto verde y fresco, donde los animales tienen cría. Por eso él las conoce por generaciones, a las madres y las crías, y debe cuidarlas en todo momento porque las persiguen los pumas. ¿Cómo va a abandonar a una vaca o un ternero que ha criado a lo largo de toda su vida? Tiene una pertenencia con los animales difícil de entender si no estás en la montaña. Y no puedo dejar de vincular ese hecho con su reacción ante nosotros. ¿Cómo va a abandonar a dos jóvenes harapientos, que avanzan trastabillando después de atravesar la cordillera, si él mismo es un hombre de montaña, un sobreviviente? Por eso tuvo la nobleza y la misericordia de ayudarnos, y hacer su propia travesía para salvarnos. Siempre creí que nada fue casual en el accidente. Y que si ese mismo episodio nos hubiera ocurrido en las proximidades de la civilización, y no en la precordillera andina alejada de la mano de Dios, y hubiéramos intentado detener a alguien en algún sendero para que nos ayudara, es posible que no hubiéramos tenido tanta suerte. Pero encontramos a un hombre bueno y sencillo como Sergio Catalán, que fue capaz de dejar su trabajo, abandonar sus vacas a merced de los pumas, viajar ocho horas a caballo, subirse en un camión de Vialidad del Ministerio de Obras Públicas para llegar, cincuenta kilómetros después, a Puente Negro, donde había una unidad de carabineros, con el único propósito de ayudar a personas que no conocía.

A veces veo las películas que nos filmaron a Nando y a mí cuando llegamos a Los Maitenes, tras ser rescatados por el arriero. Tengo una mirada curiosa, que primero se focaliza en mi interlocutor pero inmediatamente se pierde y se abstrae mirando hacia otro lugar. Estoy respondiendo preguntas y de repente miro para el costado y no escucho más lo que me dicen. No hay que escuchar sólo la voz de Nando cuando dice «Sí, estamos bien», sino observar todo el discurso paralelo de su rostro, de sus ojos, que dicen algo completamente diferente. Y en el momento que le preguntan cuántos son en su familia, la cámara me enfoca y mi mirada vuelve a perderse.

Llegamos caminando a Los Maitenes como fantasmas, y la sociedad fugaz y desorientada que no nos estaba esperando nos recibe con voracidad porque veníamos de la muerte. Esa era su única motivación y su gran curiosidad.

Nos fuimos acostumbrando a hacer tanto por nosotros mismos que pensábamos que, después de salir de la montaña, deberíamos llegar a Santiago y encontrar una estación de tren y por eso reservamos el dinero para un pasaje de ferrocarril que atravesara la cordillera hasta llegar a Buenos Aires, cruzar el Río de la Plata en algún barco, y arribar, tal vez caminando, hasta nuestras casas, para tocar el timbre, abrir la puerta y decirles que estábamos vivos. Pero no contábamos que encontraríamos al arriero, ni que el mundo estuviera tan necesitado de remediar su engaño.

Parece una alegoría: si esos jóvenes inexpertos e ingenuos sobrevivieron al accidente del 72 y superaron la valla de los Andes, la vida no puede ser tan difícil. Ese es el razonamiento de toda esa gente necesitada de coraje, de creer en sí misma, que viene a buscar algo que no conoce a este Valle de las Lágrimas, a casi cuatro mil metros de altura, donde el viento sopla inclemente, el oxígeno no alcanza para respirar y el cuerpo nunca termina de caldearse. Vienen a preguntarse cómo hicimos para sobrevivir, y se van con una respuesta tan simple que les sorprende: nunca perdimos el proyecto de escapar, siempre creímos con todas nuestras fuerzas que algo extraordinario era posible. Más que anclarnos en los recuerdos, huimos hacia adelante.

Actualmente no vivo en la montaña, aunque no puedo sacármela de encima. A uno de mis hijos le preguntaron en un programa de televisión si admira a su padre por lo de los Andes, y él contestó: «No sé, porque en esa época aún no había nacido, pero lo admiro porque va a trabajar todos los días para que a nosotros no nos falte lo necesario para vivir».

Tenemos la chance de vivir la vida de los que no tuvieron la oportunidad de hacerlo, todos los que están enterrados acá junto a esta cruz de hierro. Y para hacerles justicia debo llevar una vida digna, para que cuando muera, después de los muchos errores cometidos, les pueda decir: sé que no fue suficiente, pero hice lo mejor que pude.

¿Qué fuimos? Un grupo de jóvenes desgraciados. ¿Qué somos? Un grupo de hombres adultos buscando un sentido a una gran tragedia que nos sucedió. Por el hecho de contar esta historia, jamás creí tener un don especial. He ido a la Universidad de Harvard a hablar de medicina y ahí obtengo la respuesta adecuada, medida: me escuchan y basta. Pero hablo de los Andes y los conmuevo, lloran, preguntan, me abrazan. Porque es una historia que el que la escucha se la lleva en el alma: se va con mucho más de lo que llegó. Yo no soy más que su narrador, con el agregado de que estuve allí, soy la prueba fehaciente de que en verdad sucedió.

En la montaña quedó una manera de sobrevivir que tuvimos que desarrollar y poner en práctica. Me acuerdo claramente cómo crujía la nieve bajo nuestros pies o cuando nos enterrábamos hasta la rodilla, en las expediciones frustradas, o en la final, exhausto, cuando mis músculos ya no podían responder. Quedó el frío de las tardes, el viento helado cuando caía el sol, el rugido de los aludes, la impotencia.

Quedó en la montaña el compromiso a no dejarnos contagiar por los orgullos y las vanidades de la sociedad convencional de la que proveníamos. Esa comunidad incontaminada de amigos que se abrazan y se piden disculpas cuando alguien levantaba la voz, o se fastidiaba, porque era insoportable el estrés que se vivía pero más nos dolía la angustia de actuar mal. Quedó la filosofía de los hombres de montaña, ese código de los arrieros de darse una mano aunque en ello se jueguen la vida.

Volver a la montaña es como regresar a los diecinueve años. Observo desde esta altura todo lo que me ha tocado vivir, y me da tanta pena que hoy no podamos volver juntos, que ellos no hayan podido cumplir su destino, que hayan quedado atrapados tan precozmente en esta emboscada. Entonces me parece que lo que ellos no pudieron hacer, nosotros intentamos que se siga cumpliendo. Ellos hicieron mucho esfuerzo por sobrevivir. Pusieron demasiado empeño para salir de la montaña y nosotros nos desvelamos para que sobrevivieran, pero no tuvimos las fuerzas suficientes para sacarlos. Les pido perdón, y acepten, en paz, que vivamos por ustedes.

* Roberto Canessa nació en 1953. Terminó la carrera de Medicina, como su padre, que había iniciado en 1971 y se especializó en cardiología infantil. Recibió dos veces el Premio Nacional de Medicina. Se casó con su novia de entonces, Lauri, con la que tuvo tres hijos: el mayor, Hilario, recibió el nombre en homenaje a la montaña de más de cinco mil metros que escalaron. El segundo, Roberto, estudia Medicina como su padre, y Laura Inés lo acompaña en sus viajes a la montaña con su mismo ímpetu e intrepidez.

Construyó una casa que es como un laberinto que se ramifica en diferentes direcciones. La puerta de calle nunca tiene la llave puesta, por lo que entra y sale gente de continuo. Ha acogido, a lo largo de su vida, a numerosas personas necesitadas, que habitan en diferentes zonas de esa casa embrollada. Todas esas personas tienen algo en común: hablan de afectos, vibran con relatos emotivos, lloran con la música que les toca el alma.

3

La primera muerte:
caer en la cordillera

◆

G ustavo Zerbino tuvo una premonición que le agrió el ánimo jovial con el que había transcurrido su viaje hasta entonces. Desde las siete de la mañana del día anterior, 12 de octubre, hasta la parada inesperada en Mendoza, en las estribaciones de la cordillera argentina, presintió una calamidad que le concernía íntimamente. Minutos antes de embarcar en el aeropuerto de El Plumerillo, en las afueras de Mendoza, le dijo a Esther, la mujer del doctor Francisco Nicola, el médico del equipo de rugby, que no quería subir porque tenía el presentimiento de que el avión se caería. Gustavo pretendía que Esther lo tranquilizara, por lo que le sorprendió la respuesta: al pie de la escalerilla le dijo que ella estaba pensando exactamente lo mismo.

A las 15:20 del 13 de octubre, diez minutos antes del accidente, Gustavo se sintió súbitamente intranquilo. Sudaba y no podía mantenerse quieto en su asiento, mientras sus amigos bromeaban y gritaban. Se acercó a la cola del avión, donde en una de las últimas hileras de asientos tres compañeros del equipo de rugby, Guido Magri, Gastón Costemalle y Daniel Shaw, jugaban al truco con dos miembros de la tripulación: el auxiliar de vuelo Ovidio Joaquín Ramírez y el navegante Ramón Martínez. A Gustavo le sorprendió que, en pleno cruce de la cordillera, el navegante estuviera allí y no en la cabina. Entonces se dirigió al otro extremo del aparato y, sin golpear, entró a la cabina de los pilotos. Le inquietó ver que los pilotos Julio Ferradás y Dante Lagurara no estuvieran reconcentrados en los instrumentos, sino conversando, hablando de costado y tomando mate.

—Pero ¿nadie pilotea? —preguntó.

De buen modo, le respondieron que viajaban en un avión con tecnología de última generación, con «un piloto automático que casi anda solo».

—Yo pensé que un piloto tiene que estar piloteando —les dijo Gustavo antes de salir.

Pocos minutos después vio pasar al navegante rumbo a la cabina, quien inmediatamente salió con cartas de vuelo para dirigirse a los asientos de la cola del aparato. Luego comenzaron las bruscas sacudidas, los pozos de aire, surgieron los picos de las montañas entre las nubes, hasta que se asomó otro de los tripulantes y ordenó que todos los pasajeros tomaran asiento, que se ajustaran los cinturones de seguridad y se mantuvieran quietos. El bullicio de los minutos previos dejó lugar a un clima tenso.

El Fairchild 571 (F571), un turboreactor de dos motores arrendado a la Fuerza Aérea Uruguaya, entró en un pozo de aire que no terminaba nunca, como si estuviera cayendo sin sustento. Gustavo creyó que sus cabezas golpearían contra el techo del avión. Comenzó a sonar la chicharra de pérdida de velocidad que advertía que el aparato podía entrar en caída, el avión vibró como si fuera a desintegrarse, dando bandazos, hasta que unos segundos después sintió una explosión que lo dejó sordo (o el ala izquierda había pegado contra las rocas o la base del avión había golpeado la montaña), momento en que Gustavo se soltó el cinturón, se puso de pie, y se aferró con todas sus fuerzas de los separadores metálicos de los maleteros, para mantener el equilibrio. En ese momento el avión se partió en dos con un sonido metálico chirriante y se abrió un boquete gigantesco exactamente a sus espaldas, por el que voló su asiento y el asiento contiguo donde venía sentado su amigo Carlos Valeta. Gustavo se encomendó a una fuerza superior y comenzó a repetir «Jesucito no me dejes, Jesucito no me dejes», mientras el tubo levantó vuelo y cayó violentamente, pegando con el vientre, antes de deslizarse en zigzag, ladera abajo por la montaña, en la misma posición en que venía, sin virarse de costado ni dar vuelta de campana. La fricción destruyó el piso, que se torció y arrancó los asientos.

Después de que el avión embistió un montículo de nieve y se detuvo en forma repentina, surgió un silencio espectral, al punto que Gustavo creyó que estaba muerto y que era esto lo que ocurría cuando uno se moría: se sigue existiendo pero en silencio.

Durante el vuelo, la mayor parte de los jóvenes estaba de pie, caminando de un lado al otro. Cuando apareció el primer pozo de aire, y el tripulante salió de la cabina para pedir que se sentaran, porque el aparato se iba a sacudir, nadie le prestó atención.

Pero cuando vino el segundo pozo de aire, la mayoría de los que hasta entonces estaban de pie tomaron asiento. Algunos, incluso, se abrocharon el cinturón de seguridad. Luego le siguió un pozo de aire aun más profundo. En ese momento José Luis Coche Inciarte escuchó nítidamente las voces de los pilotos en la cabina, gritando: «¡Dame potencia, dame potencia!». La aeronave ascendió bruscamente y Coche sintió cómo la espalda se le pegaba al respaldo del asiento, en el preciso momento en que el aparato comenzó a trepidar hasta que escuchó una explosión, seguida de un silbido estremecedor. Inmediatamente percibió una abrupta diferencia en el ambiente: del clima templado de hacía instantes, se pasó a un frío gélido, sacudido por chiflones de aire que no consiguió identificar de dónde venían, mientras diversos objetos le pegaban en el cuerpo. Como no escuchaba el rugido de los motores creyó que el avión estaba volando sin hélices, hasta que sintió otro golpe, el pedazo de avión comenzó a deslizarse y ahora ya no eran el viento y el aire helado sino que lo que le pegaba en el cuerpo era nieve, sí, nieve. Coche bajó la cabeza y cerró los ojos para morirse.

Ese avión extraño, partido, sin motores, donde la nieve entra y golpea, continúa el viaje trastornado, acumulando nieve en el frente, hasta que frena abruptamente, entierra la nariz y la desaceleración provoca que todo se vaya violentamente hacia adelante.

Cuando el avión se detiene, lo primero que atina Roberto Canessa es a mirar si tiene las piernas y los brazos enteros, y tras confirmar, sorprendido, que no le faltaba ningún miembro, comprueba que tampoco tiene fracturas, porque los brazos y piernas responden a las órdenes que le imparte el cerebro. Escucha gemidos y quejidos que provienen de todas partes y que se van transformando en gritos desesperados. Hace fuerza para incorporarse pero no lo consigue.

Alguien a sus espaldas empuja para que él se desembarace de los asientos que le han caído encima y los hierros que lo aprisionan. Es su amigo Gustavo Zerbino, que lo mira con ojos incrédulos, como preguntando ¿y ahora qué hacemos?, ¿por dónde empezamos? Sin decirse una palabra, empezaron a trabajar. Con el primero con quien tropezó Canessa fue con Álvaro Mangino, bajo un asiento y con una pierna atrapada entre los hierros. Gustavo levantó el asiento mientras Roberto intentó arrastrar el cuerpo de Álvaro. Tenía una pierna prensada debajo de la plancha metálica donde se descansan los pies. Cuando pudo quitarla, descubrió que colgaba inanimada, tenía el hueso fracturado.

Por estar en segundo año de Facultad de Medicina, y Gustavo en primero, de buenas a primeras se habían convertido en médicos de catástrofe, con conocimientos limitados y demandas gigantescas, sin nada más que sus manos y sus mentes. De los bolsos que no volaron de los maleteros rescataron algunos abrigos y camisas que pudieron rasgar y así improvisar vendas para detener hemorragias. En pocos minutos, la temperatura de veinticuatro grados en el avión en vuelo bajó a diez grados bajo cero en el avión partido.

Al siguiente que atendieron fue a Adolfo Strauch, que, atontado por el golpe, se arrastró hasta encontrar un lugar donde acurrucarse, como un animal asustado, para no ver ni sentir nada.

Poco antes, Adolfo había escuchado una broma que le sentó mal. Las dos chicas que habían conocido con Coche Inciarte en Mendoza, y fueron a despedirlos al aeropuerto de El Plumerillo, les gritaron a viva voz, mientras caminaban por la pista hacia el F571, que se quedaran en Mendoza porque ese avión iba a caer, porque era viernes trece, el día de la mala suerte. Al cabo de una hora de vuelo por las estribaciones de la cordillera, tras llegar a Malargüe, el avión viró para atravesar el macizo montañoso por el paso del Planchón. Por primera vez Adolfo veía esa sucesión interminable de picos nevados, estaba absorto, hasta que su encantamiento se quebró cuando el avión entró en zonas con nubes y neblina y perdió la visibilidad. Minutos después, el avión viró de nuevo, ahora hacia el norte, porque ya habría atravesado la cordillera y se dirigía al aeropuerto de Pudahuel, en Santiago. Tras el tercer pozo de aire Adolfo tuvo plena conciencia de que el vuelo se había complicado y que el final era imprevisible. A través de la ventanilla vio los picos demasiado próximos al extremo del ala derecha, entre las nubes. En ese instante se convenció de que el avión chocaría de un segundo a otro. Vino el estruendo de la aceleración a fondo de los motores, la estridencia de la chicharra de pérdida de velocidad y de inmediato se sacudió con esos tres o cuatro golpes violentos y metálicos contra la montaña, que para él fueron casi simultáneos, surgió la sensación de frío y vacío y de repente la oscuridad total, porque golpeó la cabeza contra no sabe qué y perdió la conciencia.

Cuando la recupera no consigue aceptar lo que ve. Siente claramente que está en la cama de su habitación, en la casa familiar, reconoce la atmósfera y los olores, y por eso se quita el cinturón de seguridad y entre ese mar de alaridos se baja de la cama de su casa y pasa entre los destrozos del pasillo alfombrado de su apartamento en el Parque de los Aliados, para llegar a la sala y seguir rumbo a la cocina a beber agua, porque siente sed, una sed insaciable, pero cuando da cuatro o cinco pasos más y extiende la mano para tomar una jarra de agua fresca, cae de bruces sobre la nieve y la jarra se hace añicos. Se incorpora y se entierra hasta la cintura en la nieve blanda, mientras la nevada y el viento gélido le golpean el rostro hasta que poco a poco lo devuelven a la realidad. Alguien lo ayuda a subir de nuevo al tubo partido del avión, hasta sentarse en el borde. Reconoce a su primo Daniel Fernández. Gatea y busca un lugar entre la gente y el entrevero de asientos, y se acurruca, en mangas de camisa, con el pantalón hecho jirones y descalzo.

Poco después, alguien le entrega dos camisas, un pulóver y otro pantalón. Se los coloca, mientras busca a sus primos y a sus amigos más allegados, que no sabe por qué estaban con él en su casa. Cree divisar a Coche Inciarte caminando detrás de Canessa, recuerda haber visto a Daniel Fernández, pero no encuentra a Daniel Shaw, ni a Eduardo Strauch. Alguien a su lado murmura que está llegando gente por la montaña (¿qué montaña?) y luego escucha gritos. En ese momento ve que a su lado se sienta su cuarto primo, Eduardo Strauch, que le pregunta dónde están y si ya pueden regresar a casa. «Ya nos vamos», le responde. «Déjame reponerme y regresamos caminando.»

La voz que escuchó Adolfo era la de Carlitos Páez, que llamaba a Carlos Valeta. Comienza a vociferar con todas sus fuerzas para que se oriente, pero tal parecía que la conmoción, sumada al bramido del viento, impedía que viera o entendiera lo que sucedía, y continuaba caminando a tientas, buscando a sus amigos, que estarían del otro lado del precipicio en el que cayó. Carlitos Páez intentó aproximarse a donde había desaparecido su amigo, pero se enterró tanto que no pudo avanzar.

Un instante antes de la sucesión de golpes, a Carlitos lo acometen tres pensamientos que se superponen unos con los otros: un viaje que había realizado con su padre a Río de Janeiro, en el que había leído las instrucciones en caso de aterrizaje forzoso, donde sugerían colocar la cabeza entre los brazos; una rápida sucesión de imágenes con su familia, y la necesidad de arreglar las cuentas con Dios. Y para arreglarlas comenzó a rezar, primero el padrenuestro, pero como creía que el fin estaba muy próximo y la oración era demasiado extensa, lo cambió por el avemaría, más breve y apropiado, creía, a los segundos que le restaban de vida. Terminó de rezarlo en el momento exacto en que el avión se detuvo y todos los asientos volaron hacia adelante como impulsados por una fuerza sobrenatural. Carlitos cayó encima de sus amigos más íntimos y compañeros de generación, del grupo de los menores: Diego Storm y Gustavo Nicolich. Los tres consiguieron sacarse los asientos y hierros encrespados de encima, ayudándose unos a los otros, sorprendidos de estar ilesos, y se dirigieron hacia atrás. Al primero que encontró fue a Roberto Canessa.

—¿No murió nadie? —le preguntó Carlitos.

Canessa lo miró con ojos lúgubres.

—Esto es un desastre —musitó.

Carlitos se asustó al ver que al corpulento Antonio *Tintín* Vizintín le sangraba profusamente un brazo. Luego llegó hasta el borde de la abertura y salió; afuera encontró a su amigo Bobby François fumando un cigarrillo.

—Apagá ese pucho, que estamos rodeados de querosene —le espetó Carlitos.

—Da lo mismo —respondió el otro con serenidad, como si él no fuese víctima de la catástrofe.

Carlitos volvió a subir al tubo partido y le asustó ver que el otro compañero de generación, Roy Harley, estaba cubierto por un líquido azul.

Para Roy Harley, el vuelo pasó de un extremo al otro. De la inconsciencia del trayecto de Buenos Aires a Mendoza, un día antes, cuando los jóvenes intentaban hamacar el avión parándose todos de un mismo lado, para sobresaltar a los pilotos que salían con gesto severo de la cabina, al extremo opuesto. En ese momento recordó lo que había escuchado el día anterior, cuando uno de los tripulantes los reprendió por la imprudencia de pretender torcer un avión en vuelo: «Tenemos siete vidas como los gatos», le respondió uno del fondo.

Al día siguiente, el clima era completamente diferente. Roy recuerda con precisión el momento de los profundos pozos de aire cuando el avión crujió como si se fuera a partir en dos. Aquellos jóvenes temerarios que intentaban hamacar el avión el día anterior se convirtieron en niños asustados por fantasmas, pensó Roy. Como él venía atado al cinturón de seguridad, cuando el tubo se empotró en la nieve y frenó, su asiento se proyectó hasta la masa informe de adelante. Abrió los ojos y le impresionó comprobar que, a pesar del tamaño del desastre, las luces del techo del avión permanecieran encendidas. «Si veo luces es porque estoy vivo, gasté una vida pero me quedan otras seis», pensó. Intentó zafar el pie que tenía atascado entre los hierros, pero por más fuerza que hiciera, no conseguía sacarlo. Entró en pánico, porque creyó que el fuselaje explotaría de un momento a otro, ya que había combustible por todas partes. Al fin pegó un tirón que le arrancó la piel y, sin el zapato, con la media desgarrada, salió, en mangas de camisa. Vio la escena surrealista de su amigo Bobby François fumando tranquilamente un cigarrillo, mirando a la cordillera infinita del norte. Percibió entonces que, además de aturdido, estaba empapado, pero no era por la lluvia ni por la nieve que le golpeaba sino por un líquido viscoso que provenía del avión. Se estremeció porque se dio cuenta de que estaba bañado en carburante y que en cualquier momento se podría prender fuego. Pero como sintió tanto frío, se olvidó del fuego, volvió a subir al tubo y, extenuado, se dejó caer contra la pared metálica, en el momento en que apareció Canessa y le dijo: «Estás azul». Y Roy pensó, por un instante, que tal vez la muerte fuera azul.

Gustavo Zerbino y Moncho Sabella salen al exterior y, apoyando las manos en el techo, colocando tres almohadones de los asientos en la nieve para no enterrarse, se encaminan hacia la parte delantera, dan dos pasos y el último cojín lo colocan adelante. El morro está empotrado adentro del avión, en una masa deforme donde sólo se distingue la rueda doblada en forma de ocho. El copiloto Dante Lagurara ocupa la posición de la izquierda, la del comandante del vuelo. Como en el impacto final todos los instrumentos que estaban a un metro de su cuerpo se incrustaron en su pecho, está como clavado en su asiento. Los parabrisas se rompieron y la cabina está cubierta de nieve.

Casi sin voz, el copiloto responde las preguntas que le formula Moncho, repitiendo recurrentemente dos palabras: «Pasamos Curicó, pasamos Curicó». Luego, en un susurro, les pide agua. Sabella le coloca nieve en la boca. Lagurara le pide que le pegue un tiro con un revólver Smith & Wesson calibre 38 que guarda en un maletín, detrás del asiento, mientras murmura «¡Qué desastre! ¡Qué desastre que hice!». Moncho consigue quitarle un cojín que tiene en el respaldo del asiento, para reducir la compresión. Tiene el fémur atravesándole la espalda.

Cuando Roberto Canessa no podía dar un paso más —la presión atmosférica era muy baja—, con las manos y los brazos cubiertos de sangre de todos los lastimados y moribundos que había atendido, se dirigió al otro extremo del aparato. Zerbino estaba consolando a un malherido y no sabía dónde estaban Storm y los otros. En sus infinitas idas y venidas por el tubo partido, Roberto había descubierto una red que formaba como una hamaca, donde podría tirarse y descansar, para recuperar fuerzas, porque el trabajo que tenía por delante, cuando regresara la luz, era muchísimo. Pero cuando llegó, encontró que otro había pensado lo mismo. Luego recuerda, como si no fuera él y los observara a la distancia, a dos jóvenes desconocidos tumbados en una hamaca paraguaya improvisada en medio de una catástrofe, zarandeados por los escalofríos, abrazándose para no morir congelados en la que sería la segunda peor noche de su vida. Con quien se abrazaba era un desconocido para él: Coche Inciarte.

4

Coche Inciarte*

La cuenta regresiva

◆

Yo había fijado que me moriría en la Nochebuena del 24 de diciembre. Setenta y tres días después de haber caído en la montaña. Quedaba poco tiempo. Y así como había escrito en una libretita todo lo que iba a hacer si sobrevivía, cuando me di cuenta de que la expedición final estaba por fracasar, porque tenían comida para diez días, que vencían el 22, me dije: les doy dos días más de plazo y me muero el 24.

Adivinando mi intención, Adolfo Strauch, que en esa época me cuidaba como una madre, porque yo había dejado de luchar y me la pasaba tumbado en el fuselaje, dijo que no iba a permitirlo, ¡pero era tan fácil engañarlo y dejarse morir!

El hecho de haberme puesto un plazo me daba, al mismo tiempo, una cierta serenidad. En esos días en el avión no se hablaba, las mentes se evadían y aquella alegría de todas las mañanas de experimentar que continuaba respirando languidecía hora a hora. Uno se miraba en los demás y el otro funcionaba como un espejo. Nos veíamos los ojos hundidos, la expresión abatida, y en lo más profundo del iris podía leerse el final. Por eso, si el domingo 24 de diciembre no aparecían nuestros amigos, diría un adiós solitario, sería una despedida mental, y me dejaría llevar, lentamente, como en la noche del alud.

El día 18 inicié el lento proceso de morirme. Perdí completamente el apetito, la comida me provocaba náuseas, mi minúscula ración de carne se la regalaba a cualquiera, mientras Adolfo Strauch me regañaba con la mirada, lo que hacía que me la devolvieran pero, en secreto, yo volvía a entregarla.

Para agravar la situación, después de la avalancha del domingo 29 de octubre, se me había infectado la pierna, se había gangrenado, y no pude caminar más. Pasé a depender de los otros. Y a esa pierna gangrenada la tuve que operar yo mismo. Estaba en quinto año de Facultad de Agronomía y sentí que tal vez podía hacerlo mejor que Roberto Canessa —pues, a pesar de todo su temple, era médico de segundo año de Facultad—, quien me quería abrir el absceso con el filo del hacha que encontramos en el avión. Pero él ya había hecho demasiado. Tomé una hojita de afeitar y me hice una incisión, saltó toda la materia con la gangrena y salvé la pierna, aunque no pude seguir caminando y me transformé en un inválido.

Durante los días 19 y 20, mi tránsito hacia la muerte progresaba. Como estaba al borde de la inanición, por la ausencia de defensas se me formaron forúnculos purulentos en las piernas.

Alcancé a observar la vida a la distancia, me formulé preguntas que nunca me había hecho, llegué a conclusiones que no sabía y descubrí que la nueva perspectiva es indeleble, porque me acompaña hasta hoy, treinta y seis años después. Mi vida se apagaba en forma paralela a cómo imaginaba que se apagaba la esperanza de nuestra última apuesta: Nando y Roberto en una larga marcha atravesando ese infinito blanco. Porque con el relato de Tintín, ahora me imaginaba lo que ellos estaban viendo, ese horizonte de montañas, y por más que sus almas fueran inquebrantables, sus cuerpos eran falibles y se estaban agotando. Eso en la mejor de las hipótesis, si todavía continuaban con vida, si antes no habían muerto en una grieta, congelados, o perdidos en la niebla.

El jueves 21 ni siquiera podía incorporarme, mis necesidades me las hacía encima, aunque era lo que menos me importaba, cuando hacía más de dos meses que no me sacaba los varios pares de pantalones que usaba. Esa noche, curiosamente, la pasé revalorizando todo. Había aprendido en esos últimos días de moribundo que la vida había que merecerla, no se recibía de regalo, y para merecerla había que entregar algo, fundamentalmente afecto, y vaya si lo habíamos entregado a los amigos vivos y muertos en todos esos días. Y pensaba todo eso porque me estaba preparando para morir, estaba cada vez más cerca, a tres días exactos, los contaba por horas. Todo se había truncado demasiado rápido, pero había valido la pena. ¡Qué ironía que a la mañana siguiente, el 22, aparecieran las noticias de la llegada de Nando y de Roberto! Me emociona tanto recordarlo, que siempre se me nubla la vista cuando lo pienso, cuando reflexiono que yo les había dado dos días más de margen para morirme y que al fin llegaron, sorteando a la lógica, y no me morí.

En esa madrugada, abrí los ojos y vi los resplandores del amanecer helado. Daniel Fernández ya no estaba a mi lado, porque, como hacía todas esas mañanas, salía en la oscuridad, poco antes del alba, congelándose, cubriéndose de escarcha, para escuchar esa radio diminuta e inverosímil que nos conectaba con un mundo en el que nadie creía, a pesar de que estábamos atentos a lo que decía. Eduardo Strauch y Álvaro Mangino tampoco estaban en el avión. Cierro los ojos para dejar de ver ese escenario fúnebre del fuselaje, donde tantos habían pasado de un estado al otro, pero cuando vuelvo a abrir los párpados surge Daniel Fernández en el borde del avión, con una expresión en el rostro completamente diferente a la que veíamos todos los días, al punto que parecía otra persona, los ojos le brillaban, como si hubiera rejuvenecido diez, veinte años.

Desde mediados de diciembre se había derretido la nieve que sostenía al avión, el que se mantenía apenas sobre un pedestal de hielo que no se derretía por la propia sombra del fuselaje, y por eso estaba elevado. Teníamos que saltar para salir y para subir, a diferencia de los días anteriores, cuando para salir del fuselaje había que subir a la nieve. Daniel estaba asomado al avión, con el cuerpo más abajo, agarrado de los bordes, cuando se pone a gritar como descosido: «¡Aparecieron Nando y Roberto! ¡Llegaron!». La puta. Boquiabiertos nos miramos entre todos. Como figuras enclenques, nos incorporamos, incrédulos, y nos abrazamos, llorando, pero el avión empezó a balancearse sobre ese frágil pedestal donde se sostenía, y como estaba en una ladera, pensamos que iba a caer y rodar rumbo al valle. Entonces permanecimos quietitos, como paralizados, y en silencio nos encogimos, como si quisiéramos pesar menos de lo que pesábamos, y, gateando, salimos. Llegamos al borde y nos tiramos uno a uno hacia afuera, y ahí sí dimos rienda suelta a una emoción contenida hacía setenta y un días, nos revolcamos en la nieve, nos besamos entre todos. En medio del bullicio y del griterío nos pasamos de mano en mano el pomo de pasta de dientes que quedaba, el que usábamos de postre, y nos lavamos los dientes, que se habían convertido en unas teclas ennegrecidas que se movían cuando las tocabas, porque la encía con escorbuto había trepado, y los dientes oscilaban tanto que parecía que caerían. Nos sangraban las encías pero igual nos limpiamos, me cambió el gusto en la boca, y lentamente empezó una nueva metamorfosis.

Sin hablarlo previamente, comenzamos a actuar como en la sociedad prolija y civilizada e intercambiamos los sacos para que cada uno tuviera el suyo, su propiedad, y a las nueve de la mañana yo estaba sentadito en el lado oriental del fuselaje, esperando los helicópteros, porque en la radio habían anunciado, además de la llegada de Nando y Roberto, que los helicópteros estaban preparándose para salir en nuestra búsqueda.

Exactamente a las 12:45, de acuerdo al reloj que conservo hasta hoy, sentimos un sonido que nunca habíamos escuchado, atrás de la gigantesca pared montañosa, al oeste, pero a causa del viento inmediatamente desapareció. Se parecía a aquellos primeros días, cuando todos discutíamos si habíamos escuchado a un avión o si era el viento, o una avalancha, o si en verdad era ese sonido bendito con el que siempre soñábamos, las aspas del helicóptero que al fin venía por nosotros. Nos quedamos mirando al cielo y buscando, buscando, pasaron varios minutos pero nada. ¿Habíamos alucinado de nuevo? Hasta que alguien gritó «¡Allá vienen!». Miré a la montaña alta y no vi nada, «Nos estamos enloqueciendo todos juntos», pensé. Pero cuando giré la cabeza para mirar al que había gritado, que se incorporaba con dificultad, desde el valle del este, o sea del otro lado, vi que se recortaban dos puntitos negros, dos puntitos que se movían con respecto a las referencias estáticas de aquel paisaje monótono que conocíamos de memoria, y que venían en silencio, pero ¿por qué no hacían ruido?, ¿era otra trampa de nuestras mentes trastornadas?, hasta que identificamos las formas de los helicópteros, ahora estaban mucho más cerca y ahí sí rompieron el silencio estrepitosamente con sus motores, con toda la potencia, sobrevolándonos, y yo veía gente que saludaba, distinguí a Nando, y ese sonido de los motores fue un himno a la vida que todavía evoco, y cada vez que lo escucho me pongo a llorar con la misma intensidad de aquel 22 de diciembre de 1972.

No sé cómo llegué hasta donde había bajado uno de los helicópteros y uno de los socorristas que ya estaba sobre la nieve me tomó como si yo fuera una bolsa y me arrojó adentro del aparato, que permanecía a una cierta altura, porque no podía posarse debido a los feroces remolinos de viento y porque la superficie de la montaña era inclinada. Todo era confuso, no sabía bien qué pasaba, creí que habían subido todos pero no, no lo habían hecho. Entonces viene esa salida tan difícil porque el remolino tiraba al helicóptero, y yo me decía «Puta, me voy a morir ahora en lugar del 24», y de repente recuerdo un gran silencio, después el piloto, el comandante Carlos García, explica que el aire caliente lo está sacando del cajón entre las montañas, y yo no entiendo nada de lo que dice y por eso cierro los ojos por el miedo, como hice la primera noche en la montaña, no sé cuánto tiempo, mucho, poco, no sé. Porque cuando abrí los ojos el paisaje se había coloreado, y predominaba el verde.

Pero antes, cuando miraba hacia abajo y veía el fuselaje cada vez más pequeño, aquellos despojos entre la nieve donde había dejado tantas cosas, a Dios, el ser humano desnudo en cuerpo, alma y mente, con lo mucho que había perdido, mis amigos que permanecían ahí, se me anudó el corazón. Los despojos del avión se empequeñecían segundo a segundo, dejando a un Coche enclenque arrastrándose a su lado, un muchachito de veinticuatro años deambulando encorvado por la nieve, buscando el rincón donde se iba a morir, escondido para que no se lo impidieran. Y hoy, cada vez que subo a la montaña me formulo las mismas preguntas, las que se afirman con los años, cuanto más viejo me pongo: «¿Cómo hicieron esos jovencitos para soportarlo? ¿Por qué lo lograron?». Y, fundamentalmente, «¿Para qué lo hicieron?».

Después de parar en el valle perdido de Los Maitenes, me vuelven a subir al helicóptero y me llevan al hospital San Juan de Dios, en el poblado más próximo, San Fernando. Cuando me bajan, me quitan la ropa, con toda la mugre que tenía, me cubren con una manta y, cuando me llevan a la habitación número uno, yo alcanzo a verme en el reflejo de un vidrio, un esqueleto con vida, un espectro sucio que se mueve, pensé. Luego llegó un médico para atenderme el pie, y en medio de la conversación, mientras yo no cesaba de expresarle lo deslumbrante que me resultaba ese lugar, como al descuido me preguntó, mientras me curaba, qué fue lo último que había comido, la pregunta clásica de los médicos, como si yo hubiera ido a la consulta con hora marcada, en una clínica de Montevideo. Le respondí, con la mayor naturalidad: «Carne humana». Él siguió curándome el pie como si nada, no advertí el más mínimo cambio en su actitud, ni en el movimiento de sus manos que ahora me vendaban. Pero más tarde me enteré de que después de haberme escuchado, no supo más lo que estaba haciendo, le fue imposible concentrarse, simplemente movía las manos con el desinfectante para un lado y para el otro, pero su cerebro estaba volando lejos de aquella habitación y de aquel esqueleto barbudo que, alucinando, no hacía más que alabar los colores de las paredes, la armonía con que había sido construida esa cama vulgar de hospital.

Minutos después, entró un cura muy flaco y muy jovencito: «Soy Andrés Rojas», se presentó. Apenas lo vi entrar, me incorporé en la cama, lo abracé y brotó un torrente de palabras de mi boca, contándole todo, mientras él intentaba serenarme. Cuando quiso darme la comunión, le pedí que antes me confesara, pero me respondió en una forma muy madura: «Te has confesado desde que entré». Cuando recibí a Dios a través de la hostia, sentí claramente que ya lo tenía adentro, que ya vivía en mí, porque ya sabía que ese

Dios o ese espíritu superior existe y pertenece a todos los hombres, porque así se me había revelado en mi vida de moribundo.

El sábado 23 de diciembre dejé San Fernando rumbo al hospital Posta Central, en el corazón de Santiago, en una ambulancia que demoró dos horas en llegar. Me acompañaba mi hermano, que cuando me vio por primera vez, unas horas antes, me abrazó y permaneció en silencio, porque no le brotaban las palabras. En la ambulancia yo viajaba acostado en la camilla y mi hermano venía sentado junto a mí. Después de aquella emoción muda del encuentro, entablamos una conversación muy tierna, mientras la ambulancia avanzaba por la ruta. Mi hermano me hacía preguntas sobre detalles, algún nombre, alguna anécdota, y yo le respondía, y luego yo le formulaba preguntas sobre Montevideo, fundamentalmente preguntas sobre la familia y mi novia Soledad, porque salvo a él, todavía no había visto a ningún otro de mis allegados. Hasta que en un determinado momento, como al pasar, me pregunta: «Che, ¿y cómo vivieron?, ¿de qué se alimentaban?». Lo preguntó con mucha espontaneidad, como si recién se le ocurriera que le faltaba esa información, porque antes estaba lo otro, si me dolía la pierna, cómo era el frío, cómo fue el accidente del avión, cómo me sentía. Ante esta nueva pregunta le dije la verdad, en el estilo directo con que nos estábamos comunicando, «de carne humana». «Ah, sí, claro», respondió él, y permaneció en silencio, tanto que yo me incorporé para mirarlo, y me di cuenta de que se estaba descomponiendo. Cuando advierto que está blanco como una hoja, le pregunto: «¿Te sientes mal?». «Sí, estoy mareado, se me ha descompuesto el estómago», responde, y me di cuenta de que se iba a desmayar. Entonces me levanté de la camilla y lo acosté a él en mi lugar. Así llegamos a Santiago, y cuando los enfermeros del hospital Posta Central abrieron la puerta de la ambulancia, vieron a un muchacho muy pálido acostado, con los ojos cerrados, y a otro muchacho, excesivamente flaco, con los labios resquebrajados y una barba muy larga, a su lado, consolándolo y tomándole la mano, y entonces se miraron perplejos porque no sabían a cuál debían colocar en la camilla para trasladarlo de urgencia al Centro de Tratamiento Intensivo, como estaba indicado en las especificaciones del médico que viajaba en la cabina: ¿al barbudo esquelético o al semidesmayado? Levanté un dedo y entendieron que era yo, y así fui a parar al CTI, donde me reencontré con Roy Harley, Álvaro Mangino y Javier Methol. Juntos, una vez más, pasamos la noche en una cápsula, mejor equipada que el CTI improvisado del fuselaje.

Incluso en ese lugar extraño, conectado a los monitores, con los sonidos asincrónicos y esas rayitas verdes que se dibujan en la pantalla, me pareció ver, entre todas las lucecitas que permanecen encendidas, esa estrella que me acompañó durante las noches en el avión, con mi madre y mi novia Soledad en el pensamiento. Eso ocurría cuando uno dormía del lado derecho del fuselaje y veía a través de las siete ventanillas ovaladas del avión que estaban más altas, en el lado izquierdo. Era una estrella muy brillante que tardaba aproximadamente una hora en pasar de una ventanilla a la otra. Lo mismo ocurría cuando había luna llena, y yo pensaba en mi barrio querido de Punta Gorda, en Montevideo, próximo a Carrasco, porque sabía que mi madre estaba observando esa misma estrella al oeste y esa misma luna. Eran en esos momentos cuando me comunicaba con ella, diciéndole: «Estoy vivo, mamá, resiste», el único mensaje que quería transmitirle. Poco después mi madre me lo contó: «De noche salía a caminar, iba hasta el extremo de Punta Gorda, por la rambla, frente al mar, y veía la luna y una estrella muy brillante pensando en ti».

En esa nochecita del sábado 23 de diciembre en el CTI, cuando entró mi madre, nos miraba a los cuatro internados, pero como estábamos tan parecidos, no terminaba de reconocerme, no se convencía de que fuera yo. Hasta que la tuve que llamar haciendo gestos con la mano, y ahí fue un contacto difícil de expresar, el contacto físico de una ilusión remota que se tornaba realidad.

Mi novia Soledad y mi madre siempre creyeron que estaba vivo. Incluso Soledad me visualizaba con nitidez, me veía muy delgado, con colgajos y medallitas en el cuello. Un día antes, en el hospital de San Fernando, una monja entró a mi habitación y, sin consultar, me colgó piolas con medallitas del cuello, que yo no me quité. Cuando mi madre al fin me reconoció en el CTI, con aquel aspecto esquelético y el cuello cubierto de medallitas, quedó muy impresionada, porque era exactamente así como Soledad me había imaginado. Entonces me dijo esa frase que tanto me conmueve: «Te parí dos veces, hijo, sólo que esta vez sufrí y me alegré mucho más que la primera».

En la noche que llegué a Montevideo, mi madre le pidió a mi hermano, con quien yo compartía el dormitorio, que se cambiara de habitación, y se acostó ella en la cama de al lado. De noche yo no podía conciliar el sueño, porque estaba acostumbrado a no dormir sino apenas a dormitar en el fuselaje, para no congelarme y por la incomodidad insoportable. Entonces hacía tiempo fumando tabaco de hoja, mientras mi madre me observaba en la oscuridad. A ciegas, iluminado apenas por la brasa del cigarrillo, yo hacía dibujos al carbón sobre un manojo de papeles que había colocado a mi lado. No sabía lo que quería dibujar, pero no podía dejar de hacerlo. Lo que surgían eran todas escenas de la montaña. Hasta que cuatro días después, el 1.º de enero, en una sola noche de insomnio y trabajo frenético hice toda la secuencia de la montaña, dibujos que todavía conservo, que culminan con la llegada de los helicópteros.

Cuando permanecimos sepultados bajo la nieve durante tres días después del alud, se creó un antes y un después, separando dos historias diferentes. Cuando al fin salimos, el paisaje era otro, la gente era otra. Salimos ocho menos, pero salió uno más, y ese «más uno» inmaterial nos advirtió que se terminaban definitivamente las mezquindades de la sociedad «civilizada», entre comillas. Fue ahí cuando entré en un contacto mucho más estrecho con una fuerza superior. No me hizo más cristiano ni menos cristiano, simplemente mucho más creyente en un mismo Dios para todos, que se expresa a través del hombre, en el altar de la naturaleza. Es fácil no creer desde el llano: es imposible no creer cuando estás a solas con la montaña.

Hubo una mutación, porque todo lo que hicimos a partir del alud fue apropiado para llegar a la meta de volver a casa. Fue inteligente cómo nos organizamos, fue adecuado cómo nos contuvimos mutuamente para no enloquecer. La idea de los expedicionarios fue una decisión muy sabia que no tuvo dueño. Sabíamos que Nando quería salir, pues a ese hay que cuidarlo, pensábamos. Él elige a Canessa y a Vizintín. No se me ocurre un equipo más adecuado. Pero ese proyecto es del grupo. ¿Quién decidió? Todos. El «más uno» que salió del alud nos hizo más perspicaces, nos señaló desde nuestras mentes cómo había que hacer las cosas y a los expedicionarios los llevó de la mano para que pudieran atravesar la cordillera. Se me podrá decir: «Esas son suposiciones, Coche». Pues que cada cual analice y evalúe los hechos y verá si no llega a las mismas conclusiones. Yo veo otra huella junto a los expedicionarios cuando hacen la última travesía. Sé que los hechos indican algo diferente, que es la hazaña del hombre solo, pero en mi mente yo diviso esa huella. Y todavía Nando sube al helicóptero y nos encuentra, en medio de la nada distingue el valle y esas rocas que uno las tenía grabadas en la mente. ¿El «más uno» no viajaba en ese helicóptero?

Todo el equipo funcionó como un organismo nuevo y muy eficaz. Los tres primos Strauch, que por su parentesco tenían una cohesión de clan dentro del grupo, se transformaron en un referente que tranquilizaba, que coordinaba, cuidándonos a todos por igual. Pero todos fueron, en su medida, fundamentales. Los quebrados fundían agua, otros cortaban carne, otros planificaban. Fuimos costureras del saco de dormir, fuimos madres, padres, enfermeros. Creo que mi rol fue el de contención psicológica: con una pierna lastimada, era lo que podía hacer, contener a los otros, para poder resistir hasta mañana. En Alcohólicos Anónimos dicen: «Hoy por hoy no bebo, mañana veo», una fórmula que te repites todos los días. Fui a varias reuniones de Alcohólicos Anónimos porque estaba bebiendo demasiado y decía eso mismo, «Por hoy no tomo». Por eso en la montaña separamos las balas del revólver del piloto, por hoy no hago ninguna locura, veremos si mañana amanecemos vivos.

En una libretita apunté todo lo que quería hacer si salía vivo. Le pedía a Dios que me enseñara a llenar ese hueco inmenso que se nos había abierto, un hueco metafísico que no puede llenarse con banalidades ni con conquistas materiales. Allá arriba, en la miseria más absoluta, hallé la respuesta, encontré cómo llenarlo, y anotaba lo que iba a hacer si sobrevivía, cómo iba a llenar ese hueco sin caer en las tentaciones fáciles y fútiles de la sociedad convencional. En estos años que me tocó vivir, creo que he cumplido con algunos de los deberes con los que me comprometí, lo que tengo escrito en esa libretita que guardo siempre a mi lado, porque me impide, hasta hoy, que pierda el rumbo. Es la brújula abollada que teníamos en la montaña.

Cuando salí, a los ocho meses me casé; lo hubiera hecho al mes siguiente, porque estaba en el primer lugar de la lista, pero no me hallaba en condiciones físicas, había perdido la mitad de mi peso, y, por prescripción médica, necesité ocho meses para recuperarme. Al año nació mi primer hijo, lo segundo en la lista, que me trajo uno de los momentos más vibrantes que he tenido en mi vida. Y después otra hija, y luego el tercero, y con ellos crecidos, criados, y con muchas otras cosas que me había impuesto, pude poner la palabra «fin» a la última hoja de esa libretita que llené con la letra trémula por el frío y el miedo, en el fuselaje del F571.

En la cordillera pedía media hora para volver con mi familia, con mi novia, y contarles estas novedades que había aprendido, porque me parecían demasiado trascendentes como para que murieran conmigo. Media hora me alcanzaba para mostrarles mi descubrimiento: que el amor no se divide sino que se agiganta. Pero no me dieron esos minutos que pedía, al final tuve treinta y seis años para contarlo.

Cuando regresamos a Montevideo, en los primeros tiempos me costó mucho vivir con el tema de haber comido los cuerpos de los amigos muertos, porque al tabú uno lo tiene adentro, agazapado, aunque crea que lo ha superado y resuelto. Y si bien la sociedad no te lo recuerda constantemente, indirectamente te lo señala. Si por un lado fue una íntima comunión entre los hombres, una amorosa entrega para que los otros siguieran viviendo, en términos prácticos allá arriba debíamos cortar y comer todo, y esa imagen es demasiado violenta. En mis conferencias sobre los Andes siempre me preguntan qué partes comíamos, y respondo: todo. A veces embromábamos: «Tú no te mueras porque estás demasiado flaco y huesudo». Y en diciembre llegábamos a hacer apuestas de humor negro, sobre quién se moría primero, y yo lo puedo contar porque era uno de los candidatos preferidos, con mi estampa cadavérica. Incluso me enteré de que en un momento lideraba las apuestas, era el «favorito», como en el turf, aunque no me importó. «Si ganan conmigo les serviré de poco», bromeaba con mis amigos, señalando mi costillar sin carne. Pero al otro que «competía» no le gustó y les pidió que no jugaran más de esa manera, y de inmediato se terminaron las apuestas. Igual ninguno hubiera ganado porque los dos sobrevivimos.

Hasta el año 2002, viví en silencio, con el dolor y los recuerdos. Pero los treinta años del accidente fueron un punto de inflexión, porque me di cuenta de que lo que no se dice provoca dolor, y que hablar, cura. Creía que me haría bien relatar mi verdad, pero jamás sospeché que les haría bien a otros escucharla. Es una forma de medir el tiempo: setenta y un días es mucho para pasarla tan mal y treinta años es demasiado para mantener el sufrimiento escondido.

Hace pocos años retomé la pintura, después de aquellos dibujos que empecé a bocetar en la noche del 28 de diciembre de 1972, con mi madre observando en la penumbra, cómo su hijo, con una brasa de cigarrillo moviéndose de la boca a la mano izquierda, dibujaba con frenesí, buscando algo que no podía encontrar. Los motivos que pinto son variados, pero inconscientemente, sin proponérmelo, siempre vuelvo a recrear una misma escena: un grupo de muchachos con los brazos extendidos, en la montaña helada, con dos helicópteros que llegan desde el valle. Los pinto, los vuelvo a pintar, pero lo más curioso es que cada vez que cuento a los muchachos, que nunca sé si están recibiendo a los helicópteros cuando llegan o los están despidiendo cuando se van, los cuento y los vuelvo a contar y, con lágrimas en los ojos, siempre descubro que son más de dieciséis.

* Coche Inciarte nació en 1948. Está casado con su novia de entonces, Soledad, con quien tuvo tres hijos. Se recibió de ingeniero agrónomo, y tras dirigir empresas, algunas familiares y la principal cooperativa de lácteos de Uruguay, resolvió abandonar todo para dedicarse a pintar y a hablar de los Andes.

A veces, cuando está solo con su mujer, escuchan la grabación que hizo el curita Andrés Rojas, aquel que fue a visitarlo al hospital de San Fernando, el primer caso para un cura recién ordenado, y el primer contacto de Coche con la vida. Y se sorprenden, una y otra vez, con esa voz que desconocen, la voz de un Coche jovencito que llega como del más allá, de una dimensión distante, para decir algo semejante a lo que piensa hoy, treinta y seis años después: «Allá arriba muchos compañeros tuvieron que tocar el cielo. Todo me ha afectado muy de cerca. Pido para no volver a lo que era antes. La enseñanza que he recogido es que no hay nada mejor y que dé más tranquilidad de espíritu que brindarse al otro, este es el principal aprendizaje que he recibido y con él me siento en paz».

5

El adiós

◆

E duardo Strauch llegó al Aeropuerto Internacional de Carrasco en Montevideo a las siete y cinco de la mañana del 12 de octubre de 1972, en compañía de sus primos. No bien subió hasta el segundo piso, donde había que presentar los documentos en el mostrador de la Fuerza Aérea, vio al capitán del equipo, Marcelo Pérez del Castillo, ante un teléfono, discando ansiosamente. Intentaba localizar al único que todavía no había llegado: Tito Regules.

Tito había pasado una noche de juerga en el casino del Hotel Carrasco, se había acostado tarde, y, sin darse cuenta, había apagado el despertador. Dormirse lo salvó del desastre. Aunque, veintiún años después, dormirse lo mató. En el verano de 1993, viajando por el departamento de Rocha, en la costa uruguaya, rumbo al balneario La Paloma, al volante de un vehículo al que se le había roto el parabrisas, y que había ido a cambiar a Punta del Este, se durmió, y su coche se estrelló contra la parte posterior de un camión. Falleció en el acto.

Por otro lado, Graziela Mariani debía viajar ese mismo día, con urgencia, rumbo a Santiago de Chile. Tenía pasaje en un avión de Lan Chile para la tarde, pero como sabía que más temprano partiría un avión militar arrendado, madrugó y se dirigió al aeropuerto para probar suerte. Quién sabe si no habría una vacante, lo que le permitiría ganar medio día en Santiago y ahorrar la diferencia del pasaje, que costaba menos de la mitad. El motivo que la apremiaba era muy importante: al día siguiente se casaba su hija.

Cuando la señora Mariani se aproximó con un bolso al mostrador, Marcelo le dijo que todavía no habían terminado de solucionar el pasaje de Tito Regules, el que probablemente quedaría vacante. Pocos minutos después, le confirmaron la buena nueva: sí, había un asiento libre en el Fairchild, y la señora Mariani dejó su lugar en el avión de línea para subir a un bimotor a turbohélice de la Fuerza Aérea con un curioso grupo de jóvenes bullangueros.

Eduardo Strauch Urioste, de veinticinco años, del grupo de los mayores, fue el que estuvo más próximo a no viajar ese 12 de octubre. Partió de su casa en el Parque de los Aliados, un barrio residencial próximo al Centro, en el automóvil de la familia, conducido por su hermano Ricardo. Pasó a buscar a los tres primos que también viajaban: Daniel Shaw Urioste y Adolfo Strauch Urioste (este último primo por parte de madre y padre), que vivían cerca de su casa, y Daniel Fernández Strauch, unas cuadras después, todos del grupo de los mayores. Enfrascados en la conversación sobre las peripecias que este último había tenido que sortear para poder viajar, se olvidó de algunos detalles que lo hicieron maldecirse pocos minutos después. Cuando llegaron al aeropuerto, Eduardo, que vestía una chaqueta azul marino, nueva, y en su bolsillo interior debía tener la billetera con el dinero y sus documentos, llevó la mano derecha al bolsillo interior para sacar el pasaporte y se sobresaltó.

—¡Carajo! ¡Olvidé la plata y los documentos! —exclamó.

Daniel Fernández, sin dudarlo un instante, bajó a grandes zancadas hasta la planta baja y corrió al estacionamiento antes de que el hermano de Eduardo, Ricardo, partiera en el automóvil. Lo alcanzó a la salida del estacionamiento.

—¡Tienes treinta minutos para ir a tu casa, encontrar la billetera y los documentos de tu hermano, y llegar antes de que parta el avión! —le gritó.

La billetera con la cédula y el pasaporte llegaron a las 7:57, ocho minutos antes de que partiera el Fairchild.

El tema que había concentrado a Eduardo, Adolfo, Daniel Shaw y Daniel Fernández en el automóvil que los transportaba al aeropuerto habían sido las curiosas indecisiones del padre de Daniel Fernández, Juan Manuel, a quien le disgustaba que atravesaran la cordillera de los Andes en un pequeño bimotor de la Fuerza Aérea. «En rigor no me gusta nada», le repetía, cada vez con más vehemencia, a medida que el día se aproximaba.

El Old Christians había alquilado el Fairchild F-227, individualizado con el número 571, con cuarenta y cinco plazas. Como el precio era fijo, cuantos más pasajeros consiguiera, más baratos costaban los pasajes, por eso además de los integrantes de la primera división del equipo amateur del Old Christians Rugby Club, el pasaje se completó con familiares, amigos o amigos de amigos.

A Daniel Fernández, que en el 72 ya hacía diez años había egresado del colegio y que no jugaba al rugby desde entonces, lo convocó su primo Eduardo, el amigo íntimo y compañero de la Facultad de Arquitectura del capitán del Old Christians, Marcelo Pérez del Castillo. No le dio trabajo convencerlo porque se trataba de una oportunidad excepcional, aprovechar el feriado del descubrimiento de América del 12 de octubre para viajar a Chile en avión por muy poco dinero. A causa del desbarajuste que se vivía en los últimos meses del gobierno socialista de Salvador Allende, el dólar en el mercado negro se cambiaba diez veces más alto que al valor oficial, así que con pocos dólares vivirían como millonarios, al menos durante cuatro días. Con el mismo argumento, Eduardo convenció a los otros dos primos, Adolfo Strauch y Daniel Shaw.

Daniel Fernández pretendía financiarse el viaje con el dinero obtenido de un pequeño negocio que había montado en la hacienda de su padre, criando cerdos, los que ya había vendido aunque todavía le faltaba cobrarlos. Los había comercializado próximo a la hacienda, en la localidad de Montes, departamento de Canelones, lindero a Montevideo. Como el comprador aún no le había enviado el dinero, Daniel le pidió a su padre que pasara a cobrarlo antes de regresar a la capital, dos días antes de la partida. Curiosamente, Juan Manuel Fernández, un hombre ordenado y metódico, olvidó, por primera vez en su vida, un pedido formulado por su hijo. Daniel no podía creer que por un extraño lapsus se había quedado sin el dinero. Por un instante pensó en cancelar su pasaje, pero de inmediato se rebeló contra lo que parecía una negligencia de su padre y pidió el dinero prestado a su hermana menor, Ana Inés. Ella titubeó, porque también había interpretado que el olvido de su padre no era casual, pero al final terminó accediendo a las reiteradas súplicas de su hermano. Durante los setenta y dos días posteriores, Ana Inés Fernández vivió el mayor remordimiento de su vida: creyó que por su culpa, por haber accedido a prestar el dinero a Daniel sin haber atendido la premonición de su padre, su hermano se había muerto en la cordillera de los Andes.

Eduardo Strauch fue otro de los organizadores del viaje. Su objetivo no era tanto el rugby, sino el viaje en sí, incluyendo la posibilidad de esquiar en la precordillera chilena. Para ello se instaló durante diez días en la bohardilla de su amigo de la infancia, Marcelo Pérez del Castillo.

Eduardo cree que, hasta entonces, la burbuja en que vivía la mayoría de los compañeros del Old Christians no había estallado. Era una cápsula aislada y ajena a lo que se vivía en aquel año, 1972, en un mundo que aparentaba desmoronarse, ocho meses antes de que los militares apoyados por el presidente constitucional dieran un golpe de Estado y se instalara una dictadura militar durante once años.

Ese ambiente convulsionado que vivía Uruguay fue el que, indirectamente, permitió que viajara otro de los primos de Eduardo, Adolfo Strauch. La universidad se había sumado a reivindicaciones gremiales de todo tipo, había entrado en una huelga por tiempo indeterminado y Adolfo, que, como Daniel Fernández y Coche Inciarte, también estudiaba Agronomía en la ciudad de Paysandú, tuvo que regresar a Montevideo, sin nada para hacer. En ese preciso momento los convocó Eduardo, desde la bohardilla de Marcelo.

El paro en la enseñanza también colaboró para que viajara el matrimonio Methol, invitado por Pancho Abal, su primo y jugador de la primera división del Old Christians.

Pancho Abal, de veintiún años, del grupo de edad intermedia, era el más exuberante de todos los que llegaron al aeropuerto. Proveniente de una familia acaudalada, carismático e inteligente, muy apuesto, y con una mirada nostálgica y distante que atraía a las mujeres, llegó atrasado y sonriente. Saludó a su íntimo amigo de entonces, Nando Parrado, y vio a la pareja a la que él había invitado, un matrimonio mayor que el resto, él con treinta y seis años y treinta y cuatro su mujer, que observaban divertidos el bullicio de los más jóvenes. Nadie los conocía. Pancho los presentó a los más próximos: «Javier y Liliana Methol. Todos los van a querer», dijo.

Liliana había estudiado Derecho en su primera juventud y lo había abandonado hacía años. Pretendía retomar una materia que debía comenzar justamente ese lunes 16 de octubre, pero la huelga en la enseñanza truncó el proyecto. Ese pequeño incidente decidió a la pareja a acceder a la invitación de Pancho.

Nando Parrado, de veintidós años, despertó más temprano que nunca aquel 12 de octubre, con un curioso cosquilleo en el cuerpo. Su padre, Seler Parrado, que solía levantarse al alba, lo encontró despierto cuando entró a su habitación. Luego despertó a los otros miembros de la familia que también viajaban: su mujer Eugenia y su hija menor, Susy. Poco después partieron en uno de los tres coches de la familia: un elegante Rover verde inglés.

Cuando llegó al aeropuerto, Seler Parrado besó a su mujer y a sus dos hijos, y, sin mucha alharaca, les anunció que los vendría a buscar al aeropuerto el lunes 16 a las once de la mañana.

A las 8:05 partió el F571 rumbo a Santiago, a mil quinientos kilómetros de distancia, en un viaje que demoraría aproximadamente tres horas. Antes debían atravesar la cordillera de los Andes, con una altura media de cuatro mil metros pero con picos como el Aconcagua, de 6.962, 1.886 metros menos que el Everest en el Himalaya.

Cuando estaban llegando a Mendoza, en las estribaciones de la cordillera argentina, se asomó por la cabina de los pilotos el auxiliar de vuelo, Ovidio Joaquín Ramírez, para informar a los pasajeros que debían hacer una parada técnica.

Tras aterrizar les dieron una noticia que cayó como un balde de agua fría: las condiciones meteorológicas impedían atravesar la cordillera, por lo que permanecerían esa noche en Mendoza, perdiendo uno de los cuatro días de viaje.

A la mañana siguiente, las condiciones en los Andes continuaban inestables. Los pilotos sabían que cruzar la cordillera por la tarde era más riesgoso, cuando el aire caliente de los llanos argentinos choca con el aire frío de la montaña provocando fuertes turbulencias. Y porque además, a esa hora, se levantan los vientos huracanados que provienen del océano Pacífico.

Hubo varios hechos que precipitaron la decisión. Como se trataba de un avión militar, no podían permanecer en un aeropuerto extranjero más de veinticuatro horas, por lo que si no les daban el alta meteorológica antes del mediodía, debían regresar a Montevideo. Poco antes de vencer el plazo, aterrizó un avión DC-3 destartalado, que perdía aceite por los motores, ensuciando la pista. Cuando bajó su piloto, un hombre de más de cincuenta años, con un overol marrón manchado, Gustavo Zerbino le gritó desde la terraza del aeropuerto: «¿Cómo está el paso?». «Perfecto», respondió el piloto desde la pista. Entonces, Gustavo Zerbino, Roberto Canessa y otros de los más jóvenes comenzaron a bromear con los pilotos uruguayos, tildándolos de timoratos, porque ese viejo loco de overol manchado cruzó como si nada y ellos, con toda la tecnología del mundo, no se atrevían. La broma y un amago de silbatina fastidiaron a los militares. Después de unas últimas consultas, anunciaron a Marcelo y a Daniel Fernández que partirían rumbo a Chile.

6

Daniel Fernández*

Pañuelos en la plaza

❖

Un día antes de la partida mi madre había hecho mi torta de frutilla preferida. Esa noche le dije: «Guárdamela en el congelador, que la como el lunes, cuando regrese». Y ahí quedó. Guardadita en la heladera, intacta, porque ella no permitió que nadie la tocara. Cuando regresé el 24 de diciembre, mamá la sacó del *freezer* y como la cosa más natural del mundo me recordó que tenía el postre servido en la mesa, como yo le había pedido. Mientras lo comía, la observaba y pensaba: ¿qué fue lo que ocurrió, mamá?

Así como mi madre siempre estuvo convencida de que estaba vivo, yo estaba completamente seguro de que me salvaría. Mi mujer, que en aquel entonces era mi novia, me decía que venir a hablar con papá la dejaba muy deprimida, porque él insistía con que el avión había pegado contra la cordillera y estábamos todos muertos: «Se les cayó la montaña de nieve encima y no los vamos a encontrar más». Pero, de todas maneras, él colaboró con la esperanza de las mujeres, las acompañó cuando iban a cuanto adivino y cosa rara había. Lo hacía con cara de perro, es cierto, pero iba, aunque en su fuero íntimo no pretendía encontrar vida sino localizar cuerpos, entre los despojos de un avión desintegrado.

En mi casa no había un velorio sino una espera muy angustiante. Una de las que venía a esa espera era mi novia Amalia.

Para tolerar mejor ese aplazamiento eterno, ella se ponía algún pulóver mío, o usaba mi perfume, para tenerme más cerca. Iba al dormitorio y se echaba mi Old Spice. Pero un buen día se le termina. Entonces coinciden varias cosas inexplicables. En esos días el grupo de los esperanzados se había aferrado a las palabras de un adivino, Gerard Croiset Jr., que en sus ensoñaciones nos veía en diferentes lugares de la cordillera, y eso se lo transmitía a las mujeres de mi familia, mientras papá las observaba con profunda melancolía. El adivino pedía un objeto personal de cada uno de nosotros. Como mi novia tenía una prima que vivía en Buenos Aires y que viajaba en los próximos días a Holanda, donde residía Croiset, fue a llevarle un objeto personal mío para que se lo entregara al adivino. Al mismo tiempo, Amalia quería reponer el perfume que había terminado, que sólo se vendía en Buenos Aires. «Le voy a comprar un frasco a Daniel, porque cuando vuelva no tendrá su perfume preferido», le dijo a su madre, que la acompañó a Buenos Aires. Y lo compró. Cuando despierta, en casa de su prima, escucha un murmullo nervioso fuera de su habitación: «¿Le decimos o no le decimos?». Salta de la cama, abre la puerta, y se enfrenta a su madre y a su prima, muy asustadas y asombradas, que le cuentan que acababan de aparecer dos sobrevivientes del avión de la montaña, y que esos dos decían que había más en el centro de la cordillera. Mi novia quedó estupefacta, no conseguía articular una palabra. Una hora después, están en el barco que las trae de Buenos Aires a Colonia, atravesando el Río de la Plata. Llegan al puerto de Colonia, en Uruguay, y se dirigen al ómnibus que las trae a Montevideo. Cuando suben, descubren que todos hablan de lo mismo, de los «muertos que resucitaron». El chofer tenía la radio a todo volumen porque de un momento a otro ocurriría lo que habían esperado durante toda la mañana: leerían por Radio Carve la lista de los dieciséis sobrevivientes, con todo el pasaje expectante, que abandonaba sus asientos para aproximarse a la radio. Entonces la madre de mi novia se pone de pie y le dice al chofer, en voz baja: «Le voy a pedir un favor muy especial, que sé que usted comprenderá: le ruego que apague la radio porque mi hija es la novia de uno de ellos, y no sabemos si está o no está en la lista». El chofer no dudó un instante y apagó la radio. Pero como todo el pasaje empezó a quejarse, el chofer se incorporó y les explicó, uno a uno, en susurros, lo que sucedía. Al final se hizo un silencio respetuoso, sepulcral. El viaje hasta Montevideo resultó una eternidad, aunque no insumió más que dos horas. El corazón de mi novia se había enloquecido. ¿Dónde estaba aquella certeza que había tenido hasta entonces?, ¿ahora, en el momento definitivo, la ponía en duda?

Cuando el ómnibus venía subiendo por la calle Rondeau, en el centro de Montevideo, para llegar a la terminal, en la plaza de Cagancha, ella sabía que le quedaban dos alternativas, por eso sentía que el corazón le iba a salir por la boca: «Que sólo estuviera papá esperándome», o si no... y entonces, cuando iba a imaginarse esa otra alternativa, el ómnibus comenzó a dar la vuelta a la plaza, ella se asoma por la ventanilla para ver cuál podría ser la otra alternativa, y lo que ve en la terminal es un tumulto de gente, e identifica a todos nuestros amigos, agitando pañuelitos blancos. Se le nubla la visión por las lágrimas y se ahoga por los sollozos abrazada a su madre porque se dio cuenta de que siempre había tenido razón, que yo estaba en la lista, que no había que dudar. Y el chofer también se dio cuenta, porque empezó a hacer sonar la bocina sin parar, la que parecía cada vez más estridente, porque él también estaba emocionado. No era una lista cualquiera. Era la lista de la vida y la muerte.

Nadie está del todo preparado para lo que va a venir. Fui el primero en llegar a Montevideo, en un avión de KLM, el 24 de diciembre, e imaginé que en el aeropuerto iba a estar mi familia y nadie más. Estaba mi familia, sí, pero los balcones, las terrazas, y todos los espacios interiores estaban abarrotados de gente, de periodistas, de curiosos, porque nadie terminaba de comprender lo que había sucedido. Y como veníamos de la muerte, todos creían, tal vez, que traíamos mensajes del más allá. Desciendo del avión y entro al aeropuerto con toda esa muchedumbre desconocida mirándome, y me enfrento al pequeño mostrador de inmigración, donde un funcionario me miraba con el mismo espanto que los demás, como si viniera de ultratumba, hasta que al fin atinó a pedirme los documentos, como debía hacer con todos los viajeros. Pero yo no tenía documentos, no tenía nada, salvo la ropa que llevaba puesta, que me la habían regalado en el hospital de San Fernando. «¿Qué me está pidiendo?», le pregunto, sin comprenderlo. «Yo vengo de un avión que chocó en las montañas.» «Necesito su cédula de identidad», me repitió, como con vergüenza, «o su pasaporte», añadió con voz cohibida, y los dos nos mirábamos incrédulos, porque lo que estaba sucediendo no estaba previsto, nunca había ocurrido antes ni nunca nadie se imaginó que ocurriría: que llegara un muerto caminando, y que además viajara sin documentos. Y como no tenía cédula ni pasaporte no me podían dejar salir del aeropuerto. Hasta que llegó su jefe, y como todos comprendían que ocurría algo fuera de lo previsto, muy respetuosamente me pidieron que me sentara, que estuviera cómodo mientras pensaban una solución que no violara las normas pero que tampoco me perjudicara a mí. Y yo veía que se sumaban funcionarios buscando una salida para ese muchacho tan flaco que venía de un viaje muy largo y extraño pero que no cumplía con las formalidades porque no tenía lo que acreditaba su pertenencia a la sociedad de los vivos. Mi familia me observaba perpleja, detrás de unas puertas vidriadas, mientras yo les sonreía, sentado en un banquito. Al fin me dejaron salir, no porque estuvieran convencidos sino porque no sabían qué hacer conmigo, aunque creo en verdad que no sabían qué hacer con ellos mismos.

Durante mucho tiempo no pude pensar en todo ese proceso que tuvimos que hacer en la montaña, pasar de ser seres normales a convertirnos en hombres primitivos, deshojándonos gradualmente. Creo que al final estábamos más cerca del mono que del hombre, con la única diferencia de que éramos seres pensantes, y fundamentalmente con una espiritualidad agudizada que se iba tornando más sutil con el correr de los días. Pero en cuanto al funcionamiento del grupo, para quien nos observara desde afuera, era como una manada de monos. Setenta y dos días sin lavarnos, sin quitarnos la ropa, comiendo carne humana, que en un primer momento era un cortecito pero después se transformó en una ración de comida y más adelante ya quedaba el hueso pelado tirado por ahí y venía uno y lo agarraba y se lo metía en el bolsillo del saco y después se ponía a chuparlo delante de los otros. Incluso en la conversación era como se supone que se hablaba en las cavernas, una charla a un volumen muy tenue, muy pausado, casi musitado. Tal vez era una adaptación del cuerpo para ahorrar energía, o habíamos accedido a estadios tan primitivos que de homo sapiens nos transformamos en monos pensantes.

La angustia extrema, la sed y el hambre, el frío insoportable, el proceso de inanición, ¿cómo no van a afectar la psiquis? ¿Cómo no van a provocar alucinaciones casi de continuo? Algunos alucinaban que estaban donde no estaban, en sus casas, o que eran quienes no eran, o veían personas que no existían. La alucinación que yo vivía recurrentemente estaba vinculada con la sensación del espacio: el fuselaje, cuando caía la oscuridad, me resultaba increíblemente grande y largo, interminable, las personas estaban a una gran distancia unas de las otras, cuando se incorporaban y se desplazaban sentía que se movían en un horizonte lejano, pero cuando llegaban las primeras luces del alba descubría que estábamos todos amontonados unos arriba de los otros, porque el espacio era diminuto.

Conocí en carne propia lo que es el poder de la mente. Comprobé que es cierto aquello de que «vivir no alcanza; soñar es lo que importa». Estábamos a treinta grados bajo cero y soportamos el frío sin abrigos, en mangas de camisa, tapados con un forro de un asiento de avión, porque la mente nos obligaba a tolerarlo, nos ordenaba que no podíamos dormirnos del todo porque nos congelaríamos. Llegábamos a perder la noción del frío, aunque podíamos evaluarlo con hechos objetivos y medibles. De noche poníamos la botella de agua en el maletero destrozado del avión, para los que sufrieran sed, pero cuando a la media hora querías beber un sorbo, la botella estaba completamente congelada, como una roca de hielo. Había que ponerla contra el cuerpo durante un buen rato para que comenzara a derretirse y poder echar las primeras gotitas a la boca. Ahí nos dábamos cuenta claramente que estábamos viviendo adentro de un congelador. En esa capacidad de adaptación, la mente jugó un papel definitivo; la mente del que se quiere salvar lo salva, pero la mente del que se entrega y dice «yo de acá no salgo y me muero», se muere en una semana.

Cuando regresé a la civilización, si bien retorné a mi vida de antes, traje mucho de la montaña, sin saber bien lo que era. Tenía un campo que había sido de mi familia, pero en una de las crisis cambiarias de Uruguay quedé endeudado y tuve que vender todo para pagar las deudas. Tampoco me desesperé. Quebrado, empecé con un pincelito limpiando máquinas de escribir, haciéndoles el *service*. Y cuando me di cuenta de que las máquinas de escribir terminaban y venía la computadora personal, allá por el año 84, comencé con la informática y armé una gran empresa, hasta el año 2005, sin saber nada del tema, porque soy ingeniero agrónomo y siempre había trabajado en el campo. También sé que siempre aposté a formar un buen equipo humano, como el de los Andes, y esto no es una frase hecha, porque siempre consideré mucho más importante que el grupo trabajara en armonía, antes que la empresa ganara más dinero a costa de perder ese equilibrio de la gente que colaboraba conmigo.

He tenido muchos problemas. Mi mujer tuvo un cáncer, a un hijo lo apretó una puerta de un garaje y estuvo en coma tres días, y los médicos me aseguraban con argumentos científicos que se moriría o que quedaría inválido como una planta. Sin embargo, yo lo miraba en su cama del CTI, inconsciente, y sabía que saldría. Y, en efecto, sanó perfectamente. Ya conocía esa zona gris entre la lógica y la esperanza más porfiada. La ciencia, a la que dediqué buena parte de mi vida, es duda; la espiritualidad es fe. Siempre eduqué a mis hijos en esa actitud, que es como la silueta de la cordillera.

Durante todos estos años algunos de nosotros nos habíamos cerrado al silencio. No habíamos hablado sobre el accidente ni sobre lo que sucedió en los Andes. La razón es bastante simple. Vivíamos muy próximos a las familias de quienes quedaron en la montaña. Si residiéramos en otro país, o en un país más grande, sería distinto, pero acá no sólo habitamos en el mismo territorio, sino también en la misma ciudad y hasta en el mismo barrio, Carrasco. Por lo que éramos muy sensibles a no provocar ningún dolor innecesario.

El punto de inflexión, que nos sucedió a muchos, ocurrió a los treinta años del accidente. Entre otras cosas, ese año 2002 colgamos la página web Viven. Coincide también que fue en esa época cuando comencé a vislumbrar más claramente ese proceso que fui haciendo muy lentamente, a lo largo de los años y de las décadas.

Cuando empecé a leer los correos electrónicos que nos llegaban todos los días a la página web, descubrí algo que no imaginaba: la necesidad que mucha gente tiene de conocer este tipo de experiencia. Entonces me dije: «Por algo pasé por esto. Si lo que digo le sirve a alguien, lo mínimo que puedo hacer si me salvé, es hablar a quien me lo pide. Esta historia no me pertenece».

Hace un tiempo cumplí sesenta años, tengo tres hijos, una casada y dos solteros. El tiempo corre de prisa y entré en una nueva etapa de mi vida. Creo que de aquí hasta que me muera me voy a dedicar a los Andes, que es una eterna búsqueda. ¿Fue lo más importante que me sucedió? No lo sé. Pero quiero devolver en parte lo que la vida me dio.

Para mantener esa armonía básica en la montaña, lo fundamental era el buen funcionamiento del grupo. Nosotros, los mayores, incluyendo a mis dos primos, tuvimos una responsabilidad especial, no sólo por la edad sino también por la formación, ese orden estricto que siempre nos habían inculcado nuestras familias alemanas. Paralelamente, nos ganábamos la confianza de los otros por lo que hacíamos, por cómo lo hacíamos, porque jamás hubo arbitrariedades y porque nada se hacía por imposición. Esas fueron nuestras consignas.

Yo guardaba todos los cigarrillos, pero no los escondía en una caja fuerte. Cualquiera podía ir y tomar los que quisiera, sin esperar el reparto diario, porque estaban a la vista de todos.

Pero todos esperaban. Exactamente lo mismo sucedió con los cadáveres. Cualquiera podría haber dicho: voy a cortar y comer toda la carne que quiera. Pero nunca ocurrió. Se esperaba que nosotros cortáramos y administráramos las raciones.

Hubo hechos claves que fueron consolidando la formación del grupo. Cuando aparece la radio portátil Spika, que era un poco más grande que una cajilla de cigarrillos, la repararon Roy Harley y Gustavo Nicolich. Le instalaron una antena con un alambre de cobre del circuito eléctrico del avión y lograron que funcionara. Pero la primera vez que sintonizan una emisora, escuchan una desgracia: «Hoy se suspende la búsqueda del avión uruguayo». Esa fue la primera noticia que recibimos del mundo exterior a través de ese aparato minúsculo, al décimo día en la montaña. Ahí vino el desplome. Tras diez días de búsqueda, el Servicio Aéreo de Rescate chileno nos dio por muertos: al fin y al cabo, de los cuareta y cinco accidentes aéreos ocurridos en la cordillera hasta entonces, y de los treinta y cuatro en los Andes chilenos, jamás hubo sobrevivientes. Para mí ese fue uno de los momentos cruciales de la odisea, porque nosotros habíamos resuelto comer los cuerpos mucho antes de ese día, pero no todos estaban de acuerdo. Yo estaba convencido de que los aviones del rescate no nos habían visto, pero para la mayoría del grupo, al pensar así, yo era un negativo y un pesimista. Después de la noticia de la radio, me transformé en un realista, un visionario. Pero además había muchos que, hasta que no se convencieran de que no había la más remota posibilidad de rescate, no iban a probar un trocito de carne humana. Si tú estás en un espacio tan reducido, de seis metros y medio de largo por tres de ancho, y tienes a tu lado el rostro del otro que te condena con la mirada porque has violado una norma sagrada, el ambiente se torna extremadamente tenso, al borde de un estallido. Cuando escuchamos la noticia en la radio, todos hicimos el pacto de entrega mutua, y todos tuvimos la necesidad de romper el tabú, como un doloroso ritual de iniciación. Entonces, gracias a esa radio diminuta, el grupo empezó a funcionar de otra manera. Porque cuando todos comenzamos a comer los cuerpos, el grupo se consolidó, porque reflexionamos que si a la gente de la sociedad convencional no le gustaba nuestra actitud, ¡pues paciencia! Nos dejaron solitos en la montaña y nos obligaron a inventar formas para sobrevivir.

Todo esto implica un crecimiento personal, pero no es gradual sino a palazos. Cuando estás tan jugado, tan entregado, pierdes la capacidad de guardar secretos. En la civilización tú siempre escondes algo, alguna debilidad que no quieres compartir, incluso con la persona a la que le tienes más confianza. En la montaña no me reservaba nada, metía todo mi ser en el otro, y él metía todo adentro de mí, de modo que terminábamos siendo un solo organismo. Hasta físicamente, el hecho de vivir abrazados unos con los otros en un espacio tan reducido para no congelarnos te da una conexión diferente. Eso era el grupo, una sola persona fraccionada en muchas más. Amalia siempre dijo que los sobrevivientes, juntos, nos aislamos en una suerte de cápsula donde nadie puede entrar. Tal vez se viera así desde el exterior. Para nosotros era tan simple como decir: tú y sólo tú sabes exactamente lo que ocurrió.

El grupo funcionó con tanta generosidad, con los afectos tan a flor de piel, que si tú veías que uno se caía, indefectiblemente te aproximabas, te sentabas a su lado, y comenzabas a hablarle, para que, juntos, volvieran a recuperar la esperanza.

Claro que a veces nos quebrábamos. Cuando murió el Vasco Echavarren, pensé: «Si él murió, nos vamos a morir todos», porque el Vasco siempre fue positivo, nunca tuvo una caída a pesar de ser el más lastimado de todos. El músculo de la pantorrilla se había desgarrado del hueso, yéndose hacia adelante. Luego se le gangrenó. Los demás iban aflojando, no querían pelear más, pero él los incitaba a seguir luchando, con las dos piernas con gangrena. Durmiendo en la hamaca allá arriba, solo, con un frío indescriptible, sin quejarse, animaba a los sanos, diciendo: «Vamos a salir de acá, quédense tranquilos». ¿Cómo pudo ocurrir? No tiene lógica. Él se estaba muriendo. Lo pienso ahora y me pregunto: ¿qué hacía el Vasco ahí arriba? ¿Por qué ese moribundo estaba actuando como la voz salvadora de nuestras conciencias?

Cuando regresé a Montevideo hablé con los padres del Vasco para contarles esta historia. Poco después, su padre fue a buscar su cuerpo a la montaña. Su madre Sara ha dicho: «Lo peor no es perder un hijo; lo peor sería no haber tenido la dicha de tenerlo durante los diecinueve años que lo tuvimos».

El día 22 de diciembre, como todas esas mañanas, había salido antes del amanecer con Eduardo Strauch a sintonizar la radio minúscula, con la esperanza de escuchar alguna noticia de la travesía de Nando y Roberto. El momento era muy preocupante, porque ya habían transcurrido diez días. De pronto, mi cuerpo se estremece cuando escucho que habían aparecido dos uruguayos que venían de un avión que había caído en las montañas. Con Eduardo evaluamos de inmediato si podría haber otro avión, otros dos uruguayos, otras montañas, pero como no hacían más que repetir esa sola frase, consideramos que todavía no era prudente dar la noticia a los que todavía dormitaban en el fuselaje. Otra frustración, a esa altura, podría ser fatal. Hasta que de repente ocurre otra de esas coincidencias inverosímiles e inexplicables. Tras la noticia, buscando afanosamente la confirmación en otra emisora, sintonizamos una radio donde están emitiendo el «Ave María» de Charles Gounod. No sé por qué apareció ese «Ave María» en ese preciso momento en la radio que lograba sintonizar tan pocas frecuencias, interrumpidas por la estática, pero Eduardo lo interpretó, sin ningún margen de dudas: eran Nando y Roberto los dos uruguayos que habían arribado a la vida. En ese momento apareció Álvaro Mangino y le dijimos lo que sucedía, y de allí a contarlo a los del avión fue todo uno. El fuselaje explotó en llantos.

Esa radiecita… ¡cuánto nos hizo sufrir y cómo nos devolvió el alma al cuerpo! Después de la terrible noticia de que nos habían abandonado, la radio quedó olvidada, nadie tenía interés en escuchar ese pedazo de plástico de mal agüero. Luego vino el alud, cuando la nieve la cubrió y la radio desapareció. A los veinte días, sacando restos de nieve del interior del avión, reaparece la radio. La llevo afuera, al sol, la abro y la pongo a secar sobre el fuselaje. Y a pesar de haber estado bajo nieve durante tanto tiempo, volvió a funcionar: ¡ni siquiera las pilas se habían arruinado! Como teníamos apenas esas dos pilas, había que cuidarlas como al oro, y por eso escuchábamos sólo en los momentos imprescindibles, que era el informativo de las siete y media de la mañana hasta las ocho menos diez, en la radio uruguaya El Espectador, que lográbamos sintonizar. Se convirtió en una rutina dolorosa pero necesaria, salir antes del sol, con el viento gélido de la montaña, alejado del avión, generalmente solo, con la radio contra el oído, esperando la voz salvadora que nunca llegaba.

Después de confirmar la noticia de la llegada de Nando y Roberto, planteamos limpiar la desprolijidad del entorno, todo ese hueserío, los cuerpos desmembrados y los esqueletos que había alrededor. Pero nos dimos cuenta de que era imposible, el desorden era demasiado grande y nos faltaba energía para cubrir o esconder todo lo que había. Y además, ¿por qué teníamos que esconderlo?

Cuando llegamos a Los Maitenes, fue el encuentro de dos mundos, los abandonados de la montaña, vivos y muertos, y la sociedad del llano. Después llegamos a Santiago, al hotel Sheraton San Cristóbal, y los dos mundos continuaron chocándose. Recuerdo que llegó mi íntimo amigo, Miguel Shaw, hermano de Daniel, que había ido a buscar a su hermano, porque cuando escuchó la noticia pensó que tal vez Daniel se había salvado. Entonces ahí, tan próximo a la alegría, uno se empieza a dar cuenta de que lo que yo estaba festejando, los otros lo estaban llorando. La fiesta que se vivía en ese hotel tenía su contracara en el velorio que en ese mismo instante se vivía en un hotel cercano, el Carrera.

Después de toda esa batahola en el aeropuerto de Montevideo, mis padres querían preservarme, y sólo permitían que vinieran a casa la familia, mi novia y algunos amigos. El 25 de diciembre, mientras tomaba mate con un amigo en casa, comenzaron a llegar periodistas, que me habían dado respiro el día anterior, el de mi llegada, pero que consideraban que ahora la tregua había terminado.

Uno de los que vino, Néber Araújo, un famoso periodista uruguayo, me pidió con muy buenos modos si podía hacer su programa televisivo en directo desde mi casa, y ya que todo se había descontrolado, lo acepté. Vino a casa y en los cortes nos poníamos a conversar sobre lo que hablaríamos en el próximo bloque. En uno de los cortes, uno de los tantos periodistas que estaba escuchando estira el brazo con un télex, lo leo, y mi padre, que estaba enfrente, mirando, repara en la expresión de mi rostro y me pide el papel. Cuando lo lee, agarra al periodista del cuello, fuera de sí, insultándolo, arrastrándolo fuera de la casa. De inmediato me pongo de pie, lo detengo y le digo: «Papá, es verdad, nos alimentamos con los cuerpos».

Mi padre había quedado conmocionado. Casi todos los padres priorizaron tanto el hecho de que nos hubiéramos salvado, que ni siquiera se pusieron a pensar cómo lo habíamos logrado, cómo habíamos vivido en medio de lo inorgánico, sin comida, durante setenta y un días. Para ellos la alegría de vernos era tan intensa que opacó cualquier reflexión. En ese momento papá se puso a llorar, le pidió disculpas al periodista al que había zamarreado y vino a abrazarme, porque se percató de la real magnitud de la tragedia por la que había pasado.

Toda esa llegada a la sociedad fue, para mí, un proceso muy lento. Al principio me molestaba el ruido, la ciudad, los autos. No entendía por qué me hablaban a los gritos, cuando en la montaña nos entendíamos perfectamente comunicándonos en susurros. Cuando un grupo de personas en mi casa me hablaba al mismo tiempo, sentía que me mareaba, que me cansaba, que no lograba concentrarme en tantas ideas a la vez. Había mantenido la cordura en la montaña desierta y sentí que me iba a enloquecer en la sociedad. Entonces dije basta, me voy, y volví a la paz del campo, solo, a iniciar un largo proceso que duró treinta años.

Nunca quise regresar a la montaña. Si vuelvo será a través de mis cenizas, cuando muera, que tal vez deban reposar en los Andes.

De las imágenes que me han acompañado durante todo este tiempo, en una de ellas, el día del rescate, el 22 de diciembre, la mayor felicidad se mezcla con el dolor más intenso. Inmediatamente después de Los Maitenes, me llevan al pueblo de San

Fernando, antes de trasladarme al hospital. Cuando bajo del helicóptero, en un campo militar, distingo a la distancia a los padres de Roy Harley y de Gustavo Nicolich. El padre de Gustavo Nicolich estaba convencido de que su hijo se había salvado. Hubo una confusión con la lista, y donde decía «Gustavo», por Gustavo Zerbino, interpretaron que era por Gustavo Nicolich. Cuando me ve, avanza hacia mí, yo titubeo con la mirada pero no dejo de caminar hacia él. Cuando está a dos pasos me pregunta, muy ansioso, con un gesto en el rostro que es como si lo estuviera viendo y escuchando en este instante: «Daniel, ¿en qué helicóptero viene mi hijo?», y yo le respondí sin vacilar, con la forma dura y cortante con que hablábamos en la montaña: «Gustavo no viene». «¿Cómo que no viene?», me vuelve a preguntar, con una sombra de angustia en los ojos, y yo le repito: «No, no viene». Así, con esas tres palabras, Nicolich se enteró de que su hijo había muerto por segunda vez, porque Gustavo se le murió en el accidente, resucitó y se le volvió a morir en ese momento.

* Daniel Fernández nació en 1946. Es ingeniero agrónomo, se casó con Amalia, su novia de entonces, con quien tuvo tres hijos. Fue docente universitario durante ocho años y director de distintas áreas de la Facultad de Agronomía de la Universidad de la República en Uruguay. Vive en un apartamento amplio pero sin ninguna ostentación, próximo al centro de Montevideo. Es un hombre calmo que, a pesar de aparentar una personalidad distante, esconde un carácter muy afable.

Uno de los recuerdos que más le emociona fue lo que sucedió con su amigo íntimo y compañero de estudios en la Facultad de Agronomía, Miguel Shaw, hermano de Daniel, que murió en el accidente. Pocos días antes, los dos compañeros habían preparado un trabajo para la Facultad. Para Miguel, Daniel Fernández había caído en los Andes, por lo que tuvo que terminar el trabajo solo. Pero cuando lo finalizó, el 10 de diciembre, lo pasó a máquina y lo firmó: «Daniel Fernández y Miguel Shaw». Cuando lo entregó a la cátedra, el profesor le preguntó por qué ponía el nombre de un muerto, Daniel Fernández. Miguel lo miró a los ojos y le respondió: «Él no está vivo, pero tampoco está muerto».

7

La segunda muerte

❖

A las diez de la noche del día del accidente, Roberto se sintió totalmente extenuado. Tiritaba de frío y las manos le temblaban, cosa que hasta ahora, por el trabajo y la preocupación, no había experimentado. Se dio cuenta de que también debía cuidarse a sí mismo, que estaba en mangas de camisa, con los brazos ensangrentados, como un cirujano en el lugar donde acaba de librarse una cruenta batalla, y que si no encontraba un sitio adecuado, esa misma noche moriría congelado.

De tanto ir y venir por el fuselaje atendiendo gente, Roberto ya lo conocía como la palma de su mano. En la parte de adelante del túnel, entre el entrevero de asientos y la cabina de los pilotos, de un lado estaban las radios y del otro, sostenidas por dos barrotes de aluminio, había unas redes que se podían poner y sacar para sostener los equipajes. La red no estaba en posición horizontal sino que acompañaba la inclinación del avión, simulando una hamaca paraguaya que llegaba hasta el piso. Cuando subió, descubrió, con sorpresa, que otro había tenido la misma idea.

—¿Cómo te llamas? —le preguntó.

—Coche Inciarte —respondió.

No se conocían. Los dos tiritaban, hasta que instintivamente se abrazaron y descubrieron que de esa forma dejaban de temblar y se transmitían calor. Así pasaron la noche, girando para un lado y para el otro, golpeteándose y masajeándose la espalda y el pecho, evitando que el otro se durmiera para que no se congelara, escuchando los lamentos de los heridos. Coche observaba, de cuando en cuando, los resplandores de la tormenta eléctrica que dejaban ver, en milésimas de segundo, lo que sucedía en el piso del fuselaje, con los muertos y heridos agolpados que se retorcían de dolor. Las horas le resultaron eternas, pero sabía que el tiempo pasaba porque los gemidos se aplacaban cuando la gente se moría. Llegó a pensar, incluso, que él se iba a morir, que no había muerto en el accidente pero que sucumbiría por el frío.

El griterío era ensordecedor, porque no sólo gritaban los heridos, sino que también lo hacían los que apenas tenían un rasguño, por el susto, e incluso los que habían salido ilesos, por el pánico a lo desconocido, llamando a sus madres, porque no terminaban de despertar del desvarío.

Al mecánico de la tripulación, Carlos Roque, en los delirios de la noche, se le había antojado pedir documentos a los pasajeros, aunque no hubiera más pasajeros, no hubiera más avión, no hubiera más nada. Pedro Algorta, de veintiún años, había colapsado y quería regresar a Uruguay, y salía caminando sin tener la menor noción de dónde estaba y lo que había ocurrido.

Adolfo Strauch se quería ir, le preguntaba a Daniel Fernández, incrédulo: «¿Qué estoy haciendo acá? ¿Quién me trajo?». Cuando Daniel serenaba a Adolfo, hablándole en murmullos y acariciándole la cabeza, Eduardo Strauch se incorporaba y caminaba hacia el boquete donde se había partido el aparato y debían salir a buscarlo a la nieve, donde se enterraban hasta la rodilla.

Muchos permanecían de pie, porque no había lugar donde sentarse ni donde acurrucarse. Si se sentaban, posiblemente lo harían arriba de otro, que aullaría de dolor porque estaba herido. Eran veintinueve personas conmocionadas en dieciocho metros cuadrados abollados.

Moncho Sabella, del grupo de los menores, conocía a unos pocos de los que quedaban vivos en el avión. Sus amigos habían muerto o estaban muy malheridos. Él pertenecía a otro colegio, el Sagrado Corazón de los jesuitas, y por eso, tal vez, en la primera parte de esa noche no aprendió que abrazado con el otro, cualquiera que estuviera cerca, le permitiría entrar en calor. Para evitar dormirse y congelarse comenzó a contraer los músculos, como si hiciera gimnasia con las manos y con las piernas, para que la sangre circulara.

En un momento era tal la histeria y el griterío que Sabella pegó un aullido que ni siquiera reconoció cuando surgió de su garganta: «Los maricas del Christian cállense la boca, carajo, no chillen más porque no ganan nada gritando». Gustavo Zerbino, que había ido a los dos colegios, el Stella Maris-Christian Brothers y el Sagrado Corazón, lo reconoció y le respondió con otro grito estridente: «Cállate, Moncho, que te van a matar». Moncho volvería a recordar esa frase al día siguiente y permanecería en su memoria durante más de diez días. Estaba solo, y no convenía aislarse demasiado, más aún en medio de ese caos.

Una de las personas que más se lamentaba era Graziela Mariani. Era tan enloquecedor escucharla, que Carlitos Páez le ordenó, a los gritos, que se callara. Moncho salió en defensa de la mujer y se sentó a su lado, tomándole la mano.

Moncho Sabella y Carlitos Páez dejaron de gritarse mutuamente cuando una voz dulce les pidió que mantuvieran la calma. Nadie sabía que se llamaba Liliana Navarro de Methol.

Para su marido, Javier Methol, atolondrado por el mal de altura, si bien la primera noche fue de desconcierto absoluto, también fue de expectativas. No podía dejar de asombrarse al ver cómo, en ese escenario pavoroso, Marcelo y dos jóvenes trabajaban sin descanso, otros curaban a los lastimados o mutilados, con semejante presencia de ánimo.

Antes de que oscureciera habían conseguido llevar algunos cadáveres afuera, al costado del avión, para hacer espacio para los vivos dentro del fuselaje. Otros muertos quedaron adentro porque no hubo tiempo de sacarlos. Nando Parrado, al que habían dado por muerto, estaba afuera del avión. Quien descubrió que Parrado respiraba y lo entró de vuelta al fuselaje fue Diego Storm, que de inmediato llamó a los demás.

Gustavo Zerbino se sorprendió al ver de nuevo a Nando adentro del fuselaje.

—Nando estaba muerto y lo pusimos afuera —le dijo Zerbino a Storm.

Roberto no lo había reconocido porque Nando tenía el rostro deforme e hinchado por los golpes. Como no tenía puesto el cinturón de seguridad, al igual que Pancho Abal, su compañero de asiento, salieron disparados y se estrellaron de cabeza contra el montante del compartimiento de los equipajes.

Cuando le tomaron el pulso por segunda vez, como había dicho Diego Storm, Roberto Canessa y Gustavo Zerbino descubrieron que si bien estaba completamente desfigurado, con cortes profundos en la parte superior del cráneo, con los cabellos rubios ennegrecidos por la sangre, efectivamente estaba vivo. Estaba en coma, producto del golpe violento en la cabeza, pero respiraba. Entonces lo acomodaron junto al boquete del avión, recostado en el piso, que por la inclinación con que había quedado el tubo, funcionaba como una pared, y siguieron atendiendo heridos. Nada podían hacer con el edema de Nando más que esperar para ver si salía del coma o se moría. Una hora después, cuando la oscuridad se apoderó del fuselaje, alguien movió accidentalmente el cuerpo de Nando, que cayó de costado, golpeando la cabeza lastimada contra el hielo que quedó al descubierto a pesar de que habían construido una precaria barricada. Pasó toda la noche con la terrible herida abierta sobre el frío. Esa noche, sin querer, tuvo la mejor asistencia médica que puede tener un paciente con fractura de cráneo y edema cerebral: hielo contra la herida. Al otro día, cuando Diego y Carlitos Páez lo incorporaron, Gustavo le tomó el pulso y descubrieron que la sangre fluía con más intensidad.

Carlitos Páez sintió que la primera noche en los Andes no pertenecía a este mundo. Además de los muertos y heridos, había mucha gente que había enloquecido, como su amigo Bobby François, que ni siquiera aceptaba ponerse un pulóver sobre la camisa cubierta de escarcha.

Cuando surgieron las primeras luces del alba, Carlitos descubrió que había pasado buena parte de la noche abrazado a Adolfo Strauch. Miró hacia la abertura y vio varias figuras en cuclillas o acurrucadas, cubiertas de nieve. Pensaba que habían muerto congelados, pero poco a poco notó cómo algunos se movían, otro se pasaba la mano por el cabello para quitarse la escarcha mientras que algunos permanecían inmóviles, como estatuas de piedra blanca. Miró hacia el otro lado y vio un revoltijo de cuerpos mezclados con asientos y hierros, como una pintura macabra, de esas que su padre, pintor famoso, le mostraba, las «pinturas negras» de Goya. Pero no, pensó, esto es mucho peor.

8

Adolfo Strauch*

La historia inconclusa

❖

El 29 de octubre, a eso de las seis de la tarde, ya hacía rato que habíamos entrado al fuselaje. Era una tarde bastante gris, el sol se había ocultado y estábamos en ese dormitar intermitente en la penumbra, cuando escuché un estruendo ensordecedor, seguido de una estampida que derriba la pared de bolsos, maletas, una puerta rota y la mampara, que usábamos para sellar la abertura, y de inmediato vuelve hacia atrás como si fuera una ola cuando llega a la orilla y retrocede, dejándonos completamente aprisionados bajo la nieve. Yo quedo duro, como enyesado. Pensé que era el único que estaba vivo, sepultado bajo la nieve. Por primera vez desde el accidente me entrego, se me afloja todo el cuerpo, me orino encima y me convenzo de que ha llegado el final. Pero cuando comienzo a morirme, me surge una fuerza interior desconocida que me indica que esto no es el fin, acompañada de una sucesión de imágenes entrecortadas de mi familia, donde se destaca el rostro sereno de mi madre. Siento que hay una conexión con ella que me atiza y regreso a la vida para dar la más dura de las batallas. Con esa energía viene una rebeldía, una fiereza, en el instante mismo que escucho una voz desde arriba de la nieve, y reconozco que es Roy Harley, el único que había quedado descubierto junto con los heridos que estaban inmovilizados en las hamacas colgantes y no podían bajar. Esa voz me dio el impulso para hacer un esfuerzo y sacar la mano hacia arriba, porque cuando me había reclinado para dormitar, unos minutos antes, el brazo me había quedado sobre la cabeza, y por eso pude sacar la mano hasta la superficie. Roy, que en la desesperación iba para un lado y para el otro, porque creía que sólo él y los heridos de las hamacas habían sobrevivido, milagrosamente, me toma la mano que yo había asomado, me la suelta apenas pero inmediatamente me la vuelve a tomar, y entonces se la aprieto muy fuerte, con miedo de que me soltara de nuevo porque él estaba desorientado. Se la presiono con toda mi energía y le digo, desde debajo de la nieve: «¡Roy, soy Adolfo, sácame!». Entonces Roy empieza a cavar como desesperado con las dos manos, me descubre el rostro, me quita buena parte de la nieve del pecho, yo hago un esfuerzo descomunal, como poseído por una fuerza que no era mía, con los pies presiono el pecho de Coche del otro lado, para impulsarme, y desde esa sepultura de nieve me incorporo. Cuando pude salir empiezo a gritar como extraviado, porque acababa de descubrir que no me había entregado y que a todos les estaría sucediendo lo mismo. Me propongo cortar ese trance en el que los otros están entrando a los bramidos, porque debajo de esas toneladas de nieve estaban ante ese dilema, aflojándose, orinándose, defecándose, dejándose ir, la opción pacífica de decir basta, hasta aquí llegué, ahora que me lleve la muerte. Por eso grito de esa manera, para que todos me escuchen a través de la porosidad de la nieve: «¡No se entreguen muchachos, los vamos a sacar, estamos cavando para traerlos!», mientras escarbamos con ritmo frenético, los dedos sangrando, desgarrados, y por el túnel donde yo salí aparece mi primo Eduardo; a su lado estaba Marcelo, pero cuando llega a él, descubre que tiene una capa de hielo sobre el rostro. La rompe sobre la boca pero ya no respira. Por ese mismo túnel salen Coche, Daniel y Bobby. Coche me abraza emocionado, pero yo le digo: «Apúrate a sacarlos que se están ahogando». Fueron los minutos más intensos y desesperantes que recuerdo, porque luego vino la calma, el trabajo estaba hecho, lo que se pudo hacer se hizo, ahora sólo se pueden contar los vivos y los muertos. Estábamos descalzos pisando la nieve, en un espacio de tres metros cuadrados, tan bajo, que no permitía que nos mantuviéramos de pie, salvo en el centro, donde había quedado una hondonada en la que pusimos tres almohadones y un saco, y nos apelotonamos unos contra otros, empapados, porque la nieve que nos cubría se derritió por el calor del cuerpo, estremeciéndonos de frío. Así iniciamos la noche más larga y terrible de nuestras vidas.

Aprendí en ese momento que uno es dueño del instante en que quiere terminar: yo podría haber elegido morirme y me hubiera ido en ese tránsito sereno, no necesitaba más que dejarme llevar, pero me brotó esa conexión con la vida y con mi madre. Y esa rebeldía recién se serenó cincuenta y seis días después, cuando en el helicóptero me encuentro con ella.

Salí en el segundo día del rescate, el 23 de diciembre. Para el primero no llegué a tiempo, porque llevaba a Roy Harley a la rastra, quien estaba tan débil que no podía valerse por sí mismo. El helicóptero en que viajé después de esa parada en Los Maitenes hizo una escala en San Fernando, para seguir de inmediato hasta Santiago. Pero cuando está bajando, diviso a mi madre en la pista, porque ella les había pedido a los militares para subir conmigo y, a regañadientes, se lo habían concedido. Abrazados en silencio, mientras el helicóptero levanta vuelo rumbo a Santiago, yo no puedo hablar, ahogado por la emoción, y en ese prolongado abrazo con mi madre pierdo la noción del tiempo.

Mi madre, apretada contra mi pecho, no deja de repetir una sola frase, sollozando sin cesar: «Se hizo el milagro, se hizo el milagro». Lo rezó y lo pidió todas las noches. Mientras estuvimos en la montaña, no había manera de convencerla de que estábamos muertos, porque sabía que pidiéndole a la Virgen ella nos traería de vuelta. Muchos años después, cuando agonizaba, continuaba creyendo en el milagro con la misma devoción.

Estas anécdotas son una parte de la historia, el relato de lo que sucedió. La segunda parte, creo yo, es lo que cada uno vivió, cómo evolucionaron nuestros sentimientos y emociones. Y la tercera parte, o una tercera mirada de la misma historia, es la que nunca se contó, que surge con la perspectiva de los años, y que pertenece a la realidad que está más allá de los sentidos, como esa convicción de mi madre, contra viento y marea, de que estábamos vivos, de que podía llamarme en la noche del alud del 29 de octubre y evitar que me dejara llevar por la muerte. Esta tercera mirada es la que más cambia, y por eso siempre resulta contemporánea.

Lo primero fue aquel interés o curiosidad de mucha gente que hizo que se distorsionara la historia y por eso elaboramos el libro *¡Viven!*, donde los dieciséis sobrevivientes narramos lo que sucedió, para que el escritor haga un recuento general a efectos de que el libro relate los hechos que acaecieron, inmediatamente después de ocurridos. Pero unos años más tarde, con más perspectiva, se empieza a descubrir que esta no fue sólo la experiencia del accidente, del frío y de la alimentación con los muertos, del alud y de la caminata, sino que fue una experiencia muchísimo más removedora y transformadora.

Cuando regresamos a la civilización, la gente nos miraba y decía que nosotros estábamos «místicos», que no éramos los mismos de antes. Nosotros no éramos conscientes de cómo estábamos, sólo sabíamos que habíamos vivido y sufrido un proceso durísimo, sin darnos cuenta cabal de lo que eso representaba para cada uno de nosotros. Como aquel a quien le han declarado la muerte clínica, que cuando logra volver a la vida lo hace de una manera completamente diferente, porque no puede olvidar lo más poderoso que le ocurrió, frente a lo cual todo lo otro cobra un sentido diferente.

A toda esta tercera mirada de la historia, a la sociedad inconclusa que formamos en la nieve, por muchos años no le pude prestar atención. Me la aplacó la tragedia en sí, la pena inconsolable de los familiares de los chicos que quedaron en la montaña.

En los Andes ocurrieron circunstancias que no se dan en situaciones normales y por eso la gente siempre quiere saber más, para entender un poco más de sí misma. Intuitivamente, la gente está esperando que vayamos un poco más lejos con esta experiencia, además del primer abordaje, que primero produce sorpresa, luego es el interés por la historia de supervivencia, el alimentarse con los muertos, como cosa curiosa, como quien va al zoológico a observar animales raros. Y después, cuando por allí no llegan a ningún lado, porque esa mirada se agota muy pronto, siguen escarbando para saber lo que sentimos, lo que sufrimos. Pero ahora, más de treinta años después, hay un cambio en las expectativas. Lo veo por las repercusiones en nuestra página web Viven, esa cantidad de correos electrónicos que llegan y nos picanean para saber no tanto lo que hicimos, sino lo que aprendimos, lo que nos cambió. ¿Qué sucede cuando el mundo nos abandona?

¿Qué sucede cuando no tenemos ropas y nos estamos congelando? ¿Qué pasa cuando tu cuerpo se va consumiendo en vida, cuando no sabemos dónde estamos, y, por momentos, quiénes somos? ¿Qué pasa cuando el límite entre morir y vivir es un suspiro? ¿Qué pasa?, nos preguntan, nos preguntamos.

La llegada a la montaña, en marzo de 2006, a caballo, tras dos días dolorosos y arriesgados, tan majestuosos, nos fue preparando. Si bien el valle está menos nevado que en el 72, vislumbro el mismo paisaje de hace treinta y cuatro años. Y descubro que los años pasan pero las sensaciones profundas se mantienen indelebles.

Una expresión de esa tercera mirada es la unión que mantiene el grupo de los sobrevivientes, y los que quedaron en la montaña. Uno se pregunta: esa solidaridad, a prueba de balas, por necesidad, ¿es genuina? ¿Es menos auténtica que la solidaridad voluntaria? Sólo sé que para nosotros era absolutamente auténtica, y eso disparaba nuestras potencialidades. Nuestro afecto recíproco paliaba la soledad. He llegado a creer que cuando estás por morirte te tornas bondadoso. Cuando se dice por ahí: «Mira los sobrevivientes, qué personas solidarias que fueron en la montaña», respondo que no, éramos personas como cualquiera, porque todos tenemos adentro esa solidaridad. En lo más hondo del corazón. Si te van quitando elementos, llegas al corazón desnudo, donde el ser humano se entrega por el otro. Cuando la muerte golpea las chapas del fuselaje, las costras banales se desvanecen, y personas comunes son capaces de gestos extraordinarios.

Ese trastorno psíquico que produce el *shock* del accidente, el estrés constante, la vigilia casi permanente, ese estado de miseria absoluta, nos hizo llegar a un nivel de comunicación entre nosotros que seguramente no lo puedo lograr en la vida civilizada. Estábamos tan solos en el universo que sólo nos teníamos a nosotros mismos. Ese vínculo no lo puedo obtener con un hermano, ni con un hijo, porque se trata de un lazo diferente. Y me alegro de que mi hija, estando acá en la montaña, conmigo, pueda empezar a entenderlo, sabiendo de antemano que el hecho de que sea diferente no quiere decir que sea mejor. Sí, hay un velo sutil que nos envuelve a los dieciséis sobrevivientes, tal vez porque no debimos vivir lo que vivimos. No pretendo romperlo porque sé que no lo conseguiré. Pero tampoco deseo que continúe aislándonos.

En la montaña nadie se vanagloriaba de nada, ni de haber creado esto o inventado lo otro, se hacía para el conjunto y no había más recompensa que el bienestar del grupo. Y cuando no hay ego, tu cuerpo y tu mente funcionan como un radar muy sensible, se absorbe más de los otros, más del entorno, de la naturaleza, eventualmente de una fuerza superior, Dios, que en ese ambiente te llega de otro modo, porque cuando estás atribulado por las cuestiones cotidianas de la civilización no lo dejas ingresar.

En esa religión católica que nos enseñaban en la infancia, a mí siempre me impresionó cuando Jesucristo, aunque no nos refiramos más que al personaje histórico, dijo que «era más fácil que pasara un camello por el ojo de una aguja, a que un rico entrara en el reino de los cielos». Esa frase, que siempre me sorprendió y nunca la terminé de entender, recién la interpreté en los Andes. La entiendo un poco más porque la experimenté: cuando vives en la ausencia total de elementos materiales, les permites espacio a otras sensaciones, a nuevos sentidos, que es lo que quiero rescatar cuando vengo a la montaña, porque sé que al regresar a la civilización en parte volveré a perderlo.

Cuando en el segundo día de rescate me lleva el helicóptero, junto con la felicidad de salir, de volver a la vida, de regresar a la familia y a los amigos que tanto añorábamos, y por los que nos manteníamos con vida, tengo una sensación de vacío en el pecho, como que me estaban quitando algo entrañable. Al observar el fuselaje cada vez más pequeño, solo, porque fuimos los últimos en partir, junto con la alegría me invadió como una nostalgia. Es la sensación de dejar un mundo en gestación, un proceso que todavía no había decantado y que no terminó nunca de fraguar, porque quedó inconcluso.

Al mismo tiempo me doy cuenta de que eso sucedía especialmente con la subsociedad del fuselaje, y no ocurría tanto con la subsociedad de los expedicionarios, que iban y venían del avión a la cola, o más allá de la cola, hacia el este, o en la expedición definitiva a través de la cordillera. Porque ellos estaban y no estaban. Vivieron, en este sentido, una experiencia diferente, porque necesariamente estaban más atentos a la acción y dependían más de la fuerza. Y eso también es algo inconcluso, discernir que fue diferente para los catorce que permanecimos en el fuselaje que para los dos que llegaron a Chile, y a su vez son dieciséis miradas distintas de la misma historia.

Eran subgrupos que requerían actitudes diversas. La subsociedad del fuselaje tenía más tiempo para estar consigo misma, para soportar el tiempo vacío, con paciencia, para estar con la montaña y aceptar el entorno. El expedicionario vivía con una intensidad abrumadora, estaba pendiente de irse, observando la temperatura, analizando la consistencia de la nieve, evaluando la fortaleza del saco de dormir, para ver cuándo puede salir. Y si bien nosotros, la subsociedad del fuselaje, éramos el soporte para la estrategia y la logística, eran ellos los que se jugarían el pellejo, que a su vez era el pellejo de todos.

Esta segunda vez que estuve en la cruz de hierro, a ochocientos metros del glaciar donde está enterrado el fuselaje, fue tan o más impactante que la primera vez que vine, en el año 1995, como si todo estuviera condensado en ese promontorio de piedra incrustado en la nieve.

Desde acá, desde la cruz de hierro, se ve claramente dónde pega el avión, por dónde se desliza el tubo partido, y dónde frena, después de empotrarse cada vez más en la nieve. A los cuatro días del accidente salí en la primera expedición, con Numa Turcatti, Roberto Canessa y Carlitos Páez, y llegamos hasta la mitad de la montaña del sur. Es ahí cuando tengo esa percepción muy clara de que si no tomábamos una decisión radical, como alimentarnos con los cuerpos, no íbamos a poder escapar de la trampa. Porque desde arriba lo que veíamos era sobrecogedor. Las montañas eran infinitas, como si continuaran de largo hasta Panamá por el norte y el Cabo de Hornos por el sur. Hacia el oeste la gigantesca pared de nieve nos tapaba la visión, y al este, hacia Argentina, las montañas continuaban en el horizonte, por lo que era fácil deducir que estábamos muy cerca del centro de la cordillera de los Andes, el peor lugar del planeta para estar a la deriva. A la noche le cuento a Daniel Fernández, que está echado a mi lado: «No sé si enloquecí, Daniel, pero estoy pensando en usar los cuerpos de los muertos porque esto viene para largo». Él me respondió que estaba pensando lo mismo.

Desde el instante en que la sociedad nos dice que abandonó la búsqueda porque nos da por muertos, se corta ese lazo que nos unía y pasamos a ser nosotros mismos, aislados, y creo que allí comienza a tejerse esa malla sutil que nos envuelve a los sobrevivientes hasta el día de hoy.

Después de que comenzamos a utilizar los cuerpos, el capitán, Marcelo Pérez del Castillo, que nunca lo aceptó plenamente, empezó a bajar los brazos, porque habíamos pisoteado una cantidad de principios que para él eran sagrados. Se empezó a desarmar, aunque seguía siendo el capitán. Mientras tanto, los tres primos habíamos ganado el respeto de los demás, creo que porque actuábamos con equidad, y había que tomar el toro por las guampas y nosotros lo hicimos: tuvimos que cortar la carne con un vidrio porque el mundo no venía a buscarnos.

El alud es como un cataclismo. Surge otro grupo diferente, con otra mentalidad. Hasta el alud vivía Marcelo, y con él estaba viva la memoria de la sociedad que él representaba: la hombría del rugby, la lealtad del juego, la integridad y el honor.

Sin Marcelo, yo debo asumir más responsabilidades. Sin quererlo me convierto en referente, en especial ante el grupo de los menores, que los conocía de antes y me tenían un cariño especial, como surge con los más chicos frente a un mayor que no suele perder la calma. A partir de entonces se profundizó esa sociedad del sexto sentido, se consolidó la cuarta dimensión. Que no es brujería, ni superchería, sino otra forma de conocimiento a la que accedimos en un espacio y un tiempo donde el aprendizaje normal y racional tenía pocas posibilidades de ofrecer soluciones. Nos vamos convirtiendo en locos que funcionan por amor y sensibilidad.

De la nada, fuimos haciendo cosas. Convertimos almohadones en raquetas para caminar en la nieve. Fundimos agua para que la nieve en la boca no nos destrozara las encías. Hicimos lentes con la mica del parabrisas del avión para que el sol no nos destruyera las córneas, estudiamos las cartas de vuelo para guiar a las expediciones, preparamos a los escaladores. Y, fundamentalmente, aprendimos a manejar en una forma diferente la transición entre la vida y la muerte.

Esos días que pasamos alimentándonos de nuestros amigos y compañeros que habían muerto, ellos nos estaban dando la posibilidad de vivir. Por eso siento que mi vida me pertenece, sí, pero también siento que les pertenece a ellos. Que lo que yo hago o deje de hacer también obedece a su voluntad. Y por supuesto que yo intento actuar como si ellos me lo hubieran pedido, y en lo que hice, hago y haré en mi vida trataré con todas mis fuerzas de no fallarles.

¡Cómo me gustaría poder decirle a Marcelo que lo que él tanto temía no sucedió! Que en los Andes comprobamos que cuando se rompen las normas convencionales no significa que se degrada la integridad, ni el honor, ni esos principios que para él eran tan caros. Al contrario, se afianzan, Marcelo. Y la prueba son nuestros descendientes. De los dieciséis que sobrevivimos, hoy somos más de cien.

Siempre estuve persuadido de que no me moriría en los Andes. Sé que a muchos de los sobrevivientes les sucedió lo mismo.

Tenía la certeza de que el momento no era ese, pero ¿cómo podía tener esa certidumbre si la muerte dormía a mi lado? Era ilógica, absurda. Entonces, ¿cómo la logré? Claro que no lo sé, pero pertenece a ese sexto sentido, el mismo que le daba a mi madre la convicción de que yo estaba vivo. Esa certeza me obligaba a un comportamiento específico, a determinadas responsabilidades: había que tratar de mantener el ánimo sobre todo en los que estaban más débiles, particularmente en el final, cuando prácticamente no se movían, cuando permanecían el día entero tumbados adentro del fuselaje con la mirada taciturna.

Esos primeros días cuando regresamos a casa, tras el rescate, fue un proceso diferente de acuerdo a la personalidad y a la familia de cada uno, y a cómo nos había impactado vivir en el terror. Mi familia me aisló. Otros prefirieron disfrutar esa suerte de heroísmo involuntario en que la sociedad nos había encasillado. Algunos se encerraron para ir decantando despacio lo que había sucedido. Otros, como Pedro Algorta, se alejaron lo máximo posible. Al poco tiempo, recuerdo cómo empezaron a cambiar las personalidades que teníamos en los Andes. Por momentos no nos reconozco. A veces incluso nos enojamos con nosotros mismos y nos criticamos diciéndonos: «Recuerda cómo eras en la montaña y mira lo que eres ahora, en lo que te has transformado: has vendido el alma al diablo». Nos hacemos reproches violentos y frontales para los que nos miran desde el llano, tanto que se asustan al vernos, porque nos habituamos a hablar del derecho. Y entre otras cosas dejamos de tener ese contacto con la cuarta dimensión, con el sexto sentido.

Es como tener tres vidas, antes de los Andes, con los vínculos y las relaciones que se daban en ese entonces; la intensa transición en la cordillera, y la posterior, que conserva un cordón sutil que la une eternamente con la historia inconclusa de la montaña.

A la tercera mirada de la historia corresponde, también, una sensación de plenitud que algunos experimentamos en los Andes. «No tengo nada, estoy con hambre, tirito de frío, estoy solo, perdido, con la muerte pisándome los talones y sin embargo puedo experimentar una felicidad diferente», parece una terrible contradicción, una paradoja incomprensible. Pero por momentos ocurrió, cuando lográbamos una conexión con el entorno que pertenecía a otra dimensión.

Siento que los que se apasionan por la historia captan algo de su esencia. Captan algo más que una historia de sufrimiento, hazaña o salvación. Una mujer me envió un correo electrónico donde me dijo: «La salvación de ustedes no fue la salida en los helicópteros sino cuando se cayó el avión e ingresaron en otra vida». Al principio no entendí a lo que hacía referencia. Pero por algo ese texto me siguió dando vueltas en la cabeza, y cada vez que lo leo, lo hago con una perspectiva diferente. La última vez que lo leí me sonreí con complicidad. Qué razón tienes, pensé.

Mi colaboración, cuando regresamos, fue el silencio. Fue como si los que nos dieron la vida, antes de entregarnos el cuerpo, me hubieran dicho: «Úsame y sálvate, pero te voy a pedir un solo favor, respeta a los que van a llorar por mí». Ese contrato lo firmé con cada uno y lo sellé con sangre. Y creo haberlo respetado a rajatabla. Pero el tiempo ha transcurrido para todos. Estamos más viejos, más serenos. Y lo que antes producía dolor ahora produce compasión y ternura.

¿Fuimos héroes o víctimas? ¿Bendecidos o desdichados? ¿Por qué nos ocurrió lo que nos ocurrió? ¿Significa alguna cosa?

* Adolfo Strauch nació en 1948. Es ingeniero agrónomo y administra campos en Uruguay. Está casado con Paula y tiene cuatro hijos; Alejandra, de veintiún años, viajó con su padre a la montaña.

Vive en una casa amplia en Carrasco Norte, la zona menos ostentosa del barrio. En el fondo, su lugar preferido, hay un estudio con una gran estufa a leña, que él mismo construyó, ayudado por su primo Eduardo.

En marzo de 2006, cuando volvió al lugar del accidente, en el último tramo del regreso por la montaña, en el segundo día a caballo, junto con un camarógrafo del documental y conmigo, se alejó del grupo, en el momento que comenzó a llover y a soplar el viento, lo que borró por completo el trillo por donde debían bajar los caballos, en la ladera de una pendiente abrupta y sinuosa. Los tres habíamos quedado completamente aislados del resto, a kilómetros de distancia. Adolfo iba atrás, en el tercer lugar. Los tres jinetes nos detuvimos, sin saber qué hacer. Adolfo tomó la delantera, sin que nadie se lo pidiera, y durante una hora subió y bajó con su caballo buscando el trillo, en una ladera tan empinada que daba vértigo mirar hacia abajo. La noche se venía encima y nosotros dos estábamos cada vez más inquietos, siguiéndolo. El viento prácticamente impedía que los caballos avanzaran. El único que parecía sereno era el propio Adolfo. Al fin se detuvo en un punto de la ladera, más vertical que nunca. Oscurecía. Se viró sobre la montura para esperarnos. Cuando nos aproximamos, nos señaló con la mano. Había encontrado el trillo perdido.

9

El sol se oculta deprisa

◆

Marcelo Pérez del Castillo fue el primero en levantarse en la mañana después del accidente. El primero en mostrar temperamento y determinación. ¿No era eso lo que decían los Hermanos Cristianos desde la memoria más remota, cuando era niño? Siempre estuvo muy vinculado al colegio, tanto que hasta su padre fue el arquitecto que construyó la sede definitiva.

Abrió la pared improvisada en el boquete posterior y salió fuera del fuselaje. La montaña de hielo infinito lo impactó. Le impresionó más que en la tarde anterior, cuando nevaba y no se divisaba el horizonte.

Atinó a distribuir roles. El equipo médico correspondería a los estudiantes de medicina Roberto Canessa, Gustavo Zerbino y Diego Storm, así como a Liliana Methol, que con su voz suave confortaba más que los medicamentos que no había. Harley, Páez y Nicolich se encargarían de acomodar el tubo partido del fuselaje. Los primos Strauch... esos ya estaban analizando la posibilidad de solucionar lo más acuciante: cómo fundir nieve para obtener agua. Él, el propio Marcelo, se encargaría de lo sustancial en una situación como esa: ayudar a todos, estar en todas partes, ser la esperanza, dar más que ninguno, convertirse en ejemplo.

Canessa le informó que dos más habían muerto durante la noche: Pancho Abal y Graziela Mariani. El capitán se impuso una consigna: no dudar.

Les pide a dos del equipo que busquen en las maletas los materiales utilizables y lo que haya de alimento, mientras los menores le formulan interrogantes para las que no tiene respuesta: ¿cuándo viene el rescate?, ¿cuánto falta para volver a casa?

En caso de que el rescate demorara y tuvieran que pasar otra noche en el tubo, había que sellar mejor el boquete para que no entraran esos chiflones de viento, frío y nieve, que casi los mata en la noche anterior. Marcelo y Roy Harley disponen taparlo con asientos y con las maletas que están desparramadas por todos lados. Después agregan una puerta rota y el montante partido que separaba el compartimiento de equipajes.

Ese 14 de octubre fue un día de falsas expectativas. Como estaban convencidos de que estaban donde no estaban, creían que vendrían a buscarlos de un momento a otro, lo que impidió que les ganara el pánico y se repitiera la histeria de la noche. La aguja del altímetro del avión marcaba 2.134 metros; jamás supusieron que, al romperse, marcaba un número alocado.

A media mañana, haciendo un esfuerzo descomunal, habían ordenado mínimamente el interior del fuselaje. Marcelo pidió para marcar las letras «SOS» con las pisadas en la nieve. Después hicieron una cruz larga: al caminar zapateando sobre la nieve blanda quedaba un relieve que profundizaban hasta llegar aproximadamente a veinte centímetros.

El otro grupo había terminado de juntar los pertrechos utilizables y las vituallas que había a bordo. Del balance surgió la nada: chapas deshechas, un par de botellas sanas y varias rotas, cuatro encendedores, un hacha, una caja de herramientas, una linterna de la que no encontraban las pilas, una pequeña radio que no funcionaba. La comida era aun más escasa: cuatro latitas de conserva, entre las que había una de mariscos; galletitas; maní con chocolate; cuatro barras de chocolate; cuatro botellas de vino y una de Licor de Oro. Además había afloraciones de roca negra en las laderas y un pedazo de avión.

Al mediodía, Marcelo distribuyó la comida simbólica, a sabiendas de que era una situación donde los símbolos, que repercuten en la mente y las emociones, eran esenciales. Al principio la dieta era una galletita con un marisco y un sorbito de vino, que se acabó enseguida y después era un cuadradito de chocolate y una tapita de vino o de licor. El orden, la seguridad y la gentil autoridad con que el capitán gestionó el alimento marcarían las pautas de lo que vino después.

A la tarde, Roy Harley, Carlitos Páez y Gustavo Nicolich seguían haciendo espacio dentro del avión. Con golpes de hacha, Gustavo Nicolich sacó la mampara y todos los instrumentos que impedían ingresar en el área contra el compartimiento de los pilotos, la más abrigada del fuselaje.

Mientras tanto, Adolfo Strauch, Gustavo Zerbino y Moncho Sabella se ocupaban de sepultar los cadáveres que habían sacado del fuselaje, rebajando la nieve y cubriéndolos apenas, todos juntos, próximo al morro del avión, junto a la rueda delantera.

Así como hubo algunos heridos que murieron en las primeras horas, otros empezaban a dar claras señales de que sobrevivirían. Fue el caso de Nando Parrado, que si bien seguía en coma, respiraba mejor. Canessa y Zerbino lo colocaron en una parte más cálida del fuselaje y lo dejaron allí, tendido, hasta que llegara el rescate.

Al caer la tarde, abatidos, van entrando al avión. La noche volvería a ser temible, aunque menos escalofriante que la primera.

A la mañana siguiente, segundo día después del accidente, los cuatro fracturados —el Vasco Echavarren, Arturo Nogueira, Pancho Delgado y Álvaro Mangino—, que todavía permanecían tumbados dentro del fuselaje, escucharon un griterío. Marcelo tenía razón: sintieron claramente el paso de un avión, un reactor, volando muy alto. Pancho y Álvaro, que podían moverse, se arrastraron hasta afuera para verlo pasar, e incluso divisaron claramente cuando movió las alas. ¡Los habían visto!

Inmediatamente pasó un avión a hélice, más alto que el primero. Una hora después divisaron, muy distante, a un pequeño bimotor. El mecánico Carlos Roque, el único de la tripulación que continuaba vivo, fue terminante: aseguró que el movimiento de las alas del reactor, en el lenguaje de la aviación, significaba que los habían avistado. Los otros dos aviones simplemente habían confirmado la visión del primero. Y todavía fue más drástico cuando impartió lo que pareció una orden excéntrica: dijo que cuando llegara el rescate inminente, él sería el vocero del grupo, ya que era el único tripulante vivo de un avión militar, mientras los otros eran pasajeros civiles bajo su responsabilidad. Pero todos estaban tan contentos que la mayoría no le prestó atención.

Uno de los pocos que lo escuchó fue Moncho Sabella. Se dio cuenta de que Carlos Roque estaba alucinando, como lo había hecho la primera noche. Y si bien él también tenía la ilusión de que los hubieran visto, en su fuero íntimo dudaba: tenía experiencia en vuelos de avioneta, cuando acompañaba a su padre recorriendo el Uruguay, y estimó que los tres aviones habían pasado demasiado alto para que los hubieran divisado. Además, de haberlos visto, ¿por qué no daban la vuelta ni hacían señales explícitas?

Como la mayoría estaba convencida de que los habían visto, resolvieron celebrar. Al fin y al cabo eran protagonistas de un milagro. Habían sobrevivido a un accidente aéreo en la montaña, y ahora venían por ellos. Entraron al fuselaje y sacaron la valija del maletero donde Marcelo había acondicionado los pocos alimentos que encontraron.

Cuando Marcelo los vio, ya era tarde, porque se habían devorado la mitad de las reservas. Llegó corriendo de donde estaba, ayudando a Javier Methol, y alzó la voz por primera vez desde el accidente: no podían jugar con la vida de los otros, cuando no sabían el tiempo que demoraría en aparecer el socorro. Era una orden terminante y no podía violarse. Marcelo seguía pensando en el Fairchild contrahecho como un transporte que los llevaba a alguna parte.

Al tercer día escucharon ruido de aviones, pero para su sorpresa ya no pasaban sobre el fuselaje. A Daniel Fernández le resultaba evidente que, si bien continuaba la búsqueda, esa área ya estaba descartada porque la habían rastrillado sin éxito.

Mientras tanto, se creaban los elementos funcionales más imprescindibles para sobrevivir. Adolfo había percibido en esos primeros dos días que lo que más les atormentaba era la sed, porque derretir nieve en la boca les lastimaba las encías, y las gargantas se hinchaban, al punto que no podían tragar saliva. El sistema que creó para fundir agua fue muy simple: sobre una chapa doblada del avión, inclinada, enfrentada al sol, ponía una delgada capa de nieve, le hacía como un embudo a la chapa, hacia abajo, y de allí caían las gotas en una botella. En quince, veinte minutos, en las pocas horas en que había buen sol, alcanzaba a derretir un litro de agua pura, agua de nieve, sin gusto a nada, pero se solucionaba el tema de la hidratación y no se lastimaban las bocas ni las encías.

Encontraron otras soluciones. Sacaron los almohadones de los asientos, los de abajo y los del respaldo, para colocarlos en el piso a efectos de aislar el metal helado del fuselaje. Roberto ya había quitado las fundas y los tapizados de los asientos, que eran de una tela sintética gruesa, color turquesa, y los cosieron con los delgados hilos de cobre del circuito eléctrico del avión para usarlos como mantas.

También se dieron cuenta de que un tema urgente era sacar a los heridos del lugar de circulación diminuto del fuselaje, para que no los pisaran. Roberto reparó en la red y los tubos de aluminio que se usaban para acomodar los equipajes. Ayudado por Gustavo, creó las hamacas que colgaban de los maleteros y que se mantuvieron hasta que el último de los heridos falleció.

Adolfo advirtió que el resplandor del sol en la nieve les lastimaba los ojos y podía dejarlos ciegos. Entonces creó los lentes con el protector solar que tenían los pilotos en el parabrisas de adelante, marcándolo con un vidrio y partiéndolo. Con la tapa del catálogo de los motores, que eran de plástico, hizo el armazón cortándolo con una tijerita de uñas, los cosió con alambre de cobre, y la parte de atrás la acondicionó con un pedazo de cable y el elástico de los cubreasientos y de los sostenes de las mujeres.

Como no se podía andar en la nieve sin enterrarse, eligió los asientos más adecuados, los unió con cintas y cinturones de seguridad para atarlos a los pies e hizo raquetas de nieve. Aprovecharon hasta la pelota de rugby: sacaron el cuero y con la cámara cortaron la parte de arriba, que la usaban para orinar de noche. Con el tiempo, la cámara de la pelota llena de orina se convirtió en un objeto codiciado, porque era lo único caliente que tuvieron en los setenta y dos días en la montaña.

Al cuarto día la declinación de los cuerpos era evidente, desgastados por el hambre, el frío, el mal de altura, la angustia y la falta de sueño. Estaban tan extenuados que se mareaban cuando se incorporaban. Debían hacerlo muy suavemente, permanecer unos instantes quietos, y luego empezar a moverse, poco a poco.

Nando Parrado fue saliendo del coma lentamente, desde el mediodía del tercer día. Del cuello para abajo tenía algunos pequeños rasguños, en especial en las manos y en las rodillas, pero lo más grave era la fractura en el cráneo, con cuatro cortes bien notorios.

Despertar del coma, tirado en el fuselaje, le llevó casi diez horas. Al comienzo divisaba figuras grises que se movían, las que no lograba distinguir, como si estuvieran moviéndose en la niebla. Luego logró identificar algunos rostros, Marcelo, Roberto, Gustavo, y al fin comenzó a escuchar voces. Nando recordó entonces que no estaba solo en el avión, balbuceó una pregunta y le informaron que su madre había muerto y su hermana Susy estaba malherida.

Cuando Susy murió en sus brazos, Nando no pudo derramar una sola lágrima, aunque nunca en su vida experimentó una sensación tan desoladora. Roberto, Gustavo y Carlitos Páez vinieron a abrazarlo. Nadie decía una palabra. Le ofrecieron sacar el cadáver de su hermana fuera del fuselaje, pero Nando prefirió permanecer con ella otra noche.

A partir de entonces, con su mundo desbaratado, Nando comprendió que debía comenzar a construirlo de nuevo. Como no había vivido los primeros días de aclimatación a la montaña, lo suyo fue súbito y fulminante: «Nadie vendrá por nosotros, estamos solos».

Tambaleándose, encorvado, y arrastrando los pies, salió afuera del fuselaje. Moncho Sabella lo miró sorprendido. Nando observó las montañas insondables, con rocas grises y negras incrustadas aquí y allá: «Hay que irse», balbuceó. Moncho creyó que estaba delirando.

10

Moncho Sabella*

El diablo no duerme

◆

Si hay una constante en los setenta y dos días en los Andes, y una constante que se mantuvo cuando regresamos a la civilización, es esa frase de nuestras abuelas de que «el diablo no duerme». Y como nunca duerme, hay que estar alerta. Hablo del año 72 y del presente.

Yo era el que menos probabilidades tenía de sobrevivir. Era el más delgado de todos, muy bajo, con veintiún años. Tenía pocos amigos en el grupo porque venía del colegio Sagrado Corazón y no del Stella Maris-Christian Brothers, sufría bronquitis crónica y padecía mal de altura. Pero como a tantos les sucedió, fui conociendo gradualmente el poder que la mente ejerce sobre el cuerpo.

Todos los rugbiers pesaban más de ochenta kilos, puro músculo, mientras que yo pesaba menos de sesenta. ¿Por qué me salvé? Primero porque nunca, salvo el día del alud, dudé de que saldría con vida. Luego porque regulé adecuadamente el gasto y la reserva de energía, y en tercer lugar porque aprendí desde el primer momento que nos salvábamos si manteníamos la humildad.

Desde el primer día aprendí, también, lecciones básicas, más elementales, como que el ser humano se adapta a todo. A lo bueno y a lo malo. A vivir en un palacio, completamente olvidado del sufrimiento de los demás, o a cohabitar en medio de cadáveres, viviendo en un féretro de metal, como era el fuselaje.

Yo estaba muy solo, no conocía íntimamente a ninguno, vivía en el Centro, y ahí la mayoría eran de Carrasco. Y a los que más conocía habían muerto o estaban muy heridos, como el Vasco. Al principio miraba a mis compañeros de tragedia y sentía miedo. Llegué a pensar que podían llegar a matarme. Al fin y al cabo mi temor inicial no era tan descabellado: ocurrió con el barco *Dolphin* en 1759, cuando mataron a un español, o en 1765, cuando el barco inglés *Peggy* quedó a la deriva, sin ningún alimento. Primero mataron a un esclavo para comérselo, y luego sortearon quién sería la víctima, que recayó en un tripulante. Pasó la noche esperando que lo mataran al amanecer, pero al alba los encontró un barco y se salvó, aunque perdió la cordura para siempre. En un eventual sorteo, como el del *Peggy*, yo tenía todos los boletos.

Sentía miedo: ¿estos tipos no serán capaces de matar para sobrevivir? Muy poco después me di cuenta de cuán equivocado estaba. El grupo no sólo no era agresivo, sino que era el más afectuoso que he conocido en mi vida. ¿Cómo pude pensar semejante desatino? Sólo tengo una respuesta: venía con una realidad que no tenía más vigencia en la montaña. Y el diablo, o lo que eso representa o simboliza, se entrometía en mis pensamientos.

Tan equivocado estaba que logramos sobrevivir solamente con los afectos, porque no teníamos otra cosa, salvo el uno con el otro. Armamos de la nada una sociedad exclusivamente de amistades, abandonada en el lugar más frío del mundo. ¿Qué elementos materiales teníamos para sobrevivir? Unas latas de conserva y botellas, los desechos de un avión, una radio rota, piezas de aluminio, muchísimo menos de lo que hay en el más sórdido basurero. Pero teníamos una voluntad irracional de volver a ver a nuestras familias.

La primera noche tras el accidente fue una escena horripilante, que me duele recrear: la oscuridad, el frío, el griterío. Primero intenté entrar en calor en cuclillas, haciendo ejercicio con los músculos. Pero no podía. En ese momento me corrí más adentro.

A mi lado había un chico que me decía: «Me muero de frío, no soporto más, me estoy congelando». Era Gustavo Nicolich, a quien yo no conocía. Entonces me acosté sobre él, que era mucho más corpulento que yo, y pasé esa noche sobre su cuerpo, golpeándolo, dándole un poco de aliento en la espalda. A nuestro lado estaba la señora Graziela Mariani, moribunda, enredada entre los hierros y los asientos junto a la cabina de los pilotos, que me extendía la mano. Esa noche, estoy seguro, envejecí treinta años.

Gustavo Nicolich creyó que ese día yo le había salvado la vida, como lo escribió en una de las cartas dirigidas a sus padres y a su novia, y eso nos vinculó estrechamente hasta su muerte. Pero siempre sentí que él estaba equivocado, y se lo dije. Yo no le había salvado la vida, simplemente había empezado a entender de qué se trataba esto de los afectos, para salvarnos mutuamente. Por eso, a partir del primer día tuve el amigo que me faltaba en la montaña, hasta dormíamos agarrados de las manos adentro de los bolsillos, para pasar menos frío.

Después aprendes otro elemento crucial en esta peculiar fórmula de supervivencia: administrar la energía. Aprendes a hacer un extraño balance entre la generosidad y el egoísmo. Al principio cada uno daba lo máximo y no se reservaba nada para sí, pero con el tiempo te dabas cuenta de que había una línea delgada que no podías rebasar. Si atravesabas la raya te morías. Lo sé porque lo padecí, y casi me morí varias veces. Estuve al borde de la muerte cuando dormí varios días junto al boquete del avión, y quedé acostado en la nieve que había entrado. Sufrí hipotermia, porque me adormecí sin darme cuenta, hasta que casi me congelé. De inmediato, ardí de fiebre y comencé a delirar. Los muchachos, creyendo que me moría, me ubicaron en el medio del avión, entre todos, para que me recuperara con su calor. Ese era el lugar de los caídos, la última oportunidad. Poco a poco dejé de delirar, se me fue la fiebre y recuperé las energías. Recuerdo cómo lloré el día que me pude incorporar sin ayuda. Y aprendí la lección, que es una paradoja. En ese mundo de ternura, empecé a ser un poco más egoísta. Empecé a hacer ese balance entre dar y preservarte.

Numa Turcatti, tan íntegro y desinteresado, es el caso contrario: entregó todo lo que tenía, no se reservó nada para él. Y se murió.

Nosotros nos caímos un 13 de octubre y, como veintinueve pasajeros no nos morimos con el choque, el diablo nos quiso matar en el transcurso de esa noche. Como no podía con nosotros, nos quiso matar con una avalancha dos semanas después, el domingo 29 de octubre. Nos habíamos empezado a aclimatar de a poquito, a conocer la montaña, a conocer sus reglas, cómo caminar en ella, cómo beber agua, cómo tolerar el frío.

Esa noche me había quedado dormido con la mano izquierda hacia arriba, porque a los costados no cabían los dos brazos. Vino la avalancha, me cubrió, y conocí a la muerte más cerca que nunca. Lo que vi y sentí fue de las experiencias más extrañas y dulces que he tenido en mi vida. Ese relajarse y dejarse ir, esa paz absoluta, diferente a todo lo que he conocido, hasta que despierto de ese viaje sin destino porque Roy me toma la mano que asomaba por la superficie, se quiebra ese encantamiento y vuelvo al infierno.

Me sucedió algo muy curioso, tal vez producido por el *shock* o por el cerebro alterado que se quedaba sin oxígeno. Veía todo como en tres planos: veía desde arriba, el avión enterrado, cubierto de nieve; veía en otro plano el avión desde adentro del fuselaje, con la gente sepultada, y en un plano más profundo veía mi cuerpo, debajo de la nieve, sin vida, con mi saco y mi pantalón azules que había encontrado en una percha en la cabina de los pilotos. Incluso desde el segundo plano veía cómo Roy caminaba para un lado y para el otro, y percibo cuando pisa donde yo tenía mi mano izquierda, y ahí, con esa simple huella, me quedan al descubierto tres dedos, ¡tres dedos! Entonces asimilo claramente que, si quiero, tengo la oportunidad de escapar del sepulcro. Que si me atrevo, puedo volver a casa. En ese momento surge esa duda cruel: ¿cuál es el cementerio de verdad: volver al sufrimiento de morirte de hambre, de frío, o dejarte llevar, y seguir ese sendero pacífico hacia no se sabe dónde? Entonces me inundó la imagen de mi familia llorándome, sentados a la mesa, con mi plato vacío esperándome, y con esos dedos que quedaron libres empecé a escarbar, haciendo un hoyo en torno a la mano. Coche vio ese movimiento, esa mano que sobresalía y se movía, cavó hasta llegar a mi rostro y empecé a respirar de vuelta. Cuando salgo, yo también empiezo a cavar. Consigo sacar a uno, pero los dedos se me congelan. Cuando llegué al segundo, estaba muerto. Los dedos se enfrían cada vez más y no responden. Quiero cavar pero se doblan. Al final me oriné las manos para recuperar la fuerza en los dedos. Seguí y seguí. Cuando no pude cavar con las manos lo hice con los puños y después tuve que hacerlo con los codos.

Siempre creí que nada sería peor que la primera noche, cuando terminé acostado sobre el cuerpo de Nicolich y tomado de la mano de una mujer muerta. Pero, sin embargo, la avalancha fue mucho más cruel, porque ya no eran personas desconocidas, y era tremendo tener que convivir sepultado bajo la nieve durante tres días y tres noches al lado de los cuerpos muertos de tus amigos. Estábamos encerrados, rodeados de nieve por todos lados, no podíamos salir, y no había otra opción que alimentarnos de esos cuerpos.

Estoy seguro de que la paz que estaba viviendo en mi muerte en el alud se debía a que me estaba muriendo bien. Porque la peor cosa que nos podía suceder en esas circunstancias era irnos con cuentas pendientes, creyendo que habíamos dejado algo deshonesto y desleal en nuestro pasaje por la Tierra.

De tanto convivir con la muerte, intentábamos rescatar lo mejor de cada uno, dejando de lado las debilidades o imperfecciones que traíamos, de las que nos íbamos despojando gradualmente, para morirnos bien. Y cuando alguien hacía una macana, se la marcabas y el tipo la reconocía en el acto, se enmendaba al instante, porque él sentía lo mismo que tú: no quería morirse mal, no quería que esa familia del fuselaje, que eran los únicos seres vivos en la faz de la Tierra que le restaban, quedaran con algún mal recuerdo, algo no resuelto cuando se podía morir en el momento menos pensado.

Nadie quería morirse en un estado espiritual atormentado, y eso fomentaba la humildad, la camaradería y la fraternidad, para lograr acceder a un estado espiritual al que considerábamos ideal, por si esa noche o esa tarde te tocaba el turno de marcharte.

En la sociedad civilizada no hay, en ninguna escuela, en ninguna Facultad, una materia que te enseñe cómo vivir para morir bien. ¿Alguien está preparado para morirse? ¿Se puso a pensar? Cuando me morí en la avalancha me llevaba los afectos, las emociones de mi vida y nada más. Pude observarme por milésimas de segundo desde arriba, y veía que mi cuerpo no llevaba equipaje.

Una noche, en el fuselaje, nos preguntamos: si nos íbamos a morir el próximo día, qué hubiéramos cambiado en la vida que habíamos llevado hasta entonces. Recuerdo que era una ronda en la que cada uno decía lo que sentía, uno después del otro. Algunos pidieron que los saltearan porque preferían no hablar. Uno decía que se arrepentía de todas las disputas innecesarias que había tenido con su familia, otro se lamentaba de no haber dicho muchas más cosas que tenía para decir a la gente que quería, a otro le dolía haberse preocupado más de lo necesario, descuidando el disfrute de las pequeñas cosas, y cuando me llegó el turno dije que no tenía nada que cambiar, creía que no tenía ninguna asignatura pendiente. Y si me muero hoy, lo hago tranquilo de que hice lo que tenía que hacer.

Con estas lecciones de humildad aprendidas en los Andes, resulta difícil asimilar cuando a uno le hablan de hazaña y heroísmo. ¿Quiénes son los héroes? Yo me pregunto, ¿qué héroes? ¿De qué me hablan? Esta fue una historia de desgraciados, y en ese marco no había espacio para héroes ni lucimiento. Este concepto pertenece a la sociedad convencional, que después es recreado artificialmente en las películas y los libros. Arriba no había películas. A nadie se le pasaba por la cabeza hablar de titanes y superhombres. Es una mala traducción que hicieron desde abajo. Por eso digo que el diablo nunca duerme: nosotros mismos, al bajar, empezamos a hablar de hazaña. Cuando en la verdadera historia, nadie quería ni se sentía un campeón que estaba protagonizando una gesta gloriosa. Era exactamente al revés, éramos el grupo y la meta era hacer cada uno su tarea, sin que ningún líder ni semidiós la ordenara. Si algo no existía en la sociedad de la nieve era el protagonismo. Pero como el diablo no descansa, cuando bajamos, impulsados por el nuevo entorno, empezamos a buscar a los «protagonistas».

Si cuando subimos a la montaña, como ahora, en marzo de 2006, les pido a los dieciséis sobrevivientes que me hablen desde el corazón, todos me dirán lo mismo. Que en todo caso los héroes fueron los heridos que después se murieron, porque no se me ocurre un acto más loable que en lugar de lamentarse y pedir compasión, cuando sabían que no tenían oportunidades de salir, nos daban ánimo a nosotros, los que podíamos caminar.

Creo íntimamente que si esta historia demuestra algo es lo que podemos extraer de gente como Enrique Platero o Numa Turcatti, que nos enseñó lo que es un héroe humilde, lo que parece un contrasentido. A Platero lo operó Roberto con una hoja de afeitar, cortándole un emplasto de sangre y carne que le sobresalía del orificio que le había quedado en el vientre cuando Zerbino le quitó el tubo que tenía clavado. Jamás se quejó ni dejó de trabajar. Numa nos enseñó el heroísmo anónimo al entregar a los otros más de lo que se reservaba para sí mismo. En ese balance de solidaridad y egoísmo, que es lo que te permitía morir o vivir, él inclinaba la balanza a favor de los otros y en detrimento de sí mismo. Él subió a la montaña en la primera expedición, al cuarto día, con Adolfo Strauch, Roberto Canessa y Carlitos Páez. Luego participó en la terrible expedición de dos días, sin ningún abrigo, con Gustavo Zerbino y Daniel Maspons, donde casi mueren. Y cuando vino el alud y tapó todo, el que más trabajó, el que más nieve quitó para que pudiéramos volver a vivir, fue Numa, quien de nuevo rebasó sus propios límites. Ahí hay un nudo gordiano que es necesario desentrañar. ¿Por qué actuaba de esa manera? Por eso Numa está estrechamente vinculado, también, con la expedición final, porque fue su muerte la que precipitó la salida, y lo hizo en el momento justo, porque cuando vino el rescate, diez días después, a algunos, como Roy, les quedaban pocas horas de vida. Fue el disparador de la salida salvadora, y esto no es una casualidad: es la consecuencia de su actitud en la montaña. Al fin, estaba con el sistema inmunológico tan devastado que contraía cualquier infección. Le dábamos antibióticos, los doctores de la montaña lo curaban a diario, pero se nos murió. Y con él, todos nos morimos un poco más.

Nunca sentí que se transmitió la verdadera historia, esta esencia de lo que acaeció. En el libro *¡Viven!* el autor no pudo subir a la montaña, y entonces el texto relata las anécdotas, el exterior, pero no lo que sucedía dentro de cada uno de nosotros. Es la narración fría de los hechos. Pero si no se cuenta lo que sucedía dentro de nosotros, no se descubre la humildad, que es la esencia de la historia.

Cuando bajamos a la sociedad, el diablo muestra la cola, y todo se empieza a distorsionar, surgen la competencia, el egocentrismo, la envidia, la vanidad, todas características muy humanas, es cierto, pero la historia pierde su núcleo. Lo que nos salvó fue la humildad, entonces rescatar el núcleo es recuperar ni más ni menos que la fórmula salvadora, lo que debe perdurar, para nosotros y para todos los que se interesan y se aproximan a este hecho.

¿Por qué cuando subimos a los Andes vuelve a aflorar lo más genuino, que desaparece cuando bajamos? Regresamos a la cordillera y la actitud de unos con otros cambia radicalmente. Nos cuidamos mutuamente, como hacíamos en el 72. Volvemos a sentir miedo, a vernos inseguros, y de la mano de esa vulnerabilidad vienen las otras sensaciones.

Muchas veces pensabas: y si se mueren todos y soy el último, ¿qué hago? Ese pensamiento me enloquecía, porque el último moriría sin afectos, desprotegido, desamparado. Si eras el último, ¿con quién te tomabas de las manos?

También el miedo tenía su contracara. Cuanto más grandes eran las piedras que te aparecían en el camino, o que caían sobre las chapas arrugadas del fuselaje, cuanto más penábamos, más nos uníamos y más recursos interiores encontrábamos para no entregarnos, más se robustecía esa rebeldía profunda contra la injusticia.

Todo eso nos tornó cada vez más agudos, utilizamos lo mejor de cada uno. Sin aire para respirar, la mente se aguzó y se tornó precisa como un estilete en una mano sabia. Incluso en esos estados alterados de la conciencia, surgieron fórmulas muy creativas, que tal vez, con la mente ordenada, nos hubiesen parecido una locura imposible de intentar. Muchos inventos, como la penicilina, surgen de la casualidad, por un accidente, como cuando Alexander Fleming olvidó una placa con hongos en la ventana y a la mañana siguiente descubrió que alrededor no crecían bacterias. La sociedad que debimos formar surgía de accidentes, como olvidar una placa con hongos en la ventana: salimos al oeste cuando las ventiscas lo permitían porque por accidente encontramos la cola y ganamos tiempo. Roberto Canessa, Gustavo Zerbino y Diego Storm eran médicos porque habían cursado un período mínimo en la Facultad. Roy Harley era ingeniero por lo mismo; y yo era como un «obispo». Esto no lo he contado porque temo que no se comprenda. Incluso cuando lo hacía en la montaña, no me gustaba que me vieran los compañeros, porque creerían que había perdido la razón, como nos sucedía con tanta frecuencia. Cuando alguien se moría, yo siempre lo bendecía, le daba la extremaunción, como si fuera un sacerdote. Y no lo hacía para cumplir un ritual litúrgico, sino porque era necesario brindarle paz a la muerte. Me parecía imperioso que alguien le dijera: «Descansa en paz», y como no había otro que lo hiciera, lo asumí yo.

El 22 de diciembre, cuando escuchamos en la radio que Nando y Roberto habían llegado a Los Maitenes, fue la mayor celebración a la vida que pueda imaginar. Con la placa de hongos olvidada habíamos descubierto la penicilina. Como sabíamos que venían a buscarnos nos preparamos para el encuentro. Al rato, tras una espera angustiante, empezamos a escuchar el ruido de los helicópteros que estaban llegando desde abajo, subiendo por el valle del este. Los dos helicópteros se aproximaron al glaciar donde estaba el fuselaje, pero como no podían posarse, unos andinistas se arrojan a la nieve y automáticamente corro hasta uno de ellos y lo abrazo. Era Sergio Díaz, que a su vez me abraza fuerte, llorando, y repite estremecido «¡Están vivos, están vivos!».

Como había demasiada turbulencia, los dos helicópteros debían irse cuanto antes, y como no nos pudieron llevar a todos, dejaron a otros dos andinistas, Osvaldo Villegas y Claudio Lucero, con equipos de nieve, y a un cuarto, el enfermero José Bravo, al que empujan del helicóptero vestido como estaba, con una camisa y un pantalón liviano. Como no había precedentes en este tipo de rescate, tuvieron que improvisar. Éramos, siempre fuimos, los conejillos de Indias.

Mientras sucedían todos esos imprevistos, Sergio Díaz continuaba abrazándome, ajeno a lo que ocurría con los helicópteros, ajeno a lo que debía hacer como miembro del Socorro Andino, llorando como un niño desconsolado. Luego voy hacia adentro del avión a buscar el morralito con mis cosas, como todos habíamos hecho, inexplicablemente, como si volviéramos de un viaje, pero cuando regreso, los helicópteros se habían marchado.

Nos sentamos en el exterior a esperar a esos helicópteros que iban a volver por nosotros, pero no venían. Comenzamos a contarles a los andinistas todo lo que habíamos vivido, lo que habíamos tenido que hacer, cómo logramos sobrevivir, y ellos no se convencían, y así fue el contacto que yo hice con la civilización, en plena montaña, con cuatro rostros incrédulos y espantados, porque no podían creer lo que habíamos hecho, que estuviéramos vivos, cómo habíamos soportado los temporales, las avalanchas, el frío, con las ropas que teníamos. Meneaban las cabezas, miraban nuestros mocasines, los pulóveres, los restos de los cadáveres desperdigados, y no podían asimilarlo. Pasó una hora, dos, tres, cuatro, cinco horas, y los helicópteros no vinieron.

Después que empezó a hacer frío y a oscurecer, nos convencimos de que no regresarían ese día. Nos dolía en lo más profundo, porque estábamos muy sensibles a cualquier tipo de abandono. La diferencia de esa noche era que había gente distinta, y en el fondo sabíamos que no nos iban a abandonar definitivamente. Al enfermero a quien habían empujado del helicóptero tuvimos que abrigarlo con nuestros harapos. Se transformó en uno más de nosotros, los vagabundos de la nieve.

Luego nos sentamos dentro del fuselaje con Osvaldo Villegas y Sergio Díaz y este nos dice que a las doce era su cumpleaños. Yo ignoraba que se estaba iniciando uno de los mejores momentos de mi vida, la noche del día setenta y uno. No era sólo por los alimentos, los sabores que reaprendíamos, sino por la conexión que se trabó con Sergio Díaz, el único que permaneció toda la noche en el fuselaje. Hasta cierto punto era entendible que los otros nos miraran con tanto recelo. Lo que para nosotros era nuestro hogar, para ellos era espeluznante, con restos humanos, con el olor ácido que había adentro del avión, porque en la noche orinábamos y lo tirábamos junto a la entrada, porque no había forma de salir, sumado a la mugre, la sangre, y las infecciones secas o purulentas de setenta y un días oprimidos adentro de ese sarcófago. Villegas, Lucero y el enfermero armaron una carpa de alta montaña donde se refugiaron esa noche. Además estaban con mucho miedo a las avalanchas. Los veía en la entrada de la carpa, conversando entre ellos en murmullos, sin dejar de mirar a las montañas iluminadas por la luna. Había nevado mucho, caían toneladas de nieve permanentemente y la montaña roncaba. Los tres desgraciados, temblando de miedo, descubrieron esa noche lo que para nosotros ya era rutina. Mientras tanto, Sergio permanecía en el fuselaje, seguro y a sus anchas, porque había llegado a la conclusión de que esa noche valía más que cualquier riesgo o sacrificio. Por eso jamás se inquietó por las avalanchas que estremecían el firmamento.

Sergio nos decía que medio mundo nos estaba esperando, que había una verdadera conmoción, pero nosotros no podíamos entender de qué estaba hablando. Cuando advirtió que había cosas que no podíamos comprender, con mucha agudeza intentó por otra vía, para conectarnos a la vida por intermedio de la música y la poesía. Fue entonces que repetimos, durante horas, el poema de José Martí que nos enseñó esa noche, el que nunca más olvido, y cada tanto acude a mi memoria y recito para mí mismo, porque Sergio no lo dijo de casualidad, nos estaba expresando, por pura intuición, el mejor resumen de lo que habíamos vivido: «Cultivo una rosa blanca/ en junio como en enero/ para el amigo sincero/ que me da su mano franca/ y para aquel que me arranca/ el corazón con que vivo/ cardo ni ortiga cultivo/ cultivo una rosa blanca».

* Moncho Sabella nació en 1951. Como empresario se levantó y cayó muchas veces, trabajando con su padre Ramón y su hermano Juan, pero siempre mantuvo el empuje inalterado.

Sufrió varios percances de salud, que volvieron a dejarlo al borde de la muerte. Junto con Daniel Fernández y otros sobrevivientes, se empeñó para crear la Fundación Viven, a efectos de colaborar de diferentes formas con la comunidad. Recientemente comenzó a brindar conferencias sobre los Andes.

En marzo de 2006 volvió a subir a la montaña, pese a tener un enfisema en un pulmón y una deficiencia cardíaca. En la primera tarde, al sonidista del equipo de filmación del documental le afectó el mal de altura. Como no podía respirar y se puso azul, se lo reclinó en un catre de campaña, bajo un viento inclemente. Moncho se sentó junto a él, tomándole la mano, mientras le suministraba oxígeno de un tanque. Permaneció a su lado, en esa misma posición, durante cuatro horas. Recién cuando el sonidista confirmó que se sentía mejor, Moncho le soltó la mano. «Gracias», le dijo. Moncho lo miró sorprendido, ¿por qué le estaba agradeciendo?

11

Salto al vacío

◆

Al octavo día, Adolfo Strauch no podía dormir. Sabía que era imprescindible cortar de raíz el proceso de inanición que todos sufrían, pero ninguno tomaba la iniciativa. A la vez creía que muchos estaban pensando como él, aunque nadie lo explicitara en público.

Uno de ellos era Nando Parrado. Poco antes de morir su hermana, Nando estaba tirado en la parte baja del fuselaje, con Carlitos Páez a su derecha. Era de noche. No lo podía ver pero conseguía escuchar su respiración y sentía su aliento a su lado.

—¿Qué estás pensando? —le susurró Nando.

—Que no queda nada en la «despensa» —respondió Carlitos.

—Yo voy a salir de acá, pero para salir tengo que comer y sólo hay cuerpos —dijo Nando.

Carlitos Páez no respondió. Él había traído el tema, para sondear el terreno. Cuando Nando le dijo que pensaba usar los cuerpos, Carlitos lo miró sin confesarle que él también estaba pensando lo mismo. ¿Qué haría ahora con esa información? Tenía la suficiente perspicacia para comprender que él, el menor del grupo, con apenas dieciocho años, no podía plantear ese salto mortal. Hasta cierto punto su credibilidad estaba limitada por la edad. Pero ¿si ponía sus consternaciones en boca de Nando?

Fue lo que hizo, pocas horas después, en la expedición con Adolfo, Roberto y Numa, al cuarto día. Aprovechó un momento en que estaba caminando junto a Adolfo, alejado de los otros, y le dijo:

—Nando enloqueció, se quiere comer a los muertos.

Adolfo se detuvo, aprovechó para tomar aliento, apoyando los brazos en las rodillas, lo miró a los ojos y le respondió muy seguro, antes de continuar la marcha hacia arriba:

—No está loco. No queda otro camino.

Otro que pensaba lo mismo era Moncho Sabella. Cuando se puso a mirar lo poco que asomaba de los cuerpos congelados, junto al morro del avión, y empezó a pensar en comerlos, creyó que estaba enloqueciendo. Prefirió mirar hacia otro lado, pensar en otra cosa. No, no estoy loco, se repitió Moncho. Pero descubrió que, inconscientemente, cada tanto, salía y dirigía la mirada a la trompa del avión que apuntaba al este, junto a la rueda torcida, donde asomaban, aquí y allá, algunas partes de los cuerpos.

Al quinto día tras el accidente, Adolfo Strauch y Daniel Fernández se lo comentaron a algunos más en el grupo. La estrategia era sumar conciencias, poco a poco, romper prejuicios y fundamentalmente convencerlos de que valía la pena. Mientras unos los escuchaban en silencio, otros reaccionaban en forma airada, incluso agresiva. Alguno prefirió no escuchar lo que estaban proponiendo, como si fuera la peor de las blasfemias. Otros asentían con las miradas, sin mover la cabeza ni decir palabra.

Al sexto día, sin noticias del rescate y con la convicción cada vez más terminante de que la situación no tenía retorno, se amplió el grupo que creía en «la idea más disparatada del mundo», como les habían dicho.

Si hasta ahora se había hablado en pequeños grupos, y casi en secreto, al sexto día se habló en voz alta. Todos recuerdan que afuera soplaba un viento despiadado, lo que tornaba el tema y la sensación más opresiva.

Los veintisiete estaban apiñados en la cabina del fuselaje, cuando Adolfo explicó lo que estaba pensando. Lo planteó en forma pausada, argumentada, de la manera más honesta que creyó.

Tras sus palabras sólo hablaron cinco. Tres a favor (Roberto, Nando y Daniel) y dos en contra. Los otros prefirieron guardar silencio. ¿Qué pensaban? Adolfo recorría los rostros, algunos lo fulminaban con los ojos al punto de que lo obligaban a bajar la mirada, avergonzado. Creyó que los que callaron, estaban, en su mayoría, de acuerdo con lo que decía, porque de lo contrario se hubieran opuesto explícitamente, como lo hicieron los dos que ni siquiera lo admitían como hipótesis extrema.

Antes de levantarse, al octavo día, Adolfo escuchó a su primo, Daniel Fernández, reclinado a su lado: «Hay que hacerlo ahora». Ya había tomado la decisión. No quería arrepentirse. Si estaba loco, al menos era una locura compartida. Ahora quedaba lo más duro, ejecutarla.

Estaba tan debilitado como todos, sentía mareos, al punto que le costó incorporarse, para observar esa escena del fuselaje, con los veintisiete que seguían vivos apelotonados y congelados, con escarcha sobre los cabellos y las barbas crecidas.

Sintió que estaban tan abatidos que en pocos días más no podrían dar los diez pasos que los separaban de los cadáveres, semiocultos en la parte anterior del fuselaje.

Tras hablar con Gustavo, se dirigió a Roberto Canessa, que lo estaba aguardando en la penumbra. Ellos tres eran los encargados de realizar la tarea. Adolfo, porque venía impulsado por una convicción interior arrolladora. Y los otros dos, los doctores, porque sabían de anatomía, de proteínas, de nutrición. Y, en verdad, porque sabían dónde cortar y estaban como todos, desesperados.

Adolfo, que llevaba un vidrio verde de una botella partida, tropezó en la entrada del avión con Álvaro Mangino, que se arrastró con la pierna quebrada sobre el almohadón, impulsándose con las manos, para ver lo que iban a hacer, aunque ya lo sabía.

Se pararon frente a un cuerpo que estaba dado vuelta. Gustavo Zerbino sintió que si cortarle el pantalón había sido difícil, cortar la carne sería casi imposible. Después de raspar durante quince minutos, porque el cuerpo era como mármol, pudieron marcar una raya y llegaron al músculo. Luego sacaron unas lasquitas que eran como una cerilla, y con Adolfo y Roberto tomaron una cada uno. Las miraban en silencio. Gustavo tomó su pedazo y lo envolvió con nieve, para evitar el asco. Cuando lo introdujo en la boca, hizo una arcada, lo tragó y sintió que había pasado a otra dimensión. Levantó la vista y percibió que Roberto y Adolfo habían hecho lo mismo. Se volvieron y observaron a los tres que los miraban junto al fuselaje. Los otros estaban adentro.

Roberto supo que los tres que los observaban desde afuera del avión, y los veintiuno que estaban en la cabina del fuselaje, compartían con ellos el desconsuelo. Sintió que ellos vivieron lo que estaba sucediendo como si hubiera muerto alguien más, alguien que era una parte de todos. Experimentó, también, que aunque no todos comieron ese día, en el fondo del alma, el grupo les agradeció y reconoció el valor que ellos tuvieron, porque lo más difícil ya estaba hecho. Ahora les tocaba a los demás.

Cortaron veinte tiritas de carne, las colocaron sobre una chapa de aluminio y las dejaron arriba del avión, al sol, para que se secaran y resultaran más fáciles de aceptar.

Álvaro se arrastró por la nieve hasta llegar adonde habían colocado la chapa con las tiritas de carne. Sintió que era un día muy pesado, con nubes oscuras y una tormenta que se cernía sobre el horizonte. Pero en rigor no sabe si la tormenta ocurría en verdad o era lo que él vivía en su imaginación. Se incorporó con esfuerzo y tomó el primer trozo de la chapa. Era de color blancuzco, duro y helado.

Gradualmente, otros se arrimaron a la bandeja improvisada con los pequeños trozos de carne y los tragaron como una medicina repugnante pero imprescindible. Los que sobraron los llevaron a los que estaban adentro del tubo partido.

Carlitos Páez no dudó demasiado y fue de los primeros en tragarlo, disimulado en un grumo de nieve. Para poder tender un puente entre los que comerían de los que no, bromeó sobre el sabor de la carne, y dijo que se parecía a un jamón que vendían en una de las mejores fiambrerías del barrio de Carrasco, en Montevideo.

Nando Parrado también fue de los primeros en comer. Recordaba que lo último que había comido fue un maní cubierto con chocolate que le duró tres días: el primero comió el chocolate de afuera y guardó el maní en el bolsillo, el segundo comió medio maní, y el tercero el final, despacito. Después, lo único que quedaba eran rocas volcánicas grises, nieve y el metal del avión.

Cada uno fue haciendo el proceso de culpa y alivio en silencio y a solas. Todos lo hicieron por motivos diferentes. Liliana Methol, que comió después del día diez, quería volver a ver a sus hijos, y haría lo imposible por lograrlo. Otros lo vivieron en forma religiosa, como una comunión, argumento que elaboró Pedro Algorta; Adolfo y Daniel querían vivir; Bobby François ni siquiera lo dudó porque no había más alternativas.

Tintín Vizintín, con sus diecinueve años, era el más apegado a las normas y actitudes propias del rugby. Las palabras del director técnico, el Brother Eamon O'Donnell, repiqueteaban en su mente como un referente permanente. Obedecer a quien tiene la potestad de hacerlo y cumplir la misión en la mejor manera posible. Y, fundamentalmente, no discutir las órdenes en un momento tan caótico, que sólo agregaría desconcierto al desbarajuste. Cuando le entregaron la tirita, la envolvió en nieve y la tragó.

La noche del octavo día fue de las más difíciles en los Andes. Integrarse a la sociedad de la nieve implicaba romper con la civilización pasada mediante lo que se convirtió en un rito iniciático, comer la carne de los muertos. Esa noche Gustavo Nicolich le escribió una carta a su padre, quien todavía la conserva: «Hoy empezamos a comer», dice en su segunda línea. Pero no todos lo habían hecho.

Para Daniel Fernández, que sentía la responsabilidad de mirar dos o tres pasos adelante, uno de los momentos más inesperados y gratificantes de la epopeya en la cordillera fue el décimo día, cuando repararon la pequeña radio Spika. La primera noticia que escucharon fue que se había suspendido la búsqueda, lo que hizo que todos empezaran a comer.

En ese momento Daniel estaba adentro del avión, junto a Adolfo, cuando escucharon unos quejidos seguidos de un silencio prolongado. Luego entró Gustavo Nicolich por el boquete del fuselaje.

—Muchachos, voy a dar una mala y una buena noticia: no nos buscan más, ahora tenemos que salir por las nuestras —exclamó.

Después entendieron que esos quejidos habían sido de Marcelo, que fue consolado por Roy. Esa noche Marcelo se sentó junto a Daniel, Adolfo y Eduardo. Nunca había estado tan abatido, sus peores augurios se habían confirmado. «Yo organicé este chárter y miren en lo que termina, comiendo a nuestros amigos.» Los tres primos hicieron lo imposible por consolarlo, pero al rato percibieron que Marcelo no estaba buscando argumentos, sino compañía. A Marcelo le fue imposible restablecerse.

Ese día Gustavo Zerbino se aproximó a cada uno de los más reacios a comer y les explicó, sentado a su lado, con paciencia infinita, lo que significaba vivir o morir, a cada uno con palabras diferentes. Llegó a Coche, Numa y Pancho. Cuando se acercó a Marcelo, este lo miró con gesto sombrío. Lo dejó hablar y al fin le dijo: «Hagan lo que quieran».

A partir de entonces se inició un rápido proceso de acostumbramiento a ese nuevo tipo de vida, y paulatinamente la mente fue corrigiendo el rumbo y lo que al comienzo era desagradable y prácticamente inasimilable, luego dejó de repugnar, en especial cuando se podía secar al sol, lo que disimulaba su consistencia. Los patrones del pasado desaparecían rápidamente. Al punto que pocos días después para la mayoría había dejado de ser un tema espinoso, porque había otros asuntos urgentes por delante en los que debían focalizarse, si querían salir de ese calvario.

Al principio comían una lonjita del tamaño de una cerilla, luego de una tableta de chocolate muy fina y congelada. Hasta entonces todavía eran personas que se habían caído de un avión que provenía de la civilización. Pero luego, de ese mundo sólo quedaban los recuerdos.

La nueva sociedad requería una organización y una rutina, y lo primero era cómo distribuir la carne de los cuerpos. Ese primer escalón, haciendo el trabajo más duro, les correspondió a Daniel Fernández, Adolfo y Eduardo Strauch, con la permanente colaboración de Roberto y Gustavo. No pasaron por esa posición de trabajo más de seis personas en los setenta y un días. En un segundo escalón, sin contacto directo con los cuerpos, estaba otro grupo, coordinado por Gustavo y Roberto, que abarcaba a varios de los menores, incluyendo a Álvaro Mangino, con su pierna rota.

A medida que pasaba el tiempo, Gustavo se dio cuenta de que precisaban distintas sustancias, además de las proteínas de los músculos. Faltaban calcio, potasio y magnesio. El hueso los tenía. Entonces, a los compañeros que no podían moverse les entregaban un hueso y un trozo de vidrio para que rasparan hasta que saliera polvo. Cuando comían una cucharada, ingerían calcio. Luego razonaron que les faltaban otros elementos, y comían absolutamente todo lo que se podía comer, sin desaprovechar nada. Empezaron con los riñones, el hígado y el corazón. Luego siguieron los sesos, para aprovechar el fósforo. Gustavo sabía que era monstruoso, pero él tenía un hacha y alguien debía romper el cráneo.

En general los cuerpos estaban boca abajo y no siempre los identificaban. Los del primer escalón recién sabían quién era después de que lo habían terminado de trozar, al cabo de un par de días. Pero la mayoría del grupo, incluyendo los que participaban en el segundo escalón, trozando las raciones pequeñas, hasta el día de hoy no saben exactamente la identidad de los cuerpos utilizados.

En el caso de Daniel Fernández, a su regreso a Montevideo sólo vio a los padres de dos muertos en la montaña. No preguntaron si habían utilizado el cuerpo de su hijo, sino que querían saber si valía la pena que subieran a la cordillera a buscar sus restos. No vislumbró en sus palabras ningún reproche: simplemente querían saber con qué se iban a encontrar. Daniel mantuvo un buen vínculo con esas familias hasta el día de hoy. Esa fue una de las promesas que siempre respetó el grupo, no se dieron nombres, y ese es uno de los lazos que los unirá hasta el final.

Al resto del grupo, por su parte, le resultó cómodo que otros administraran el alimento. Y particularmente los tranquilizó que fueran los Strauch los que hicieran la distribución, porque sabían que lo harían en forma ecuánime y evitando que se suscitaran episodios de abuso o de caos.

En ocasiones ocurrían incidentes, como el del día doce. Fue uno de los pocos momentos en que se cocinó la carne, porque todavía a algunos les resultaba muy difícil tolerar la carne cruda. Ese día los trozos grandes se pasaron al segundo escalón, que los trozaban en pedazos menores, separando algunos para quien estaba calentando una chapa del respaldo de un asiento, haciendo fuego con las tablitas de un casillero de Coca-Cola. Al poco rato se descubrió que faltaron cuatro trozos. Los primos no titubearon. Adolfo le dijo al responsable del faltante, muy sereno pero muy firme, que no podía estar más en esa posición, no porque fuera una mala persona, o porque hubiera jugado sucio, sino porque había demostrado que no conseguía controlarse. El joven lo entendió en el acto, admitió que su hambre era tal que no podía contenerse (ver carne roja o incluso observar lastimaduras con sangre le despertaba apetito) y no se generó ninguna discusión.

El orden en el reparto y la equidad de la distribución, no sólo de la carne, sino también de los cigarrillos o la forma en que intentaban dormir en el fuselaje, no impidieron que la sociedad fuera presentando un aspecto cada vez más salvaje, con huesos y miembros tirados alrededor del fuselaje.

¿Cuántas cosas más vamos a tener que hacer para sobrevivir?, se preguntaba Roberto Canessa, mirando las cumbres lejanas y nubladas. ¿Hasta dónde tenían que dejar de ser aquellas personas amigas y alegres para transformarse en esos hombres de muerte, de montaña? ¿Se podrá domar a la bestia humana? ¿Hasta dónde tendrían que bajar, cuál sería el precio? Álvaro Mangino se sentó a su lado. En ese momento Roberto vislumbró que el límite recién aparecería cuando se muriera. Hasta entonces, no habría fondo. Y si no se moría, no habría límite.

12

Álvaro Mangino*

La gloria efímera

◆

No sé cómo me rompí la pierna, porque recién me di cuenta cuando el avión se detuvo violentamente. Quedé entreverado debajo de los asientos retorcidos, en la montonera de adelante. Entre Roberto Canessa y Gustavo Zerbino me ayudan a salir y descubro que mi pierna izquierda, de la rodilla hacia abajo, está totalmente suelta, colgando, como si no me perteneciera. Con la adrenalina del choque, ni siquiera había sentido dolor. La euforia de estar vivo mutó de inmediato y entré en pánico. Entonces Roberto y Gustavo me sacan como pueden, me apoyo en sus hombros, mientras otros pasan a nuestro lado como groguis. Roberto me sentó en el piso, muy cerca de donde se había partido el avión y me pidió que no mirara sus manos, pero observar el entorno era peor, entonces me focalicé en sus ojos concentrados, y hasta hoy no olvido esa expresión. Levantó el pantalón hasta la rodilla y fue tanteando el hueso, encontró el lugar exacto de la fractura, bajó un poco la cabeza para escuchar, y con un movimiento diestro la colocó en su lugar, yo pegué un alarido, y me dijo: «Ya está, lo vamos a dejar así». La pierna estaba derechita y hasta el día de hoy camino bien gracias a él. Me ató un pedazo de camisa con fuerza en el lugar donde estaba quebrado el hueso para que no se moviera y se terminó. Así permanecí esas primeras horas, hasta que empezó a nevar y repté hacia la parte más profunda del avión.

A partir de ahí, toda mi odisea en la montaña estuvo marcada por ese hecho, tuve que vivir arrastrándome. Para ello me valí de un sistema muy simple: ponía la pierna rota estirada sobre un almohadoncito de los asientos, y reptaba impulsándome con la pierna sana y las dos manos, como un perro tullido al que le falta una pata. Me arrastré durante los setenta y un días, en esa misma posición, con la pierna partida estirada. A los cuarenta y cinco días se había soldado el hueso e intenté dar unos pasos, haciendo un esfuerzo descomunal, pero no lo conseguí: tras tantos días sin caminar, con la alimentación mínima, el músculo se había atrofiado demasiado y entonces lo mejor fue seguir arrastrándome hasta el final. Esa fue mi realidad en los Andes, todo lo miraba al ras del suelo, que era el espacio donde circulaba.

La pierna se me soldó un poco torcida y la rodilla quedó más gruesa con respecto a la otra. Tengo que usar un suplemento en el zapato porque la pierna es más corta y deforme: pero hago todo lo que tengo que hacer y no es algo que me duela ni incomode. A veces, cuando hay mucha humedad, me molesta. En esos días, inevitablemente, me acuerdo de la montaña. Tras regresar a la civilización consulté a varios traumatólogos, para ver si había algo que hacer. «Mejor de lo que está, imposible», me dijeron. Eso lo hizo Roberto, con sus manos, sentado en el fuselaje, bajando la cabeza para escuchar el *crack* de los huesos que encajaban.

Ante la magnitud del desastre, desde la primera mañana en la montaña, el 14 de octubre, aprendí algo muy simple: no podía depender de los demás, porque todos tenían demasiadas urgencias para cargar con un tullido sobre sus espaldas. Incluso mi actitud de mantener la autonomía podía provocar el efecto contrario, porque a veces molestaba. Para salir del fuselaje demoraba mucho más que el resto, impidiendo que pasara el de atrás.

Para que no me pisaran la pierna quebrada, en alguna oportunidad tuve que dormir arriba en las camillas colgadas, donde estaban los dos heridos más graves. Pero si bien allí sentía menos dolor, porque nadie te apretaba, el frío era insoportable, había entre diez y quince grados menos que abajo, donde tenías el calor de los cuerpos apretados unos con los otros. En las hamacas con los quebrados, era muy difícil abrazarte porque los lastimabas y el metal del techo del avión congelado lo tenías demasiado cerca, casi tocándote la nariz, y el frío se colaba por todos los agujeros.

La decisión de comer carne humana fue la más difícil que tomé en mi vida. Como yo no podía hacerlo, el primer día que se cortó, quería solidarizarme con los que lo hacían, y salí del fuselaje, arrastrándome, como diciéndoles: estoy con ustedes, muchachos, aunque no pueda llegar hasta ese lugar.

Además, como no quería ser menos por el hecho de estar postrado, asumí un rol difícil: era el cortador de carne en el segundo escalón, adonde llegaban los pedazos grandes que trozaban los tres primos. Junto con Gustavo y Roberto lo transformábamos en tiritas y raciones minúsculas en las que no quedaban vestigios de pertenecer a un cuerpo humano. Conservo el platito en el cual cortaba, que lo encontró mi hijo en uno de los viajes que hice a la cordillera. Había marcado, abajo, mi nombre, haciendo un surco con un pedazo de hueso, «Álvaro», como hacen los presos en la cárcel, cuando no tienen esperanzas de salir y dejan sus nombres en las paredes como un registro para la posteridad. Comíamos esa nadería y después buscábamos algún hueso, alguna cosa para ir pasando el día y alimentarnos un poquito más. Estaba permitido recoger las sobras que no eran parte de lo que se distribuía en las raciones.

En el segundo escalón nunca supimos a quién pertenecía el cuerpo que cortábamos. Pero además, como prefería no saberlo, si alguna vez lo supe mi cerebro lo bloqueó porque lo olvidé, y prefiero que sea así.

A lo largo de mi vida tuve momentos muy difíciles. Empecé de vuelta varias veces. Con mi mujer Margarita viví en Brasil, seis años en Río de Janeiro y después nueve años en Porto Alegre, mientras parte de mis hijos quedaron en Uruguay. Pero tantos altibajos nunca me quebraron. En verdad nunca bajé los brazos. Y eso es fruto de los Andes.

Hace un tiempo, un percance en la salud de un miembro de mi familia produjo una conmoción, porque sentía que lo que más quería en la vida se me estaba desplomando, todo eso por lo que había regresado de la montaña estallaba en pedazos y no sabía por qué. Eso, justamente eso, fue lo que me llevó de vuelta a los Andes, y en la cordillera encontramos algunas respuestas que nos han ayudado a salir. Por eso siento que mi vida es un gran rodeo, que empieza y termina en la montaña.

A pesar de mi vida azarosa, ahora siento que estoy en un momento de armonía. Estoy haciendo lo que quiero, doy charlas sobre la cordillera, con una peculiaridad: lo hago después de haber pasado más de treinta años sin pronunciar una palabra sobre el tema. Y esas charlas me resultan gratificantes, porque es verdad eso de que «el pasado es lo que más cambia».

Hasta hoy he regresado siete veces a la montaña, a la que fui, en algunas oportunidades, con toda mi familia. He llorado mucho ahí arriba. Siempre que voy es diferente a la vez anterior. Sé que de alguna manera le voy encontrando sentido a todo lo que viví. Por eso he subido con gente especial. Fui con el ahijado de Marcelo Pérez del Castillo, que hoy es mi ahijado. Ir con él fue como volver a aproximarme a Marcelo, porque de alguna manera ocupé su lugar, sin quitárselo, pero tomé la posta, como siempre hicimos en la montaña, y fui el padrino de su ahijado. Y lo asumí con esa responsabilidad.

También subí con el hijo de mi hermana menor, que murió en un accidente de tránsito. Él era muy pequeño cuando ella falleció. Fui solo con él, conversamos mucho sobre su madre, los dos estamos unidos por desgracias terribles, que, desde cierta óptica, no tienen solución. Esa empatía tan profunda la logramos allá arriba, en ese paisaje imponente, como si en la montaña encontráramos remedio a lo que no tiene arreglo.

Pero para mí no siempre fue así. Durante muchos años la cordillera fue un trauma, me encerré y no conseguía hablar de ella. Regresé de la montaña antes que el resto, el 25 de diciembre de 1972 (la mayoría volvió el 28 de diciembre). No bien llegué a

Montevideo, tuve que irme, porque no quería pensar en los Andes y allí todos me enloquecían con preguntas. Me costó mucho superar esa primera etapa, cuando día y noche me acosaban la vergüenza y el retraimiento por lo que había hecho. Era una sensación completamente ambivalente, porque si por un lado creía que toda la tragedia que habíamos vivido la superamos correctamente en la cordillera, haciendo lo que debimos hacer, al enfrentarme a la sociedad de los vivos sentía vergüenza, y era tan poderoso ese sentimiento, a mis diecinueve años, que ni siquiera me atrevía a mirar a la gente a los ojos. Me costó mucho tiempo hacer la catarsis de todo lo que había sufrido, y creo que me equivoqué durante muchos años de mi vida por no mirar lo ocurrido de la forma en que lo estoy mirando ahora. Ojalá lo hubiese hecho antes. Pero eso es el *momentum*: cada uno tuvo su tiempo para procesarlo. El mío duró demasiado y fue muy doloroso. Creo que pasar de la sociedad de la nieve a la civilizada requería un ingreso lento, paulatino, donde lo que iba adaptándose eran las emociones, reacomodando los recuerdos. Eso fue lo que no pude o no supe hacer. Y tal vez muchos de los que me rodeaban no comprendían bien lo que estaba sucediendo, y como les faltaba la información que yo tenía y no transmitía, no podían ayudarme en forma adecuada.

Por eso quería encerrarme en una habitación, apagar la luz y no ver a nadie. Sólo me sentía bien con el grupo de sobrevivientes, porque hablábamos el mismo lenguaje emocional. A muchos de los que se acercan a la historia, y me preguntan lo que vivimos, les suceden cosas parecidas. Les faltan las fuerzas para procesar las tragedias que todos llevamos a cuestas. Se sienten aislados, creyendo que nadie comprenderá el fondo de su sufrimiento. Por eso vibran cuando me escuchan: no es por lo que yo digo sino por lo que ellos están sintiendo.

Al escapar de la montaña, debí haberme quedado en Santiago de Chile, con la mayoría, que regresó el 28 de diciembre, cuatro días después que yo, para la conferencia de prensa en el gimnasio. Pero yo no asistí. Esos cuatro días de aclimatación en conjunto fueron fundamentales. Pero me aislé de algo que era de todos y no sentí ese estremecimiento en el gimnasio del colegio Stella Maris-Christian Brothers durante la conferencia de prensa, en la que de alguna manera se expresó lo que nos había sucedido. ¿Nos justificamos? No sé. Pero yo no lo viví, y aunque me lo cuenten, el efecto en mi mente y en mi corazón es diferente, porque yo no sentí esa ovación general que era una forma de decirte que hiciste las cosas bien, que estabas perdonado.

Cuando llegamos a Santiago, el 23 de diciembre, me acometió una urgencia inexplicable por irme. Nuestras mentes no estaban organizadas, no había agendas, planes o estrategias. Ni siquiera me enteré de que el grupo de los sobrevivientes se había alojado en el hotel Sheraton, donde había alegría y hasta euforia. Yo estaba en el hotel equivocado, el Carrera, con los familiares de los muertos. O sea, yo estaba en medio de la más profunda tristeza. «Vámonos», les decía a mis padres y a mi novia Margarita, porque la situación era intolerable. Nunca imaginé que el resto del grupo permanecería para pasar la Navidad en Santiago, para hacer un descenso más parsimonioso en la sociedad de los vivos. Todavía vivía la lógica de un accidente, que justamente lo que no tiene es lógica. Ese proceso que no hice es como la pierna que me faltaba en la montaña. Por eso mi historia es renga, es tullida desde el principio de los principios. Pero a pesar de todo, sé bien que no hay que mirar sólo para atrás, hay que mirar hacia adentro. Y si mi historia es renga, es por algo, y para algo.

Cada uno vivió y sobrevivió a la montaña a su manera. Yo me aferré a las cosas que quería, que estaban en Uruguay. En primer lugar a mi novia Margarita. Así como hablábamos de comida, porque era como decir que queríamos volver a probarla, o de formar emprendimientos en común, que era como decir que queríamos seguir juntos, porque no nos imaginábamos viviendo separados, yo pensaba en ella porque quería volver a verla, como quería volver a ver a mi madre. Pensaba en mi novia y hablaba con ella todos los días.

No sé por qué el día anterior al viaje había cambiado con mi novia nuestras cadenitas. Ella se había quedado con la mía, que tenía una medalla, y yo con la suya, de la que colgaba un crucifijo de plata. Nunca lo habíamos hecho. ¿Por qué lo hicimos? Siempre están y estarán esas dos posibilidades: cosa de chiquilines o era el elemento del que yo me aferraría para vivir en los días que estaban por venir. Todas las noches en la duermevela de la montaña, me aferraba a ese crucifijo y hablaba con ella, le pedía que no se preocupara, le decía que por ahora estaba bien, y esa sintonía y ese creer que podía estar hablando con ella a través de ese símbolo fueron cruciales para mí, a tal punto que siempre le agradezco a ella por estar vivo, porque fue la persona que me dio la fuerza para luchar y sobrevivir. Incluso ese episodio tan inverosímil de la avalancha ocurrió en el momento exacto en que yo hablaba con ella, aferrado al crucifijo, y le contaba que estábamos mal, pero que se alegrara porque podíamos estar peor. Y si lo peor que nos pasó fue la primera noche del accidente, mucho peor fue la avalancha.

El alud llegó un día gris, en que decidí dormir en las hamacas con los dos heridos graves. Entramos temprano al fuselaje porque hacía mucho frío y estaba nublado. El ánimo general estaba bajo. Rezamos el rosario, pero luego todos permanecimos callados, no hubo historias interesantes y entretenidas de Pancho, no hubo cuentos de Carlitos, ni proyectos de Javier, ni escuchamos la ilusión de Nando de escapar de la trampa. Como si algo se estuviera preparando, como si se estuviera gestando esa decisión tan siniestra de quiénes sobrevivirían esa noche y quiénes no lo conseguirían. Todos estaban soñolientos, porque era muy difícil dormir de verdad en el fuselaje. De repente sentí un temblor, y enseguida una trepidación y un *flash* escalofriante, cuando entró esa masa de nieve por la parte de atrás, donde estaba tapiado el avión. Al entrar el alud, todas las valijas, la mampara y la puerta de emergencia que allí habíamos colocado, junto con la nieve, nos apretó a los que estábamos colgando en la hamaca de tal forma que nos impedía mover y bajar. Quedamos aprisionados por esa masa de nieve y objetos, que no nos sepultó, porque estábamos muy alto. Cuando miré hacia abajo, espantado, no se veía prácticamente nada, pero en la penumbra distinguí ese manto de nieve que cubría más de un metro de altura del avión, y que, pensé, no había dejado a nadie con vida.

En ese momento intenté bajar de la hamaca de la forma que fuera. El Vasco y Arturo estaban mucho peor que yo y ni siquiera podían moverse. Yo estaba mal, mi pierna seguía muy dolorida, pero podía moverme, y entonces intenté una y otra vez liberarme para bajar, ayudado por el Vasco y Arturo, que me empujaban, me empujaban, pero no lo conseguimos. Hacía fuerza para bajar, pero era como estar aplastado por una losa de hormigón. Entonces los tres asomamos las cabezas de las hamacas para mirar lo que sucedía abajo. Arturo y el Vasco gritaban de espanto, y yo no encontraba la voz que me permitiera llamar a los amigos sepultados. En ese momento veo que Roy se incorpora desde abajo de la nieve y empieza esa furia para cavar agujeros y rescatar a los que se estaban asfixiando. La escena era tan enloquecedora que siempre me costó recrearla, porque me provocaba mucho daño y me hacía dudar del sentido de la vida. A la vez sé que ese episodio nos dio más rabia, más ímpetu, junto con una certeza: si sobrevivimos a algo tan tremendo como esto, de acá tenemos que escapar de cualquier manera.

Instantes después comenzaron a surgir de los agujeros esos fantasmas blancos cubiertos de nieve, pero sabíamos que algunos no estaban saliendo. Pocos minutos después tuvimos la segunda lista, de las tres que tuvo esta tragedia: los que sobrevivimos al accidente, la de esa noche y la final.

Más adelante, Roberto tuvo que tomar la terrible decisión, que fue de una valentía sublime, de usar uno de los cuerpos que había quedado muerto ahí adentro para poder sobrevivir esos tres días enterrados vivos.

Cuando salió la expedición final en la que habíamos apostado la última ficha, fueron los diez días más desolados de mi vida. En ese entonces yo pesaba cuarenta y nueve kilos y no me quedaban muchos días de vida. Cada veinticuatro horas que pasaban estaba perdiendo algo de la poca vida que me restaba.

El grupo quedó más callado. Había un plan alternativo, lo harían los primos, Gustavo, Tintín, pero para mí, y para mi estado físico y mental, la expedición de Nando y Roberto era la última apuesta. No perdí la fe, pero cada minuto me aferraba más al crucifijo de Margarita.

Por eso escuchar la noticia de que Nando y Roberto habían llegado, y ver los helicópteros, es la historia del hombre condenado al que se le ofrece otra oportunidad. Esa mañana nos dieron la posibilidad de redimirnos.

Ignoro cómo subí al primer helicóptero, quebrado como estaba. Debí avanzar hasta muy cerca de donde intentó posarse, me arrastré un poquito, y logré llegar al que estaba Nando, de donde surgió el brazo de un médico que me impulsó. Nando estaba adelante, nos dimos un abrazo intenso, de inmediato subió Daniel Fernández y enseguida partimos.

Empezamos a volar en círculos, hasta que finalmente una corriente ascendente arrastró al helicóptero para que pudiera rebasar la montaña. Del otro lado fue un viaje diferente, desapareció el fuselaje, y recién ahí aflojé el cuerpo y la mente y empecé a tener destellos de lo que había pasado, de todo lo que habíamos visto y sufrido. Era como un cometa volando por el firmamento llevando detrás una larguísima estela: mi vida en la montaña.

Cuando llegamos a Los Maitenes tomamos real conciencia de que nos habíamos salvado. Hay una foto que nos sacaron entonces, donde estamos con Coche bajo un árbol, un maitén frondoso. Fue un momento de gloria después de todo ese sufrimiento. Una gloria efímera, es cierto. Por eso he buscado con tanto ahínco ese lugar con sus detalles, sólo para confirmar que fue verdad. Que la gloria existe, aunque sea breve y por espasmos.

Una hora después de llegar al hospital San Juan de Dios en San Fernando, apareció mi madre, y enseguida entró Margarita, antes que papá. Margarita fue la primera persona a la que le conté lo que habíamos hecho. A mamá no le conté nada, con ella nos abrazamos y lloramos, hasta que quedé extenuado. Mi madre, que todavía vive, era de las que creían que yo estaba vivo. Papá, que murió joven, era piloto civil, sabía de aviones, conocía de accidentes y decía que era imposible que estuviéramos vivos. Los tres habían viajado a Santiago de Chile sin tener la confirmación de que yo estaba en la lista. La hermana de Margarita está casada con el hermano de Marcelo Pérez del Castillo. Margarita llegó a la casa donde estaba toda la familia, el 22 de diciembre, en Montevideo, y percibió la conmoción. No entendía muy bien qué era lo que ocurría, pero sospechó que algo raro sucedía, aunque no querían contarle. Al fin se enteró que Nando y Roberto habían aparecido. Entonces llamó por teléfono a mis padres y les dijo, categórica: «No sé si ustedes van o no van, pero yo me voy para Chile». A ella nunca le interesó conocer la lista, ella iba igual. Mi padre le respondió que esperara, que prefería aguardar un poquito para saber algo más. Pero Margarita agregó: «Yo me voy a buscarlo».

Entonces mi padre llamó a la Fuerza Aérea y les preguntó: «¿A ustedes les parece que vaya?». «Creo que sería bueno que usted fuera», le respondieron. Ellos tenían información de quién sí y quién no, pero no la tenían confirmada, y a esas personas que estaban en la lista no corroborada, si preguntaban, les insinuaban la «luz verde» para que fueran, intentando evitar que viajaran los otros.

Volaron los tres, con Lauri, la novia de Roberto Canessa, y Rosina, la novia de Gustavo Nicolich, que pensaba que estaba vivo. Lauri y Rosina creyeron que Margarita había enloquecido, porque me iba a buscar sin saber si yo estaba o no estaba en la lista. La coincidencia fue tal que cuando estaban embarcando, Carlos Páez Vilaró, el padre de Carlitos, comenzó a leer la lista de los sobrevivientes por Radio Carve, desde Santiago. Cuando Margarita subió, y cerraron la puerta del avión, habían leído la mitad de la lista, y yo no estaba entre ellos. Pero a ella no le importó dejar de escuchar la otra mitad, que no conocieron hasta que aterrizaron en Santiago, porque en el vuelo no había radio. Cuando llegaron, fueron con el hermano de Javier Methol hasta el destacamento del Servicio Aéreo de Rescate para leer el final de la lista, los siete que faltaban. Primero entró mi padre. Páez Vilaró le pasó la lista y

papá pegó el grito más estridente de su vida: «¡Está vivo, carajo!».
Era el número once de los dieciséis. Se abrazaron y lloraron los
tres, durante un tiempo que no saben medir. De inmediato fueron
a verme al hospital de San Fernando.

Cuando le conté a Margarita que comimos los cadáveres
quedó totalmente impactada, no podía creer lo que estaba escuchando. Ella tenía dieciocho años, uno menos que yo. Luego
le conté a papá, y para él también fue un *shock*, la expresión de
su cara lo delató. Por eso yo pienso que la felicidad es efímera,
porque en el primer instante ya se abrió esa pequeña grieta,
cuando yo sólo requería comprensión.

Las preguntas en Chile iban directo al punto más doloroso.
«¿Qué comieron? ¿Cómo vivieron? ¿Cómo eran esos líquenes y
esos hongos y esos pájaros que cazaban a pedradas y que vuelan
a cuatro mil metros que nosotros no conocemos?» Fue difícil aislarse y no contar, hablando con evasivas, porque la noticia empezó a conocerse mucho antes de que la dijéramos: había imágenes del rescate, de los helicópteros, y era imposible esconder
algo tan evidente. No había pájaros, ni energía para cazarlos
a pedradas, como no había líquenes ni hongos. En verdad sólo
había cuerpos muertos.

¿Por qué no fui a la conferencia de prensa y me escondí en
Punta del Este y no quería aparecer? En ese momento consideraba que había cosas que eran demasiado íntimas, muy nuestras, tanto es así que, cuando Piers Paul Read me fue a hacer la
entrevista para el libro *¡Viven!*, no quise contarle muchas cosas,
realmente no tenía ninguna voluntad de relatar nada de lo que
habíamos pasado allá arriba.

Por eso durante esos primeros días permanecí en Punta del
Este, apartado de todo lo que estaba sucediendo. Intenté hacer mi
catarsis solito, con quien quería y con quien me sentía cómodo.

Durante muchos años no hablé del tema, ni siquiera en
casa, salvo en raras ocasiones. De repente un domingo, en la
sobremesa, se me ocurría contar algún episodio, despojado, des-
provisto de los detalles. Era un relato escueto, sin colores ni

contexto. Después, con los años, fui agregándole elementos. Mi familia siempre me ha escuchado, antes y después.

¿Por qué sobreviví, tullido, en un lugar imposible? ¿Para qué ocurrió aquello de la forma en que sucedió? Hoy vivo intentando dar respuesta a esas dos interrogantes que me acompañaron y me acompañarán por el resto de mi vida. Lo más curioso de todo es que la respuesta, la definitiva, siempre está un poco más allá. Cuando creo que estoy por alcanzarla... se me aleja.

---

* Álvaro Mangino nació en 1953. Ha tenido diferentes empresas en las que ha privilegiado a la gente más que al lucro.

Tiene una mirada transparente, donde es imposible imaginar una mentira. Su casa está ubicada en las afueras de Montevideo, en un barrio sencillo, sin ninguna pretensión. Lleva en el cuello la cadenita con el crucifijo de plata que tuvo en la montaña.

Cuando habla de las complicaciones de salud que padeció uno de sus hijos, su rostro se torna grave. Está sufriendo. De pronto se ilumina. Desde la sala principal de la casa ha identificado que alguien ha llegado. Álvaro se transforma en un santiamén, cuando abre la puerta su mujer, Margarita.

13

Los que vieron demasiado

◆

A partir de la media tarde, tumbados en el fuselaje, tiritando de frío, empiezan a abrigar ilusiones, a cuál más fantasiosa y disparatada, pero que ayuda a pasar el tiempo y a conciliar algunas horas de sueño.

La comunidad se afianza cuando crean fantasías en conjunto y elaboran proyectos que concretarán cuando vuelvan a la vida. Así nace la idea de construir una torre gigante para mirar las estrellas, para poder reproducir lo que veían en la cordillera. Hacen el repaso sistemático de todo tipo de platos de comida, que resultó uno de los temas preferidos, porque en cierto modo les calmaba la necesidad fisiológica de sentir gustos diversos en la boca. Y poco después, los concursos de cocina, para ver quién elaboraba el plato más delicioso. Todos participan, incluso los más lastimados, Arturo y el Vasco. Cada uno le agrega el aroma y el aderezo que requería su organismo. Habían descubierto cómo olvidarse de la montaña por un rato, haciendo realidad aquello de que vivir es soñar.

En esa sociedad de la montaña todos llegan a convencerse de que el mejor negocio en la vida es tener un restaurante que sirva un plato caliente, mientras que la peor actividad imaginable es ser montañista, o piloto de avión, o azafata.

La otra rutina que surtía un claro efecto positivo en la mayoría era el rosario que dirigía Carlitos. Lo primero que rompía el silencio de la noche era el tintineo de las cuentas de vidrio, seguido por el murmullo de los misterios. El rosario iba pasando de mano en mano y si cada uno murmuraba, quería decir que estaba despierto. Cuando permanecía callado, el que estaba a su lado lo tocaba para ver si estaba dormido o se había muerto, porque en la noche hacía tanto frío que siempre temieron que el que se dormía no despertara más.

Un desahogo insustituible que funcionó como elemento de contención fue el humor. Reír y hacer reír cuando sólo había motivos para llorar. Como estaban tan débiles, llegaban a ahogarse de risa y terminaban tosiendo, atragantados. Coche, Pancho, Carlitos, Gustavo Zerbino y Bobby François eran los mejor dotados para la terapia del humor. A Coche siempre le costó aceptar la realidad de lo que estaban comiendo, se escandalizaba cuando aparecía algún órgano, algún miembro, pero se sobreponía haciendo bromas, jugando con las palabras. Pancho prefería relatar anécdotas, en las que se floreaba para estirarlas lo máximo posible, concentrando la atención de todos. Carlitos era el muchacho de las salidas rápidas y sagaces, la inteligencia ágil. Gustavo mantuvo casi siempre un espíritu bromista, haciendo reír mediante el ingenio y encontrándole gracia incluso a situaciones trágicas. Bobby era el de los dichos curiosos e irónicos, siempre utilizando giros camperos que surgían en su memoria. Además resultaba graciosa su actitud, aparentemente indolente, como si poco le importara su vida. Pero justamente eso resultó un motivo de unión para los otros, porque como Bobby era muy afectuoso, todos querían cuidarlo como si fuera el hermano menor, que no se preocupa demasiado en cuidarse a sí mismo, que no escucha a los médicos ni atiende sus prescripciones, pero un hermano muy querido. Todos necesitaban a ese hermano menor. Como todos necesitaban a una madre, que era Liliana. Así funcionaba la familia de la nieve.

A su vez había personas que brindaban paz. Coche, por su ternura; Nando, porque siempre fue cálido y contemporizador; Eduardo, Daniel y Adolfo, porque eran personas serenas y seguras; Javier, por su dulzura, y Liliana, porque todos la consideraban un ángel de verdad.

Con el pasar del tiempo, huir se convierte en el proyecto preferido, superior a la torre para mirar las estrellas y más delicioso que la mejor de las comidas.

Lo prioritario es discutir el rumbo, dónde están. Fue un capítulo extensísimo, y complejo, que ocupó horas y días en la cordillera: ¿salir hacia la Argentina o hacia Chile, al este o al oeste? Roberto Canessa pasaba horas sumergido en los mapas, junto con Arturo Nogueira, haciendo cálculos y especulaciones.

La primera expedición compleja, de la larga serie de aprendizajes, la protagonizaron Gustavo Zerbino, Numa Turcatti y Daniel Maspons. Partieron a las nueve de la mañana del décimo primer día en la cordillera, y un día después regresaron destruidos.

La marcha tenía un doble propósito: llegar más alto que la primera expedición del cuarto día, para poder ubicarse, y buscar la cola del Fairchild, ya que los accidentados siempre creyeron que estaba al sur, donde golpeó el avión. Carlos Roque les dijo que en la cola estaban las baterías y con las baterías podrían hacer funcionar la radio.

Cuatro horas después de iniciar la caminata llegaron a una zona que, desde el fuselaje, parecía la cima. Pero con sorpresa confirmaron que no sólo no habían accedido a la cumbre, sino que desde allí, aunque estaban muy próximos, el avión no se veía, mimetizado por el entorno de nieve y conjuntos rocosos.

A medida que avanzaban, sentían que la cumbre estaba cada vez más próxima, pero cuando se acercaban, se alejaba.

En un determinado momento se detuvieron, extenuados. Jadeaban, sin poder respirar. Se llevaron gruesos grumos de nieve a la boca porque estaban deshidratados.

—¿Qué hacemos, bajamos? —preguntó Gustavo—. Esto se torna muy peligroso.

—Sólo la imprudencia nos salvará la vida —respondió Numa, que no salía de su asombro, porque no veía el fuselaje ni nada reconocible en todo su campo de visión.

Siguieron escalando, con los mocasines envueltos en la tela de los asientos, un pantalón liviano, una camisa y dos pulóveres cada uno. Para peor, a Gustavo se le habían roto los lentes de sol en una de las paradas que hicieron para descansar.

Llegaron hasta lo que parecía un volcán, con trechos de tierra amarilla como azufre. Poco después encontraron una hélice del Fairchild como clavada en la roca, girando como enloquecida, impulsada por el viento.

Siguieron otra media hora hasta que de repente se volvieron y advirtieron que estaban a una distancia tan grande del fuselaje que sería imposible regresar a dormir esa tarde. Los asaltó la desesperación.

La pendiente era tan abrupta que parecía que escalaban una pared. Tenían cada vez menos oxígeno y sus movimientos eran lentos. Los músculos estaban agarrotados y casi no podían moverse. Pero si no se movían, se congelaban. Al anochecer, quisieron buscar un conjunto rocoso donde guarecerse, pero estaban demasiado cansados para seguir caminando y en el lugar donde estaban sólo había nieve. Había quedado muy atrás la roca con la hélice y la luz se ocultaba rápidamente. La única estrategia posible era pasar la noche, a partir de esa hora, las seis de la tarde, hasta que saliera el sol del día siguiente, golpeándose mutuamente, cada vez más fuerte, para mantenerse en calor. Cuando se hizo de noche, los fuertes puñetazos que se daban no eran suficientes, y entonces fue necesario que uno se acostara boca abajo sobre la nieve y los otros saltaran sobre él, uno en la espalda y el otro sobre las piernas, cuidando de no partirle una costilla ni una pierna, o lastimarle un órgano. Descubrieron que cuando le pegaban con violencia al de abajo, la sangre continuaba circulando, porque si los vasos se congelaban la gangrena no tenía retorno. Los de arriba, por su parte, no se congelaban porque saltaban. «Uno para todos, todos para uno», gritaban. A las dos de la madrugada estaban tan extenuados que no podían seguir saltando. Entonces decidieron que uno permanecería acostado en el suelo, otro saltaba y el tercero descansaba, rotándose. Cuando no podían más, uno se echaba de espaldas contra el hielo, el otro en el medio y el tercero más arriba, turnándose toda la noche. Incluso aprovechaban cuando podían orinar y lo hacían sobre los pies y las manos, para que no se entumecieran. En esa gimnasia insoportable pasaron toda la noche, convencidos de que no llegarían vivos hasta la salida del sol.

Al alba ya no podían moverse. No tenían fuerzas ni para cambiar de posición, porque el frío los iba apagando de adentro hacia afuera. El sol, que surgió de repente en el horizonte, les pegó como un reflector. Las bocas estaban tan heladas que no conseguían articular palabras.

Gustavo percibió que los colores comenzaban a apagarse y los ojos le ardían con más intensidad, como si adentro tuvieran arenilla. Pensó que era el agotamiento, el resultado de esa noche infernal.

Sin saber lo que hacían, subieron trescientos metros más y encontraron el timón de dirección del avión, pedazos del lavabo y asientos, a los que daban vuelta y surgían sus amigos muertos. Al cabo de un rato, después de pasar horas mirando el resplandor de la nieve, Gustavo volvió a sentir puntadas en los ojos. Ahora no era arenilla sino como alfileres que se le clavaban. La última visión que tuvo fue un infinito de montañas, hacia cualquier lado que mirara: luego tuvo que cerrar los ojos.

Comenzaron a bajar, pero percibieron que no tenían fuerzas ni siquiera para levantar las piernas, y que debían ayudarlas con las manos. Sabían que si no llegaban cuanto antes al fuselaje, caerían y morirían congelados. Recordaron que en el ascenso habían pasado por un pedazo del ala del avión. Gustavo caminaba a tientas, llevado de los brazos por sus amigos.

—Encuentren el ala y manéjenla como un trineo —les gritó a Numa y Maspons.

Media hora después encontraron el trozo del ala. La enfilaron hacia donde creían que estaba el Valle de las Lágrimas. Colocaron a Gustavo al medio, Numa se acomodó adelante y Daniel Maspons atrás, y así la impulsaron con sus pies. Pusieron las piernas sobre el ala y comenzaron a ganar velocidad. Si

Numa divisaba una roca, gritaba «roca a la derecha» y los tres apoyaban la pierna izquierda sobre la nieve, haciendo surcos profundos, para que el ala virara hacia ese lado.

Después de cuarenta minutos llegaron a la altura del fuselaje. Como Numa y Maspons se dieron cuenta de que no podrían detenerse, gritaron que había que arrojarse a un costado, a la velocidad que venían. A la cuenta de tres, se tiraron para el lado izquierdo, mientras el ala seguía por el valle hasta estrellarse estruendosamente contra una barrera de nieve. Diez sobrevivientes junto al fuselaje observaban la escena. Acudieron a ayudarlos, algunos corriendo, otros resbalándose y cayendo en el hielo. Entre dos tomaron a Gustavo de los brazos, mientras él maldecía y lloraba, sin ver absolutamente nada.

Cuando entraron al fuselaje, si bien no podía verlo, Gustavo lo sintió como un palacio, cálido y acogedor. Lo reclinaron en el suelo y lo cubrieron con las mantas, mientras a los tres les hacían masajes en las manos y en los pies, que ellos no los sentían y se habían ennegrecido.

Estaban medio muertos y semicongelados. Pero lo que más les asustaba a los que los atendían era percibir que en una noche a la intemperie habían adquirido la expresión entre horrorizada y resignada de los ancianos. Estuvieron cinco horas masajeándoles los pies para que la sangre volviera a circular.

Los primos, Nando y Roberto cavilaban mientras los ayudaban. Concluían, cada uno por su lado, que no se podía improvisar, que una noche en la montaña casi había matado a esos tres, que salieron fuertes y regresaron demolidos. Descubrieron que no se podía dormir afuera, a treinta grados bajo cero, que había horas del día donde la nieve blanda y pastosa impedía caminar, que tal vez había que esperar a que llegara el deshielo.

Esa noche Daniel Fernández se aproximó a Numa Turcatti. El corajudo que jugaba al todo o nada se había convertido, súbitamente, en un hombre asustado.

—No se ve nada más que montañas, Daniel —le dijo titubeante.

Daniel se dio cuenta de que, a esa altura, lo único que no dañaba era lo que no se veía, y Numa había visto demasiado.

El tercero de la expedición, Daniel Maspons, a partir de ese día se transformó en un joven taciturno. No habló más de caminar, ni se refería a las expediciones. Tal parecía que también había vislumbrado el principio del fin.

Roberto Canessa les dio toda la atención médica que pudo. Primero vendó a Gustavo, para que no le entrara ni una pizca de luz a sus ojos hipersensibles. Los amigos pensaban que Gustavo lloraba de dolor. Pero Roberto percibió que lloraba por otra cosa. Lo conocía desde siempre, y sabía que Gustavo lloraba por la impotencia de no poder salir de la montaña. Los amigos se turnaban para acariciarle las piernas, mientras Roberto le hablaba en murmullos, para serenarlo. Entre sollozos, Gustavo, que tanto había ayudado a Roberto en los momentos más difíciles, le decía que tenía alfileres clavados en los ojos, que no sentía los pies, que se le estaban cayendo los dientes. Roberto se los tocó. No, no se le había caído ninguno, aunque estaban sueltos, bailando en sus encías.

Desde el 24 de octubre hasta el viernes 27, dos días antes del alud, nevó intensamente en el Valle de las Lágrimas, lo que los obligó a permanecer mucho más tiempo adentro del fuselaje, saliendo apenas para orinar. Ni siquiera podían hacer sus necesidades, porque todos sufrían de estreñimiento.

Hasta que todo volvió a desmoronarse con el alud, cuando fue borrón y cuenta nueva.

14

Gustavo Zerbino*

Una cruz abollada con el brazo roto

◆

Arturo Nogueira murió en brazos de su mejor amigo, Pedro Algorta, después de que lo mantuve con vida durante dos horas. Él permanecía arriba, en la hamaca, donde estuvo desde el accidente, pero lo bajé porque tenía demasiado frío. Esas dos horas le hice respiración artificial, presionaba su pecho y él respiraba. Pero cuando yo aflojaba, él sentía que se moría, como que se iba y se asustaba. Entonces le agarraba la mano unos segundos y se la soltaba despacio, pero cuando lo largaba él me decía «no me dejes», con la misma mano, presionándomela apenas, y yo le decía «tranquilo, tranquilo, Arturo». Empezaba de vuelta, le acariciaba la mano, y cuando se la quería soltar despacito, para que se fuera en paz, volvía a tomármela, «no me sueltes», y así fueron tres, cuatro, cinco veces, y yo le decía: «Arturo, déjate ir en paz, me quedo a tu lado, Pedro está aquí, déjate ir, ya está». Él respiraba porque yo le contraía el diafragma, lo hacía respirar artificialmente con la mano. «Déjate ir, verás que es mucho mejor para ti.» Esa última vez se lo dije al oído, y terminé besándole aquí, en la sien, hasta que al final lo aceptó, y se fue. En paz, porque se le había ido el miedo. Por eso no me llamó más y con la mano me hizo así, y la abandonó sobre la mía.

Fue una transición dulce, como nunca más volví a ver. No fue un doloroso tirón del corazón o del cerebro lo que se lo llevaba. Se fue en lo más alto de la montaña, un día muy limpio y muy claro, abrazado por su amigo y tomado de mi mano. Por eso la dulzura en su expresión permanece en mi memoria, y en cada momento de mi vida.

En el lugar preferencial de mi casa, sólo tengo recuerdos de la cordillera. Fotos de muchos de los que fallecieron. Objetos del avión. Cosas que fui rescatando de todos los que morían y que no supimos, luego, a quién pertenecían. Entonces los conservo en este altar, que es mi mueble más sagrado y más querido. Traje un montón de objetos en un bolso, pero hubo cosas que no supimos a qué muerto pertenecía ni ningún sobreviviente lo reconoció como propio. Tengo una pila de radio que sufrió el frío inclemente, a la intemperie, y quedó completamente retorcida, contraída, que incluso es difícil reconocer como una pila. Tengo estos lentes que fabriqué después de aquella expedición en que quedé ciego, un almohadón de los que usábamos para caminar, que encontré en uno de mis viajes posteriores a la montaña. Tengo la camiseta de rugby número cuatro, que usé los setenta y dos días en la cordillera. Tengo decenas de cosas del 72. Pero lo que más estimo, porque siento que simboliza todo lo que vivimos, es una cruz de plata a la que le falta el brazo izquierdo. Es una cruz que alguien llevaba colgada en el pecho y la encontré tirada en la nieve. Tiene cuatro centímetros en la parte más larga, y el brazo entero que le sobra mide menos de dos centímetros. Sufrió un violento abollón en el centro; quien la tenía lo recibió en el medio del pecho. Pero lo que más me conmueve es que a pesar de estar abollada, de faltarle un brazo, con el metal desgarrado, igual sigue siendo, inconfundiblemente, una cruz. Eso fue lo que nos ocurrió. Estábamos abollados, golpeados, maltratados, pero seguimos siendo hombres enteros.

Durante todos los días, fui juntando en un bolso que aún conservo los recuerdos de todos los fallecidos. Acá traje a todos mis amigos, porque como ellos siempre quisieron regresar a su país, los traje y los tengo acá, y los vengo a ver todos los días de mi vida. Me considero el custodio de sus recuerdos, sin que nadie me lo haya pedido, porque allá nadie pedía: todos daban.

Soy el único de los que están vivos que los vio absolutamente a todos, porque subí y bajé a la montaña, para buscarlos, y encontré sus cuerpos para traer su memoria.

En aquella expedición ingenua, con Numa Turcatti y Daniel Maspons, en la que casi nos morimos, vimos desde el sur algo que no podía haberse visto: un paisaje infinito de montañas, miraras hacia donde miraras. Coincidentemente, luego que lo divisé, quedé ciego. Sentí que si sobrevivíamos a esa noche a la intemperie, no podíamos contarles a los amigos del fuselaje lo que habíamos visto, porque se apagaría todo vestigio de ilusión. Y la ilusión era una llama que jamás podía apagarse, porque era lo único que nos quedaba de vida. A Nando sí se lo conté, más adelante, cuando se preparaba para la expedición final. No fue casual que le hayamos dado ocho medias de rugby llenas de carne y grasa a cada uno de los escaladores en la caminata final. Yo había visto lo que tendrían que enfrentar. Cuántos metros tendrían que caminar, subiendo y bajando montañas. Ellos me preguntaban para qué tanta comida, y yo les respondía que la llevaran por las dudas.

Siempre recuerdo a Numa, arriba, desesperado, cuando nos dice que prefería morirse mirando el cielo, caminando, en lugar de terminar inmovilizado en una cueva de chapas destrozadas. Por eso tras el alud él seguía cavando y sacando nieve sin descanso, hasta «quemarse» de agotamiento. Siempre creyó que su tiempo había terminado, pero quería colaborar, hasta el final, actuando en lo que pudiera. Lo curaba todos los días, veía cómo se precipitaba al abismo, sin ninguna defensa, contrayendo una infección detrás de otra. Me acercaba, primero le daba un beso para saludarlo y le preguntaba cómo estaba y él me miraba con una paz infinita. Nunca se quejaba. Numa se fue transformando como ninguno: de aquella fortaleza física del principio, terminó en un moribundo esquelético. Pero mantuvo sus cualidades hasta el fin. Seguía siendo el mismo tipo estoico, cuando estaba fuerte y cuando languidecía. Siempre sentí que él dio la vida para precipitar la expedición final. Él, que era tan inteligente, se dio cuenta de que sería la excusa para que salieran en esa caminata. Fue su forma de derrotar la tragedia que estábamos viviendo: no vivir en función de ella sino plantear sus propios objetivos y cumplirlos, hasta el último respiro. Por eso, cuando murió, tenía apretado en el puño un papelito donde había escrito: «No hay amor más grande que dar la vida por los amigos».

«A Numa no le quedan más de tres días», le dije a Roberto, mientras él me miraba, postrado. Entonces miré hacia el costado y dije: «A Javier le quedan quince días, tal vez menos, a Coche le queda uno o dos días más que a Javier y a Roy un día menos». Cuando Numa falleció, exactamente a los tres días, los tres que había mencionado entraron en pánico, pensaron que yo era un adivino o un brujo y me preguntaban: «Gustavo, ¿cuántos días me quedan ahora?», y yo les respondía que aquello era una excusa, que los había usado a ellos simplemente para terminar de convencer a Roberto. Y a Roberto esos argumentos lo ayudaban a definir el momento de la partida, porque ya estaba convencido de salir, lo que quería era minimizar el margen de error, esperar todo lo posible para que mejorara el tiempo y tuvieran algo más de posibilidades de llegar.

Esta historia es uno de los primeros episodios que está globalizado, porque ocurrió en la época de los primeros informes transmitidos por satélite. Y fue una historia globalizada, también, porque toca el núcleo de cualquier persona, en cualquier continente, rica o pobre, ilustrada o inculta.

Entonces surgen las paradojas: es una historia mundializada pero lo más relevante de los Andes es el valor de la honestidad, algo tan sencillo que parece desproporcionado ante el satélite ampuloso que la propaga por el planeta. Lo primero que aprendimos en la montaña es a decir la verdad: cuando nos rescataron, nos pidieron que negáramos que habíamos comido los cuerpos muertos. Nosotros éramos jovencitos y se arrimó gente prestigiosa, con mucho peso, que sus razones tendría, y nos dijo: «Escóndanlo». Pero ¿por qué? Si lo que había aflorado allá arriba fue el respeto a la vida, el respeto a la muerte, si lo que afloró en ese infierno fue el afecto, el único antídoto que conseguía disolver parte de ese dolor, ¿cómo íbamos a bajar a la vida y lo primero que diríamos sería una mentira?

Fuimos un grupo humano singular, porque públicamente, frente a las familias de los muertos, dijimos que para sobrevivir nos comimos a nuestros amigos. Eso es tan fuerte para una sociedad que vive en el autoengaño, en la hipocresía, en lo «políticamente correcto», que la sacudió hasta los cimientos y en todos dejó secuelas. Algunos sintieron que debían doblar el cuello, avergonzados. Pero lo más conmovedor es que, a pesar de todo, muchas de esas familias nos abrazaron, nos cobijaron, nos protegieron de los que se escandalizaban y nos deseaban mal. Entonces algo pasó, algo se rompió. Algo permitió que se puedan compartir cosas tan fuertes, que se pueda superar el miedo, los prejuicios, contando la verdad.

Claro que muchas madres de los que no volvieron tienen sentimientos ambivalentes ante nosotros. Es natural que para ellas no se trató de ningún milagro sino de una tragedia sin atenuantes.

Para cortar los cuerpos había que prepararse psicológicamente. Había que blindarse y llegar a la carne con un solo pensamiento: lo que queda ahí es la cáscara, nuestro amigo está en el recuerdo. Esa acción era como ir a una despensa a buscar comida, no había un vínculo afectivo: era alimento. Es muy fuerte y muy difícil decirlo, pero fue necesario acceder a ese plano. Si no lo vivíamos así, no lo hubiéramos podido hacer.

Las agresiones cotidianas eran tantas que la agresión más dolorosa no era externa, sino del propio grupo: era ignorarte. Cuando a alguien lo reprendíamos, a veces lo ignorábamos, lo que era muy doloroso, porque te estaban diciendo que tú no existes mañana, y te lo estoy demostrando porque paso a tu lado y no te levanto, no te ayudo, quieres agua y no te ofrezco, y en soledad, no había un futuro. Ese era el peor de los castigos. Éramos tan vulnerables que agregar algo de soledad a la orfandad absoluta en que estábamos era difícil de tolerar. Si te borraba en el presente, te estaba sacando de la ilusión compartida. Y nosotros no teníamos ilusiones aislados. Cuando Arturo me da la mano, al morirse, no se quería quedar solo. Cuando nos dejábamos de tocar, empezábamos a enloquecer. Por eso dormíamos abrazados: no sólo por el frío. Era para engañar a la soledad.

Algo impresionante de la cordillera de los Andes era el silencio. De día era todo blanco y de noche la negrura absoluta. Lo único que rompía ese silencio oscuro era el rosario. Carlitos empezaba a mover las cuentas del rosario que le había entregado la madre y la noche se iba poblando de murmullos, que cuando no estaban los extrañabas, e iba pasando, venía por la izquierda y la noche daba toda la vuelta, envolviéndonos en un círculo que nos protegía de las acechanzas.

Me había autoimpuesto la meta de traerle a cada padre, a cada madre, a cada hermano, a cada novia, un recuerdo de ese amigo nuestro. Siempre supe quiénes eran y siempre me preocupé por mantener los recuerdos en su lugar. Cuando llega el primer helicóptero, comienza a volar en círculos, lo arrimaban y tenías que saltar al patín y luego saltar adentro, pero había que hacerlo cuando la hélice se enderezaba. En un momento el piloto lo controló, se arrimó, pero en ese instante la fuerza del aire de las hélices le pegó en el pecho a Roy Harley, lo tiró, pensé que lo había deshecho, y me di vuelta para ayudarlo, junto con Adolfo, pero cuando lo hice, el helicóptero se fue. Del otro helicóptero saltaron cuatro tipos. Uno era Sergio Díaz. Otro se alejó y permaneció distante, se desabrochó la campera y dejó ver un revólver, y se quedó controlando, con miedo. A Sergio Díaz, que estaba con el enfermero José Bravo, le entregué un papel que había arrancado de una libreta donde indicaba los nombres de cada uno, señalando a qué pilita de huesos correspondía. Acomodé montañitas con los restos de todos, para que si el día de mañana venían sus familiares, cada uno pudiera llevar los restos de su hijo. Sergio me miraba como si hubiera perdido el juicio. Estuve dos horas junto al morro del avión, con ese papel, explicándoles todo. Quería que otro lo supiera. Sucedió como cuando alguien se está por morir, y llama al hijo mayor y le explica dónde están las cosas que para él tienen valor, para que alguien vivo las proteja cuando él falte. Sabía que la madre de Parrado, la hermana de Parrado y Liliana Methol estaban de este lado. Lo sabía por dos razones: porque podían ser alimento mañana, y, si salíamos vivos, para que las trajeran a Montevideo si lo deseaban. Sabía quiénes estaban aquí, quiénes estaban allá, quiénes seguían, todavía, desparramados por el lugar.

Sergio Díaz me tomaba la mano y me decía: «Gracias, Gustavo, pero ya no importa». Me quería proteger, pero yo quería proteger a mis amigos. Como todo lo que sucedió en la montaña, aquello tuvo un sentido: tiempo después, Sergio pudo acompañar a algunos padres a buscar los restos porque, con aquel papel arrugado, sabía dónde estaban.

Sergio permaneció con nosotros adentro del avión. Los otros tres que bajaron del helicóptero armaron una carpa en la nieve, desde donde nos miraban, a la distancia, alertas, como si fuéramos animales salvajes. A veces, todavía, la gente nos mira como a bestias salvajes, cuando han pasado treinta y seis años. Entiendo por qué se asustaron los tres andinistas que llegaron el 22 de diciembre de 1972. Llegaron a un lugar donde encontraron seres humanos con aspecto de primates, con los cadáveres desmembrados alrededor del avión. Ellos no podían saber si nosotros les íbamos a pegar un hachazo en la cabeza, porque habían visto el hacha en el interior del fuselaje. Parecíamos hombres de las cavernas, por eso lo comprendo; nosotros veíamos hombres y ellos veían animales.

Afuera o adentro del avión teníamos nuestras «despensas», lugares donde guardábamos comida, porque después del alud del 29 de octubre, aprendimos una lección para siempre: la montaña es traicionera, y siempre te puede quitar todo de un zarpazo. Desde entonces siempre mantuvimos distintos lugares con reservas de comida. Si venía un alud y sepultaba este lado, pues quedaba alimento del otro. Si el avión rodaba por el valle con el deshielo, teníamos una reserva debajo de aquella chapa, donde había ración para todos durante un día. Precauciones básicas, vinculadas con el alimento, porque nos habían ocurrido demasiados accidentes como para que no estuviéramos prevenidos.

Cuando vinieron los andinistas, el contacto súbito de dos mundos tan distintos y tan distantes provocó chisporroteos: temores, incomprensión. Por momentos, distraído, aunque sabía que ya venía el rescate, yo manoteaba algo del alimento que teníamos reservado porque no terminaba de acostumbrarme a que esa forma de vivir, tan tremenda, había acabado. Fue una colisión entre esas dos culturas, que para mí terminó de procesarse con los alimentos, cuando dejamos de buscar esos trozos de carne cruda que teníamos escondida y en su lugar aceptamos lo que los andinistas nos ofrecían, sándwiches de milanesa, café, chocolate. Y en determinado momento de esa noche, sentado junto a Sergio Díaz, me di cuenta de que no obedecí al acto reflejo de estirar el brazo para buscar una ración de carne humana escondida debajo de una manta, porque ya había atravesado la frontera de la mano de Sergio, ese amigo que tanto ayudó a nuestras mentes y que murió misteriosamente poco después de ese día.

Siento que estamos haciendo lo que los muertos quieren que hagamos. A veces pienso lo que significa perder un hijo, o un hermano muy joven: ¿qué es lo que él desea, cuando no le puedo preguntar porque ya se fue? Puedo anegarme por el dolor y no hacer nada. Pero si interpreto mejor lo que el otro me diría, si él pudiera regresar para expresarme su deseo más recóndito, creo que me diría cinco palabras: vive y honra mi memoria. Los amigos que morían en nuestros brazos, y además nos entregaban los cuerpos, nos decían eso. Y es lo que he tratado de hacer durante toda mi vida. Ojalá lo haya hecho bien.

¿Por qué mueren unos y otros sobreviven? La mayoría de las personas que caen del vigésimo piso mueren en el piso diecinueve. Faltan dieciocho para estrellarse contra el piso y ya se murieron de susto. Nosotros decidimos morirnos aplastados contra el piso, al mismo tiempo que hacíamos todo lo posible para detener la caída. Esa es una diferencia. Para lograr esos dos objetivos hurgamos en el ser humano y obtuvimos respuestas. Hay mucha gente que nos quiere escuchar, porque se enfrentan a situaciones que la sociedad no sabe resolver y quieren saber cómo hicimos nosotros. Van al médico o al psiquiatra, y estos les dicen: hasta acá llega la ciencia; después, no sabemos cómo sigue. Quieren escucharnos, pero no desean que les pasemos una receta, sólo quieren que les digamos cómo hicimos para no morir en el piso diecinueve y detuvimos la caída. Lo único que nosotros tenemos para decir es que cada uno puede lograr lo mismo que nosotros si se propone remontar la cuesta y salir de su cordillera.

En 1970, dos años antes de los Andes, los guerrilleros del MLN-Tupamaros de Uruguay dinamitaron un *bowling* en la esquina de mi casa, en Montevideo, porque decían que lo frecuentaban los oligarcas y los estadounidenses. Guardo un bolo de recuerdo, porque aquello también lo viví. La bomba explotó a las siete de la mañana. Estaba desayunando en mi casa y de repente siento un estallido que me ensordece. Miro por la ventana y veo un hongo de fuego y humo en el cielo. Sin pensarlo dos veces, corrí en su dirección. Cuando llego a lo que era el *bowling*, frente a la casa de Tito Regules, el edificio se había desplomado, mientras seguían cayendo mampostería y vidrios. Los coches estacionados en las proximidades estaban destrozados por la onda expansiva de la bomba.

Sentí un grito desde adentro, entre los escombros. Yo tenía diecisiete años. No habían llegado los bomberos ni la policía. Entro, con pedazos de techo oscilando a punto de caer, sostenidos por varillas de hierro, con el segundo piso desprendiéndose de a poco entre el fuego, me aproximo a donde surgen los pedidos de auxilio, entre las llamaradas y el humo, cubriéndome la boca con un pañuelo, y llego hasta donde estaba la caja registradora. De ahí saqué a un panadero que estaba entregando en el momento en que los guerrilleros pusieron la bomba. Estaba atontado, semidesmayado. Luego saqué al sereno del *bowling*, que estaba en estado de *shock*, y me besaba mientras lo arrastraba. Estaban sordos y aturdidos. Los llevé hasta afuera y los senté. Entonces escuché el grito de una mujer. «Es la limpiadora», me dice el sereno. «Hilaria Quirino.» La mujer estaba aplastada por un pedazo de techo que le cayó encima, dejándole una pierna para atrás y la otra hacia adelante. Empecé a tirar con tanta fuerza que le disloqué la pierna. La mujer se desmayó, pero al fin la saqué. Debe de haber estado desmayada una hora cerca de la vereda. Yo la acariciaba y no venía nadie. Al fin se la llevaron en una ambulancia, la operaron, quedó con graves secuelas pero sobrevivió. Hilaria Quirino. Un nombre inusual. Y la montaña del oeste que nos bloquearía el camino dos años después se llamaba Hilario, San Hilario. En su homenaje, Roberto Canessa le puso Hilario a su primogénito.

Esto sucedió dos años antes del accidente del Fairchild. Me entrevistaban las radios, los diarios, la televisión y me llamaban héroe. Yo les decía que se equivocaban, colaboré porque me llamaban de adentro y no había otro para auxiliarlos.

La tarde del accidente, el piloto nos pidió el arma para matarse. Dame el arma, coloca las balas, sé parte de mi muerte, nos imploraba. Entonces ese grupo desesperado, que sabe que alguien busca un arma para matarse, lo primero que hace es desactivarla. El revólver lo tiene uno y las balas las tengo yo. No hay más revólver. Les dijimos a todos: no busquen el revólver porque no está disponible. No hay balas para matarse, porque acá la única opción es la vida, pelear por la vida ignorando el resultado. Con esa afirmación y ese gesto comienza la historia de los Andes.

Cuando hice la expedición con Numa Turcatti y Daniel Maspons, escalando la montaña, a cada persona muerta que encontrábamos le quitaba la cadena, el reloj, los documentos, todos los papeles que pudiera tener en los bolsillos: cartas, anotaciones, mensajes, listas, direcciones, deseos, nombres, amores. Lo mismo hice con los otros. La cadenita de Valeta, que le entregué a sus padres; la carta de Gustavo Nicolich a su novia Rosina; la carta de Arturo Nogueira para sus padres, sus hermanos y su novia. Toda esa historia que se truncó en la montaña la traje en un bolso. Con el tiempo ese bolsito fue creciendo, abultándose. Tuve que ordenarlo, aquí los relojes, las medallas, allá las cartas, los documentos, los papeles más íntimos. El bolsito aquel terminó convertido en un bolso, con las pertenencias de veintinueve historias amputadas. Cuando vino el helicóptero del segundo día del rescate, salí con el bolso, y lo coloqué a mi lado, para llevarlo conmigo. A pesar de que habíamos puesto una mampara sobre la nieve blanda para que el helicóptero apoyara los patines, ese día tampoco lo pudo hacer, por lo que permanecía suspendido en el aire, con los patines próximos a la superficie. Así fueron subiendo todos. Yo era el último. Me tocó el turno, tomé el bolso y, cuando se lo quise entregar a Adolfo, que ya estaba en el helicóptero, el comandante me ordena: «No, el bolso no sube». Entonces me senté sobre el bolso y dije: «Si el bolso no va, yo tampoco». Adolfo me miraba con zozobra, hasta que al fin me dijo: «Gustavo, por favor, sube». «No, no», le decía. ¿Cómo iba a dejar arrojadas en la nieve, como si fuera en un basural, las historias de todos mis amigos? Adolfo era el único que entendía lo que estaba sucediendo, pero igual me imploraba que subiera. El piloto y todos los tripulantes me miraban con estupefacción porque no podían permanecer un minuto más en ese equilibrio inestable. Creían que yo había enloquecido. Al final le dije a Adolfo: «Te lo doy a ti con la condición de que no se lo entregues a nadie». El piloto y los tripulantes estaban tan sorprendidos con mi proceder que no dijeron más nada. Levanté el bolso, se lo pasé a Adolfo arriba del helicóptero, él lo tomó con el mismo cariño y respeto que yo le tenía, lo colocó a sus pies, y recién entonces subí y nadie dijo nada.

Cuando nos alejábamos, como tantos, sentí sensaciones contradictorias. La dicha de alejarnos de ese tormento, y la nostalgia de abandonar todo lo que habíamos vivido. Cuando curaba a Numa Turcatti, que tenía pus en toda la espalda, con unas llagas terribles, jamás se lamentaba. Luego contrajo septicemia, y yo lo desinfectaba con agua de colonia y un trozo de camisa. Me miraba y me decía: «¿Terminaste, Gustavo?», me tomaba la mano, me daba un beso, y yo lo entraba al fuselaje. Por eso cuando el helicóptero se alejaba, yo lloraba. No sé si de alegría o de tristeza, pero lloraba, con el bolso a mis pies, con Adolfo a mi lado. Éramos los últimos, después no quedaba nada, ni nadie, porque los traía conmigo.

* Gustavo Zerbino nació en 1953. Tiene seis hijos. Con los cuatro varones viajó a la montaña en marzo de 2006.

Hace más de treinta años fundó lo que es hoy un gran laboratorio y desde 1992 es presidente de la Cámara Farmacéutica que aglutina a todos los laboratorios en Uruguay. Ocupa tanto tiempo en gestionar su empresa como en solucionar los múltiples problemas del barrio empobrecido donde la compañía posee su planta fabril. Cuando sale a la calle, los jóvenes que pasan lo reconocen y vienen a saludarlo como si fueran sus hijos; Gustavo los ha auxiliado desde que son niños. Tiene la obsesión de inculcar a los jóvenes las normas nobles del rugby, el espíritu de equipo y la cualidad de sufrir en silencio, para superar la adversidad, y por eso dirigió en varias oportunidades el club Old Christians y la Unión de Rugby del Uruguay. Cree que esas normas los ayudaron a sobrevivir en la cordillera.

En su casa amplia de Carrasco Norte, tiene un mueble antiguo donde guarda los recuerdos de la cordillera. Busca papeles, documentos, anotaciones, objetos… pero cuando llega a la cruz abollada con el brazo partido, su mano tiembla.

15

La tercera muerte

◆

Después de varios días de nevadas intensas, el domingo 29 de octubre amaneció gris. Los copos de nieve caían espaciados, hasta reducirse a un polvillo imperceptible, que se prolongó durante toda la tarde. A las 4:10 decidieron entrar al fuselaje. Roy Harley fue el último que permaneció afuera.

La cabina tenía dos sectores bien diferenciados: piso y fuselaje. Como el tubo estaba inclinado treinta grados, aplastado de costado, el piso estaba más elevado y la parte curva del fuselaje quedaba recostada contra la nieve. Los que se acostaban en el fuselaje lo hacían en una zona redondeada, mientras que resultaba más incómodo descansar sobre la chapa metálica e inclinada del piso, que les lastimaba el cóccix y la espalda. Como rotaban, en ese entonces todos presentaban una llaga en el cóccix. Por más que colocaran delgados almohadones debajo, la llaga dolía cada día más. Roberto Canessa se preocupaba para que a ninguno se le infectara, aunque sabía que la ola de infecciones vendría después, a medida que aumentara la temperatura, a mediados de noviembre.

En esos dieciséis días se había afianzado una rutina. Entre las cuatro y las cinco de la tarde ingresaban al tubo partido. Primero entraba uno y acomodaba una capa de almohadones que cubría buena parte del piso y del fuselaje. Luego entraba el resto, y turnándose: los que habían dormido la noche anterior contra la cabina iban al extremo opuesto, a la abertura, que era mucho más fría, y a los que habían dormido en el piso ahora les tocaba el fuselaje.

Si bien era inusual que alguno pidiera cambiar de posición, esa noche hubo tres cambios, que trastocaron tres destinos: Diego Storm, a quien le correspondía la parte alta e incómoda del piso, le pidió a Roy Harley, a quien le tocaba la zona más baja y ondulada del fuselaje, para cambiar de lugar. Marcelo Pérez del Castillo sorpresivamente le pidió a Coche Inciarte que le cambiara de sitio porque estaba extremadamente cansado. El tercer cambio fue Gustavo Nicolich, que a último momento, cuando ya estaba oscuro, pidió cambiar de posición al otro Gustavo, a Zerbino. Por eso, instantes después, tras el alud, los amigos más cercanos de Nicolich pensaron que estaba en el lugar donde se había acostado originalmente, y no en el otro al que se había cambiado.

Como todas las noches, Roy Harley se cubrió el rostro con una camiseta de algodón para protegerse de la nieve fina, un polvito como harina que siempre entraba al avión y lo lastimaba y le impedía dormitar.

Cuando todavía no se había dormido, Roy sintió una vibración y un estruendo como si fuera una tropilla de caballos irrumpiendo en el fuselaje. Todo ocurrió en un mismo instante, hasta que experimentó que algo lo había cubierto y le comprimía el cuerpo y le presionaba el rostro protegido por la camiseta de algodón.

Escuchó como un crujido y sintió que la nieve se había consolidado, transformándose en hielo. No sabía cuánta nieve tenía encima, pero igual se impulsó hacia arriba. No pudo mover el cuerpo, pero advirtió que podía mover la cabeza. La camiseta, a su vez, había impedido que la nieve le entrara en la boca y los ojos. Miró en la penumbra y descubrió que él era el que estaba más alto, salvo los tres heridos que colgaban en las hamacas, mientras que todos los otros estaban bajo la nieve. Escuchaba voces a lo lejos, que no sabía de dónde provenían. Demoró unos segundos en comprender lo que había sucedido, hasta que descubrió que los alaridos provenían de la hamaca colgante, donde

Arturo, el Vasco y Álvaro Mangino, aprisionados por maletas, la mampara y nieve, no podían bajar ni moverse. No entendía lo que gritaban, pero era evidente que pronunciaban su nombre. Entonces le vino un pensamiento que lo estremeció: «El avión se tapó de nieve, se mueren todos y quedo solo con los lastimados».

Ese pensamiento le multiplicó la energía. Hizo otro esfuerzo con el cuerpo y logró liberarse de la capa de nieve que lo aplastaba. Se incorporó y se desembarazó de grandes trozos de hielo que tenía sobre los hombros. Aturdido, la primera reacción fue salir por el boquete del avión, que estaba sin la barricada de maletas y la mampara, cubierto de nieve hasta la mitad, para intentar vaciarlo por atrás, pero de inmediato advirtió que era una insensatez. Volvió a entrar, con grandes zancadas, y, en medio de la penumbra, divisó manos que sobresalían de la nieve. Alguna de las manos incluso movía los dedos. Se hincó junto a la primera. «¡Roy, soy Adolfo, sácame!», le gritan desde abajo. Roy escucha esa voz que viene como de ultratumba y comienza a escarbar como un poseído, le destapa el rostro, el pecho, Adolfo hace fuerza y se incorpora.

A Adolfo lo acomete una rebeldía arrolladora para salvar a los compañeros. A los que van saliendo, Adolfo les ordena que griten, que llamen a los que todavía están sepultados para que resistan. «¡Aguanten que los vamos a sacar a todos!», gritaba enfurecido. En ese momento cayó otra avalancha, mayor que la anterior, que selló completamente la entrada y pasó por arriba del avión, sepultándolo.

Cuando Roy descubría el rostro de uno y lo dejaba respirando, le decía: «Aguántame acá», pero moviéndose en ese espacio tan reducido, para un lado y para el otro, con los mismos pies presionaba la nieve que cubría a otro, y escuchaba los gritos que venían desde abajo, bramidos desgarradores a través de la nieve: «¡Me estás aplastando!». Sabía que cuanto más tiempo pasara, los sepultados comenzarían a morir por asfixia. Le empezaban a arder las puntas de los dedos tiesos. A los que rescataba, se incorporaban y se ponían a cavar con la misma consternación.

El segundo rostro que Roy descubrió fue el de Carlitos Páez, que, cuando salió, se puso un encendedor debajo de la mano para darle sensibilidad, porque la nieve le quemaba como si fuera ácido. No sentía la llama aunque podía oler su carne que se quemaba. Quería rescatar a Gustavo Nicolich y a Diego Storm, pero cuando destapó donde estaba Gustavo Nicolich, apareció Gustavo Zerbino, y cuando volvió al lugar donde debía estar Zerbino, encontró a Nicolich, muerto. Desesperado, buscó a Diego Storm, pero también llegó tarde. Se puso a escarbar con más rabia todavía, y comenzaron a salir algunos vivos.

La búsqueda duró pocos minutos. En medio del griterío desesperado de los diecinueve que permanecían vivos, con dieciséis agolpados en el minúsculo espacio que quedaba despejado, junto a la cabina de los pilotos, encontraron algunos almohadones y un saco de cuero donde pararse y proteger los pies desnudos. En ese espacio de dos metros por dos metros, no había la altura suficiente para permanecer de pie, salvo en el centro, donde sólo cabían dos personas. Se amontonaron unos contra los otros, en cuclillas. Los que podían, desplazándose en cuatro patas, llevaron los cadáveres a la parte trasera del avión, donde había quedado un espacio muy pequeño. Cuando la nieve que los cubría se derritió por el calor de los cuerpos, les empapó la ropa.

Al borde de la histeria, por la sensación de claustrofobia, con el correr de las horas comenzaron a sentirse extrañamente sedados. Pancho Delgado prendió un encendedor y la llama empezó a extinguirse: se estaban quedando sin oxígeno. Creían que morirían asfixiados, todos juntos, tosiendo, como en una cámara de gas. Entonces tomaron un tubo de los que sostenían los maleteros, lograron introducirlo por la cabina de los pilotos y, a través de una ventana rota, llegaron a la superficie, abriendo un mínimo respiradero. Después, Moncho, el más delgado, consiguió hacer un túnel estrecho hasta la cabina de los pilotos. Desde allí, pateándola, logró que la ventana de la derecha saliera unos centímetros de su marco y dejara una abertura que permitía entrar algo de aire. No podían sacarla completamente porque estaba comprimida por nieve. Salvo en la cabina de los pilotos, que estaba próxima a la superficie, no sabían cuánta nieve había sobre el fuselaje. El aire se entibió porque se había formado la atmósfera de un iglú, de alrededor de quince grados, mientras en el exterior hacía treinta bajo cero.

Al día siguiente sólo entraba un resplandor grisáceo por las ventanillas, que dejaba todo en penumbras, por lo que infirieron que había varios metros de nieve sepultando al avión.

Roberto Canessa sintió que, a pesar del respiradero que permitía que entrara una exigua cantidad de oxígeno, se estaban apagando, como la llama del encendedor de Pancho Delgado. Habían perdido el abrigo, y la tensión y la falta de sueño provocaban estragos, el espacio era demasiado reducido, tenían los pies mojados y morados y le daba la sensación, por primera vez, de que no valía la pena, porque si habían sobrevivido diecisiete días, se había muerto tanta gente, y no habían podido escapar, ¿qué iban a hacer ahora en esta nueva situación, enterrados vivos?

Por eso le sorprendió que volvieran los gestos esperanzados de a poquito, sacando ilusiones de la nada.

—Hoy es el cumpleaños de Numa —dice Carlitos.

—Qué pretendes, ¿festejarlo? —pregunta Roberto.

—En la medida que estamos con vida, vale la pena —remató Carlitos.

Como se debilitaban cada vez más rápido, tuvieron que alimentarse con el cuerpo de uno de los amigos con el que hacía un rato estaban conversando. De nuevo había que esperar para ver quién tomaba la decisión y quién la llevaba a la acción. Canessa sintió que él podía hacerlo.

En esa segunda noche sin luz, sin espacio, y en cuclillas, comenzó de nuevo la ronda del rosario. Adolfo no quería saber más nada con la religión y las demandas jamás cumplidas a Dios y a la Virgen, pero descubrió que cuando se alejaba del rosario, en rigor se alejaba del grupo. Empezó a sentirse solo, lo que resultaba peligroso y multiplicaba la penuria. Al tercer día, Carlitos le tiró el rosario, Adolfo lo agarró en el aire y entró de vuelta en la ronda.

Transcurrió ese día y llegó el 31.

—Hoy es mi cumpleaños —dijo Carlitos—. Mis diecinueve.

—¿Quieres que te felicitemos? —se volvió a burlar Roberto.

—Y... creo que en la medida que estamos con vida, vale la pena —repitió.

Nando creyó que no había que crear pensamientos más profundos que este: «Estoy respirando, y si estoy respirando estoy vivo, y si estoy vivo voy a esforzarme para escapar hasta que no respire más, ¿qué tengo para perder?».

El pensamiento lo manifestó en voz queda, aunque Adolfo lo escuchó.

—Vamos a preparar una expedición —le respondió—. Hay que organizarla de la mejor manera —agregó, mientras Nando asentía en silencio.

Al mediodía del tercer día, Moncho, Roberto, Roy y Carlitos pudieron terminar el túnel hasta la minúscula cabina de los pilotos, cubierta de nieve y hielo, y llegaron hasta la ventana lateral que habían movido. Moncho se deslizó hasta ella y percibió que ahora no estaba rodeada de nieve como los días anteriores. Como no conseguía sacarla, empezaron a turnarse entre los cuatro, pateándola con fuerza, hasta que al fin cedió.

Cuando Moncho asomó la cabeza, vio un paisaje completamente nuevo. Todo estaba blanco, mirara hacia donde mirara, rodeado de montañas bajo un cielo ennegrecido, sacudido por un fuerte viento.

A partir de entonces empezó otra historia, una cordillera distinta. La tensión de las noches se multiplicó. Muchas veces, durante el día, veían despeñarse gigantescas cornisas de nieve por la pared montañosa del oeste, mientras que en otras ocasiones las escuchaban caer desde el sur y del norte. Otras, de noche, las sentían pero no las veían, por lo que no sabían el curso que llevaban y les resultaban más siniestras.

Después empezaron los acarreos de piedras, que caían de las montañas sobre el glaciar. Una noche, con un viento feroz, el avión se sacudió tanto que pensaron que se iba a deslizar cuesta abajo. Estaban todos acostados adentro del avión, amontonados, cuando de repente escucharon un fuerte golpe en el fuselaje. Como vivían en un alerta permanente, en un instante se pusieron todos de pie, con el corazón saliéndoles por la boca. Pero no era una avalancha, sino una simple roca. Como el viento no cesaba, y el pánico aumentaba, porque el fuselaje temblaba y se movía y creían que iba a rodar por la pendiente, comenzaron a rezar un rosario en medio de la noche, como si fuera un conjuro, para que aquello no ocurriera de verdad. Cuando Javier Methol terminó el último misterio, cesó el viento, volvió a reinar la calma, y todos entraron en el sopor del sueño, seguros de que el rosario los había salvado esa vez.

16

Javier Methol*

Mis charlas con Liliana

◆

Cuando regresé a Montevideo, tras la montaña que nos mató, y después nos revivió, yo soñaba con ver a mis hijos y ellos soñaban con verme a mí. Para mis hijos yo estaba muerto porque mi familia y la de Liliana les habían dicho: «Papá y mamá están en el cielo». Ahora papá volvía del cielo, pero mami no. Los mayores me dieron un abrazo y un beso mientras yo temblaba. Cuando alzo a la más chiquita, de tres años, y la pongo contra mi rostro, como yo tenía una barba muy larga que todavía no me había afeitado, me dijo «¿Qué te pusiste?», y yo le respondo: «Es la barba que me creció». Su segunda pregunta fue: «¿Y mami?». Entonces le dije: «Mami era tan buena que Dios la precisaba; tú mira para arriba, y háblale, porque Dios le da permiso para que te conteste». Ella miró hacia el cielo. Entonces le agregué: «Siempre que tú la precises, háblale que ella te va a responder».

Liliana falleció en la avalancha. En el fuselaje nosotros dormíamos enfrentados porque el espacio era muy reducido, estábamos todos comprimidos uno contra el otro, veintisiete personas en la superficie irregular de una cápsula diminuta. Yo tenía mis pies en el pecho de ella y Liliana sus pies en el mío. Yo se los masajeaba un buen rato, hasta que se me acalambraban las manos, y después se los abrigaba entre mis ropas. Ella estaba al lado de Nando, permanecieron un rato hablando en susurros, como se hablaba en la montaña. Yo la observaba ensimismado. Sabía de qué charlaban sin escucharlos. Nando le hablaba de lo que más quería en la vida, y ella le decía que tendría la oportunidad de encontrar la familia que buscaba. Luego hicieron silencio. Poco a poco entraron en ese estado de somnolencia de la montaña. Cuando dejé de mirarla y de admirarla, hice lo mismo. Me gustaba verla consolando a todos, a uno y a otro, como si ella fuera la única que no precisara aliento, como si tuviera energía para todos pero no precisara para ella. Entonces, en el silencio de la noche surgió un sonido diferente, y todo ocurrió en un segundo, no me dio tiempo ni para reaccionar. Fue toda una acción simultánea, el estruendo y la sensación de que aquella montaña imponente descargaba toda su furia contenida y nos sepultaba en vida. Quedé completamente sepultado, pero en mi caso había una cavidad sobre mi rostro, porque después de escupir nieve pude respirar algo de oxígeno, entonces me di cuenta de que sobre mi cabeza no había más que diez centímetros de nieve y, como podía mover el cuello, hice fuerza y saqué la cabeza hasta que la boca llegó afuera, a la oscuridad. Entonces pude ver que había varios en ese espacio oscuro moviéndose desesperados, gritando. Al primero que reconozco es a Gustavo Zerbino, que prendió el encendedor junto a mi rostro y fue como un foco imponente que me encandiló, y al ver que yo estaba vivo, empezó a salvar al que tenía a mi lado. Pero yo no podía moverme porque tenía el cuerpo bajo la nieve y los pies aprisionados contra el pecho de Liliana, y si me afirmaba haciendo fuerza para salir, la hundiría más abajo todavía. Fue desesperante. Entonces empecé a gritarle a Liliana con toda la fuerza de mis pulmones: «¡Liliana, resiste, estoy vivo, ya te saco!», pero en verdad primero tenían que sacarme a mí, porque no podía moverme, salvo la cabeza. Gustavo descubrió al que estaba a mi lado, y este sacó a su amigo que estaba del otro lado, pero yo veía que pasaban por arriba de donde estaba Liliana y la hundían y yo les gritaba, pero no podían escucharme, porque el griterío y la desesperación crecían segundo a segundo, y yo no podía mover un dedo de mis manos bajo la nieve, era como un tetrapléjico impotente que sólo podía usar la voz, parpadear y respirar: «¡No, no pisen ahí por favor!», pero era imposible, nada se veía, nadie me escuchaba, los que iban saliendo surgían como espectros cubiertos de nieve y automáticamente se ponían a escarbar como enloquecidos, donde creían que estaban los otros, hasta que Gustavo me ayudó, me liberó las manos, me incorporé sin presionar los pies sobre mi mujer, y entre los dos cavamos, a cuatro manos, cavamos tan pero tan rápido, con tanta angustia, porque yo le decía «¡Gustavo, ahí está Liliana!» y él sentía la misma premura que yo, pero cuando llegamos... sólo su cuerpo estaba allí. En ese preciso instante me transformé para toda mi vida. En ese infierno tan demencial, en ese deambular de zombis en la oscuridad, donde desenterrábamos uno muerto y uno vivo, uno vivo y otro muerto, sentí que yo tenía una misión, que era llevar ese amor que albergaba en mi pecho, el de esa mujer que ahora abrigaba en mis brazos y que no había podido salvar, para traérselo a mis hijos. Y en eso no podía fallar, fallarte, mi amor, tus cabellos helados, a los que les quitaba esa nieve maldita. Por eso sabía que no me podía morir. Yo tenía un encargo demasiado apremiante: llevar a mis hijos la emoción de tenerla en mis brazos.

Permanecí con ella los tres días que estuvimos sepultados bajo la nieve. Luego, cuando pudimos liberar el espacio, estuvo varios días sobre la superficie de la nieve, en un costado del avión, y su rostro me observaba debajo de una delgada capa de hielo azul. Yo la contemplaba y le hablaba sabiendo que, por intermedio de Dios, ella me escuchaba. Porque en la montaña hablé con Dios. Uno habla desde el corazón. Cuando habla la verdad no necesita palabras, y así conversaba con Liliana.

No siento que todo esto haya sido obra del destino, de la casualidad, de la mala suerte, como otros tienen todo el derecho de creer. Todo ha sido obra de Dios. De algo superior a nosotros, que tiene sus designios, y del cual no somos sus juguetes, pero con el que interactuamos, dialogamos, formulamos preguntas y encontramos respuestas, si abrimos el corazón para escucharlo. Yo le pongo nombre propio: no ando con eufemismos.

El cuerpo de Liliana permaneció allí hasta que una nevada me separó totalmente de él y luego no volví a verla. Pensé, sin decirle a nadie, que era mejor. Porque sabía que ella también había hecho el pacto de entrega mutua de los cuerpos, y los que organizaban el alimento podían necesitarla. Lo que había ocurrido en verdad es que la habían corrido de lugar y por eso no volví a verla, incluso cuando vino el deshielo. A partir de entonces dialogaba con ella sin su cuerpo, pero la conversación era la misma, hablaba de nuestros hijos, de nuestra vida juntos, del futuro. Había hecho tanto por consolarnos a nosotros, y nosotros no pudimos consolarla a ella en los instantes finales.

Incluso, hace poco más de un año, les comenté a unos amigos sobrevivientes que sabía que habían tenido que usar su cuerpo, y todos se sorprendieron mucho, y me preguntaron de qué estaba hablando. Les repetí, sin el menor encono, que sabía que habían tenido que usarla, porque no la había vuelto a ver. Y entonces me enteré de otra verdad, treinta y cinco años después. Como me veían abrazado a ese cuerpo inerte y congelado, temieron que enloqueciera, y entonces lo movieron y lo colocaron junto a la trompa del avión, con la madre y la hermana de Nando. Pero jamás la habían usado. Y ellos se rieron. Y yo me reí. Luego me miraron y se pusieron a llorar, porque creyeron que yo había sufrido todos esos años con ese pensamiento. Me demostraron, una vez más, la misericordia de la sociedad de la montaña: me estaban preservando.

Hoy la sigo queriendo con la misma fuerza que entonces. Después de muchos años me volví a casar, a mi mujer actual la adoro, pero uno puede querer con la misma intensidad a varias personas al mismo tiempo… Eso lo demuestra Cristo, que nos quiere a todos por igual. Yo hablo de Dios, de Cristo, porque lo que otros llaman destino o espiritualidad para mí tiene ese nombre.

Para mantener la fe en todo momento, a pesar de los revolcones que nos daban, teníamos que ser alquimistas. Transformar la tragedia en milagro, la depresión en esperanza. Si fuera a definir lo que nos produjo la montaña, no tengo dudas de que nos transformó en alquimistas. El ejemplo más perfecto ocurrió el día que suspendieron la búsqueda. El que nos trajo la noticia transformó una mala noticia en una buena nueva, y nosotros la interpretamos como tal.

No teníamos más comida que cuerpos humanos congelados y sin embargo hablábamos muy frecuentemente de alimentos. Y eso nos hacía esquivar el hambre, y nos permitía referirnos al futuro. Si nosotros hacíamos planes es porque pensábamos vivir, pero si hablábamos sólo de lo que teníamos alrededor era convocar a la muerte. Por eso fomentábamos las bromas, porque estas traen la risa, la risa a la alegría, y la alegría es el síntoma más evidente de la vida.

Gustavo Zerbino era, es y será un bromista de alma. Para él era fácil hacer bromas aprovechando que yo soy sordo de un oído y no veo de un ojo, como consecuencia de un accidente de moto que tuve a los quince años. Gustavo se paraba a mis espaldas y me hablaba despacito al oído sordo, y hacía morisquetas y movía los dedos frente a mi ojo derecho, para que el resto lo viera y se riera. Yo siempre me daba cuenta de lo que hacía pero me parecía una excelente idea. También sonreía por dentro, ya que no podía explicitar mi sonrisa porque se darían cuenta de que sabía lo que estaba haciendo y eso hubiera quebrado la magia y terminado con el juego. Un día Gustavo se equivocó y vino del lado izquierdo, por atrás, junto a mi oído sano, y repitió la misma broma, hablando bajito, y movió los dedos frente a mi ojo izquierdo, pero ahora yo lo veía y escuchaba perfectamente, y pensé que muchos de los que estaban ahí, que eran muy inteligentes, iban a percibir que se había equivocado de lado. Entonces tuve que corregirlo, en susurros: «Es del otro lado, Gustavo», y todos se rieron a carcajadas, mientras Gustavo se sintió un poco desacomodado, y dijo: «¡Este siempre supo lo que le hacía!». Y sí, pero seguí igual, pensé. Porque reírse, desahogarse, era una de las necesidades imperiosas que tenía ese grupo tan excepcional, al que tanto quiero, por el que daría mi vida, y que sufrió lo inimaginable.

Minutos después del accidente, cuando salí apoyado en Liliana, y vimos el panorama, dónde estábamos, dónde habíamos

caído, ella me dice: «Javier, ¿saldremos de esta?». Entonces
reparé en la huella fresca marcada en la nieve por el fuselaje
que se había deslizado serpenteando desde una distancia que
no terminaba de verse, y le dije: «Liliana, fíjate dónde estamos,
es imposible, y estamos vivos. Fíjate dónde pegó el avión, es
imposible, y estamos vivos. Si Dios nos permitió permanecer
con vida, es porque tenemos una misión que cumplir». En ese
momento ya teníamos cuatro hijos, no pensábamos tener más,
pero decidimos tener otro cuando saliéramos.

La situación no podía ser más caótica, pero estábamos con
vida, y por eso desde ese primer momento jamás dudé de que iba a
salir de la montaña, pese a mi estado físico. No estaba herido pero
era un inservible, tanto que durante muchos días sospeché que
tenía una grave lesión interna como consecuencia del accidente.
Pero, sin embargo, siempre supe que volvería a mis hijos, tal vez
regresaría arrastrándome, no lo sé, pero tenía esa certeza.

Dios era el copiloto de ese vuelo, y acomodó los errores humanos y nos ayudó a organizarnos. En ese caos, en esa situación demencial de un avión estrellado en la montaña, había que
poner disciplina, debía surgir una persona con la dignidad y la
capacidad necesarias para manejar esa tragedia. Y ahí emergió
Marcelo Pérez del Castillo, el capitán del equipo, responsable
de sus jugadores y frente a un «partido» que había que ganar.
¿Fue casual? ¿Fue una casualidad que después de esa situación increíble surgiera una persona como Marcelo? O lo digo de
otra manera: ¿podría imaginarse alguna persona más adecuada
para una situación semejante? Pienso que no. Por eso no creo
que haya sido casual. Y puedo decirlo con objetividad, porque no
lo conocía de antes. Lo que requerían esos jovencitos eran indicaciones cargadas de afecto, en un marco de orden y concierto.
¿Y qué era Marcelo? Era todo eso.

Así va aflorando el resto del grupo, que era un equipo de án-
geles. Mi única referencia era mi primo Pancho Abal, que había
fallecido. Y el matrimonio Nicola, que había fallecido también.
El resto de los chicos podían haberme desechado, abandonado a

un costado. Porque ¿qué es lo que surge primero en una situación como esa? Es el egoísmo, el sálvese quien pueda, yo me arreglo con mi grupo de afines y el resto que reviente. ¿No es la reacción usual en el nadador que se está ahogando y que hunde al que lo viene a rescatar? Pero en la montaña ocurrió exactamente lo contrario de lo que ocurre en la sociedad. ¿Y eso también fue casual?

Había heridos, no había médicos, pero surgieron dos doctores, uno que estaba en segundo año de Medicina y otro que recién ingresaba a la Facultad, Roberto y Gustavo, y ellos hicieron cosas que médicos formados jamás se hubieran atrevido a hacer, enfrentaron situaciones a las que los médicos de verdad les hubieran disparado, y lograron resultados que si el rescate hubiera llegado rápido, se habrían salvado muchas vidas gracias a la intervención de estos dos doctores de la montaña.

Si bien tenían diecinueve años, estaban atentos a todos, a los veintinueve primero, a los veintisiete después de las primeras muertes y a los diecinueve finales. Como yo no podía caminar, Roberto venía a conversar en voz baja con Liliana, y recuerdo, porque lo estoy viendo en este momento, su gesto apesadumbrado cuando hablaba refiriéndose a mí, una persona que mal conocía, que tenía el doble de su edad. Él consideraba que yo debía caminar para fortalecer los músculos, porque de lo contrario, si en algún momento teníamos que salir caminando, yo no podría hacerlo, y si yo no podía, él tampoco saldría. Una persona así, en ese lugar, en esa circunstancia, no es casual.

Además de los doctores de la montaña estaban los que crearon las condiciones imprescindibles para sobrevivir. Todo se inventó a partir de la nada, empezando por ese descubrimiento tan básico y tan imprescindible, que no hay mejor calor que el de los seres humanos, que un abrazo te salva la vida en mil circunstancias, pero te la salva todas las noches en una montaña a treinta grados bajo cero.

Esos chicos, tan jovencitos, que estaban casi en el destete, en una situación tan vulnerable, precisaban a una madre. Pienso y vuelvo a pensar si existe en la Tierra una madre como

Liliana, y casualmente esa madre estaba en la montaña. Entonces Liliana les ofrecía el regazo para que lloraran sobre ella. Un día faltó, pero ya estaban acostumbrados a su presencia, a su permanencia. Entonces todos tuvieron la madre que precisaban hasta el día setenta y dos.

Tras el accidente, en el momento crucial cuando hubo que separar a los vivos de los muertos, Nando se fue entre los muertos. Pero instantes antes de dejarlo en la nieve a la intemperie, para que al día siguiente amaneciera en un cubo de hielo, hizo un movimiento levísimo, que Diego Storm percibió, y entonces se lo mantuvo en la zona de «cuidados intermedios», a medio camino entre el fuselaje y la nieve, porque pensábamos que se estaba muriendo. Su cuerpo cayó de donde lo dejamos y su cabeza destrozada se apoyó sobre el hielo. ¿Eso fue fortuito?

Cuando al final, Roberto, Nando y Tintín salieron, no lo hicieron por la vida de ellos, salieron por la vida de todos. La mochila que llevaban con nosotros era la más pesada imaginable, e hicieron una caminata imposible, que no pertenece al mundo de las probabilidades, pero llegaron, y después volvieron a buscarnos. ¿Eso es casual? Y en el camino encontraron a un hombre solidario, un hombre desterrado del planeta, un arriero de otra era, fuera de época, que se basaba en los principios nobles de la lealtad, de la integridad y de la palabra empeñada. ¿Otra casualidad? Pero ¿cuántas van?, me pregunto.

Cuando los tres fenómenos de la expedición final estaban yéndose, yo tenía la absoluta convicción de que llegarían a destino. Por eso les dije a Nando y a Roberto, con una seguridad en la mirada que a ellos les sorprendió, de donde inferí que estaban mucho menos convencidos que yo: «Ustedes van a llegar». «¿Te parece, Javier?». «No tengo ninguna duda de que ustedes van a llegar, así que vayan de una vez, no pierdan tiempo.»

Esa seguridad no era una simple corazonada o una expresión de deseo. Lo sabía por lo que ellos valían, por lo que habían demostrado, porque había aprendido quiénes eran. Yo lo observaba a Nando cuidando a su hermana, después de que se le murió la madre, con su propia cabeza destrozada. Mientras nosotros nos quemábamos la boca comiendo nieve para saciar la sed insoportable, él derretía la nieve en su boca para saciar su sed y darle a la hermana, masticaba su bocado y después masticaba el de la hermana y se lo ponía en la boca. Y a él no se le lastimaban ni se le hinchaban las encías como a nosotros, y eso que estaba en un momento peor que el de cualquiera.

Cuando llegaron los helicópteros a rescatarnos, los más débiles debían irse primero, pero no fue así. Era el caso de Roy. Él estaba muy mal, yo no sabía si podría vivir uno o dos días más, entonces, como sabía que yo sí resistía, ni siquiera me arrimé a los helicópteros, para que se fueran los que se nos morían, porque sabía que todos no cabían. Pero el helicóptero se fue sin Roy, y después me contaron que en ese vuelo tuvieron más miedo que en el accidente del avión, y tal vez la desazón que vivieron fue porque no eran ellos los pasajeros que debían partir.

De los helicópteros se tiraron tres rescatistas y un enfermero con unas bolsas y una carpa. Uno de ellos, Sergio Díaz, fue un rescatista andino que no sólo nos trajo todo lo que nos faltaba en lo material, alimentos y medicamentos básicos, sino que nos trajo cariño, alegría, todo ese calor que tanta falta nos hacía después de la larga epopeya que habíamos vivido. Era lo que más necesitábamos, y vuelvo a preguntarme si Sergio Díaz fue una eventualidad, una contingencia. Había algo mágico en cómo lo hacía. Tenía una bolsa llena de cosas que parecía que no tenía fondo, y nos preguntaba: «¿Qué quieres?». «Sopa», respondía alguno, y entonces sacaba y servía sopa. En un momento me pregunta: «Javier, ¿qué quieres?». «Lo que te voy a pedir no lo puedes tener.» «¿Qué quieres?», repitió. «Un mate», respondí, y se sumergió adentro de esa bolsa, sacó un vaso, yerba, una bombilla, puso nieve en un tacho, la calentó en una estufita que traía y me sirvió un mate, el más sabroso que he tomado en mi vida.

Con mis hijos nunca hablé de la montaña porque nunca me lo preguntaron. El que quiso leer el libro *¡Viven!* lo leyó, el que quiso ver la película la vio, pero nunca me consultaron. Nunca quise hablar, aunque jamás oculté nada. He contestado todas las preguntas que me han hecho, absolutamente todas. A la página web llegan algunas preguntas capciosas que esconden malicia, pero siempre las respondo, una a una. Nunca había hablado públicamente, hasta que hace un par de años me pidieron que diera una charla y fui, y me di cuenta de que relatando esta historia, desde mi óptica, porque las dieciséis son diferentes, le había hecho bien a la gente que me escuchaba, del mismo modo que me había hecho bien a mí. Empecé a visualizar mi epopeya como algo de lo que manaba una sustancia buena para los demás. De ahí en más he dado algunas charlas. Hace poco más de un año mis hijos asistieron a una de ellas. Cuando finalizó, me dijeron: «Y pensar que estuvimos treinta y cinco años esperando para oírte decir esto». Si bien jamás tuve remordimiento por nada de lo que hicimos, porque estuve de acuerdo con absolutamente todos los pasos que dimos, necesitaba que pasaran muchos años para hablar. Tan de acuerdo estoy con todo lo que hicimos, que creo, como Nando, que aquel grupo de jovencitos se anticipó a lo que luego fue una convención universal, de firmar autorizaciones para los bancos de órganos y tejidos. Les decía a los chicos allá arriba que si a mí me hubiera tocado morirme en la montaña y no me hubieran usado... habría encontrado la forma de regresar de la muerte para darles una patada allí donde duele, porque creo que usarme como alimento era el verdadero amor al prójimo.

La necesidad forma a una persona para siempre. Nando se fortaleció en los Andes, de la muerte salió templado. Nando quiso salir solo muchas veces, se hubiera muerto enseguida, porque en octubre o noviembre era imposible escalar la montaña que treparon al final. Nando quería, pero nosotros supimos contenerlo. Y esa fue la parte que nos tocó a nosotros en la epopeya de Nando. Porque todos tuvimos parte en la peripecia de cada uno de los que sobrevivieron y de los que murieron.

Si uno cae en un pozo de veinte metros de profundidad, puede hacer dos cosas: desesperarse y pegarse contra las paredes, sentirse solo y convencerse de que se muere, y si piensa así, seguro morirá. Si dices «me muero», te mueres, porque te vas a morir de adentro hacia fuera. La otra opción es sentirte acompañado y vivir.

Así fue en la montaña y a lo largo de mi vida. Tuve un cáncer maligno. «Hay que extirparlo», me dijeron los médicos. Y bueno, vamos. Jamás pensé ni remotamente que ese cáncer me mataría. Tenía fe en que iba a salir de ese pozo, y puse todo mi ser, toda mi creencia, toda mi fe para que esto sucediera.

Creo y siempre creí, desde la montaña, que la gente sólo muere cuando dejan de recordarla. ¿Acaso uno se olvida de la gente que murió y a quien quiso? Es curioso cómo uno reacciona ante esa persona que falta: un día debes decidir algo e inconscientemente piensas en preguntarle, porque en cierto modo era una suerte de consejero informal, que te acompañaba en tus decisiones. Tengo dos hermanos que fallecieron, y muchas veces cuando me surge algún dilema, como los mantengo vivos, los consulto.

Cuando uno de mis hermanos agonizaba, estaba solo con él en la habitación. Los otros no entraban porque rompían en llantos, mientras yo aprovechaba para hablarle en esos últimos instantes. Por ahí estaba mi sobrina con unas amigas, quienes le preguntaron: «¿Javier ha enloquecido? Está sonriendo, debe de ser por lo que vivió en los Andes». Yo estaba sonriente porque lo quería y lo quiero enormemente a mi hermano, y mi hermano estaba pasando a estar con Dios y yo intentaba que él experimentara esa transición conmigo a su lado, por eso no le hablaba llorando, le hablaba contento. Lo mismo ocurrió cuando en 1995 subimos a la montaña, la única vez que subí en mi vida, y ante la cruz de hierro, donde están los restos de todos los fallecidos, incluyendo a Liliana, nos sentamos alrededor, para pensar en ellos, y todos mis amigos percibieron que yo estaba sonriendo, estaba viviendo uno de los momentos más jubilosos de mi vida, pero como ellos sufrieron una experiencia semejante a la mía, no se sorprendieron, todos se dieron cuenta de que yo estaba charlando con Liliana y que eso me hacía muy feliz. Por eso vinieron, me abrazaron y me dieron un beso, que era el beso que le daban a Liliana, la madre de la montaña.

Cuando bajé de la cordillera, el dolor lo dejé arriba, en la nieve, para que se congele.

Y el mayor consuelo es que cuando regresé a mis hijos, les pude decir por qué no había regresado Liliana, y les pude explicar dónde estaba.

* Javier Methol nació en 1935 y murió en 2015. Durante años fue dirigente de compañías tabacaleras. En el último tiempo, con ocho hijos, se dedicó casi exclusivamente al episodio que partió su vida en un antes y un después, la cordillera. Su don más visible es la paz que transmite. Por eso las charlas de Javier sobre los Andes, más que multitudinarias, son intimistas. Pasa horas y horas por día respondiendo los correos electrónicos que le envían a la página web Viven. No hay fórmulas preestablecidas, cada mensaje es un vínculo nuevo, con alguien que necesita hablarle. Por eso le escribe una y otra vez, con tanta pasión como dedicación, hasta que atraviesa su cordillera.

María Noel, aquella que desvelaba a Liliana en el 72, con sus tres años, tiene treinta y nueve en 2008. A veces, como le pidió Javier el día que llegó, mira el cielo. No habla con su madre Liliana, pero cuando observa el movimiento de las nubes, siente una extraña serenidad.

17

Condenados a caminar

◆

Inmediatamente después del alud, Nando Parrado se focalizó en una sola idea, que ya venía elaborando desde tiempo atrás: salir caminando cuanto antes, mientras Adolfo Strauch lo apoyaba pero le pedía tiempo para organizar la expedición.

Primero buscaron quiénes estaban física y mentalmente más aptos para pasarse un número indeterminado de días caminando, escalando y durmiendo a la intemperie. No sólo tenían que ser muy fuertes, sino que debían poseer una extraordinaria capacidad para soportar la adversidad y el sufrimiento.

En principio, de los diecinueve, descartando a los heridos graves, a los dos quebrados, a Javier Methol y a otros que no tenían ningún entrenamiento físico, quedaba un grupo de ocho potencialmente aptos para convertirse en expedicionarios. De esa lista habría que seleccionar a los tres o cuatro mejores.

La caminata del décimo primer día en la montaña, de Zerbino, Maspons y Turcatti, descartó a Gustavo, porque había regresado con un deterioro físico y psicológico difícil de revertir. Numa Turcatti quiso ser expedicionario hasta el final, incluso después del alud, cuando comenzó a languidecer.

Los otros dos expedicionarios finales fueron asumiendo su rol después de vivencias personales. Roberto Canessa se valió de su natural sagacidad. Sabía, sí, que él era uno de los candidatos. Pero si había uno mejor que él, ¿por qué no dejar que se manifestara? Por eso aguardó hasta el final. Si el otro tenía más condiciones, aumentarían las posibilidades de todos.

Formar parte de esa lista de condenados, como él los visualizaba, exigía determinadas condiciones físicas, psicológicas y espirituales que él tenía, pero también una necesidad de huir, de la que carecía, porque creía que antes de esa expedición casi suicida había que agotar muchas otras posibilidades. ¿Cuáles? No estaban claras. Había que aguzar el ingenio y forzar la creatividad al máximo para que surgieran. Pero poco a poco se fueron agotando esos soñadores, esos audaces que querían salir de la montaña en la fantasía. Hasta que en un momento no quedaba más gente para caminar. Fue entonces cuando se dijo: dentro de este grupo, ¿a quién escogería? ¿Me elegiría a mí? Estoy entrenado, soy jugador de rugby, no fumo, acosado no me abrumo por la desesperación sino que genero ideas, y cuando me fijo una meta soy capaz de sobreponerme al temor y al sufrimiento. Pero es una locura, es un suicidio, lo único que lograremos será desbarrancarnos en la montaña. Por eso, desde entonces, cuando partía en las expediciones, no podía dejar de pensar en aquel saludo de los gladiadores romanos, que había aprendido en las clases de historia del colegio: «¡Ave César, los que van a morir te saludan!».

Nando, por su parte, sentía cada vez más intensamente una imperiosa necesidad de huir del fuselaje, para acompañar a su padre. Él lo vivía como una fuga. Sabía claramente que si pensaba en todo lo que había perdido (su madre, su hermana, sus amigos) no lo lograría. Entonces decidió abroquelarse y convertirse en un animal acorralado que quiere escapar.

Tintín Vizintín lo asumía de forma diferente. Era el que representaba en forma más fidedigna la organización vertical de un equipo de rugby tradicional. Tenía claro que el desconcierto y la incertidumbre eran tan grandes que su principal rol era la acción, aprovechando su fenomenal estado físico, como pilar de la primera división del Old Christians, sin discutir jamás la estrategia que planificaban los primos. Verdaderamente, si le hubieran pedido lo imposible lo habría hecho, simplemente porque el grupo se lo había solicitado. Además, Vizintín ya había salido en caminatas anteriores y se sentía cómodo en esos desplazamientos. Había encontrado el rol en el que sería más útil para todos.

El 5 de noviembre, siete días después del alud, Roy Harley, Tintín Vizintín y Carlitos Páez salieron en una caminata de prueba, hacia el valle del este.

El descenso por la ladera fue suave, pero la celada se presentó al regreso, cuando los azotó una tormenta de viento blanco. Esa caminata de prueba se asemejó a la del 24 de octubre, de Gustavo, Numa y Daniel Maspons, y tuvo algo de inconsciente al no medir los imponderables que presentaba el glaciar. Como no se trataba de ninguno de los que había salido en aquel primer esfuerzo, volvieron a caer en la misma trampa, las fantasmagorías de la niebla y las engañosas distancias de la nieve.

Caminaban hacia el valle y surgían, aquí y allá, trozos de chapa arrugada, piezas de metal, ropa, objetos que habían volado de las maletas. Distrayéndose con esos hallazgos, se fueron alejando sin darse cuenta; el tiempo pasó deprisa y, cuando el sol estaba vertical en el cielo, la nieve comenzó a ablandarse de repente. Recién en ese momento se percataron de que se habían alejado más de lo aconsejable del avión y lo habían perdido de vista. Vizintín encontró un tanque de acero inoxidable, muy alto y liviano, que había volado del avión, y que podía servir para acumular agua, por lo que decidió llevarlo. Cuando quisieron regresar, y empezaron a subir la ladera que tan fácilmente habían bajado, surgieron las dificultades. Si al principio les daba trabajo el ascenso, se tornó casi imposible cuando se enterraban en la nieve hasta las rodillas. Se asustaron e intentaban serenarse con palabras, pero Roy advirtió el pánico en los ojos de Carlitos, y este en los ojos del otro. El único que mantuvo la serenidad fue Tintín, que les decía: «No se ahoguen en un vaso de agua».

Cuando Carlitos empezó a enterrarse y a luchar contra el viento, lo atrapó el terror. Se puso a llorar y se quiso dejar morir. Les pidió a sus compañeros que lo abandonaran en la nieve e intentaran salvarse ellos. Pero Roy y Vizintín lo ayudaron y lo obligaron a continuar de pie, a no caer.

A Roberto Canessa le asustó el regreso de esa caminata. Roy y Carlitos llegaron en un estado calamitoso. Tintín volvió jadeando, con el corazón saliéndole por la boca pero entero. Roberto pensó de inmediato que a Carlitos le faltaba preparación física, y que Roy estaba desestabilizado emocionalmente porque le había afectado demasiado la muerte de sus dos mejores amigos. En verdad los dos se autoexcluyeron del grupo de expedicionarios sin que nadie se lo dijera. Entonces Roberto se aproximó a Vizintín: «No, no es imposible, está bravo pero se puede», le respondió. Vizintín era uno de los tres expedicionarios que caminarían hasta el final.

Nando, que también observó atentamente el dramático regreso, se sentó junto a Roberto. Tras una pausa, le dijo lo que Roberto ya imaginaba: «¿Me acompañas?». Canessa se quedó mirándolo. Entonces Nando agregó, en voz baja: «Nos llevamos bien, interpretas los mapas, yo soy miope pero tu vista es perfecta, y elaboras ideas ingeniosas. Lo haremos bien».

El resto se fue descartando por diferentes motivos. Daniel Fernández, con un temple aparentemente indestructible, no tenía un buen estado físico ni estaba entrenado. Adolfo, que sí estaba entrenado y ya había participado en una caminata, se descartó por una imposibilidad física; si bien todos sufrían estreñimiento crónico, él fue de los últimos en mover el vientre, casi un mes después del accidente. En esos intentos desesperados, porque tenía miedo de intoxicarse, lo logró a costa de que le saliera un pedazo de intestino con sangre, lo que lo obligó a permanecer quieto un par de días. Igual se ofreció a sustituir a Roberto, cuando este demoraba la salida, pero al fin se prefirió mantener el grupo original.

En medio de la miseria, los expedicionarios gozaban de privilegios. No se encargaban de cortar su comida, ni de la limpieza del avión, ni de derretir hielo, podían comer todo lo que desearan y dormir donde querían. Debían preservarse, entrenarse, prepararse. Poco antes de partir hacia el valle del este, Vizintín le dijo a Methol: «Necesito ese par de botas». Javier no titubeó. Se las quitó y se las entregó. No le preguntó, siquiera, por qué eran mejores que las que él tenía. Lo mismo ocurrió con el mejor saco, o el mejor pulóver. «Toma, acá están.»

La expedición final y sus vicisitudes pasaron a ocupar la imaginación de todos. Hacían cuentas sobre los días que restaban para la partida, los días que estarían solos, qué sucedería si los tres morían en el intento.

El miércoles 15 de noviembre salieron rumbo al bajo, al este. Como siempre repetía Pedro Algorta, que era quien mejor conocía las montañas chilenas, buscarían el correr de las aguas, pensando que darían un rodeo a la montaña para torcer rumbo al oeste, hacia el angosto Chile. Allí debían encontrar civilización mucho más rápido que del lado argentino, cuyos desiertos en las postrimerías de la cordillera habían visto desde el cielo, volando en el Fairchild, el día del accidente.

«Ave César, nosotros que vamos a caminar te saludamos», pensó Roberto.

18

Pedro Algorta*

Viviendo bajito

◆

Hasta el día de hoy nunca había hablado públicamente del tema, nunca he accedido a ninguna entrevista, nunca he dado conferencias. A esta altura, la montaña es un recuerdo.

Si nunca hablé, ¿por qué lo hago ahora? Les pregunté a mis hijos, a mis hermanos, a mis padres y a mi mujer si querían que yo hablara, rompiendo el código estricto que me había autoimpuesto hace treinta y seis años, y para mi sorpresa todos me pidieron que hablara. Lo hago por ellos.

Notoriamente he cambiado. Hasta hace muy poco tiempo ni siquiera hubiera consultado a mi familia si preferían que rompiera ese mutismo, pero a esta edad uno se empieza a tomar un poco más de tiempo para reflexionar y para pensar todo lo que ha hecho, lo que ha dejado de hacer, y de esa manera reúne fuerzas para afrontar los próximos tramos de la vida.

Desde siempre sé lo que hace y deja de hacer el grupo de sobrevivientes. Todos lo sabemos, aunque yo viva en Buenos Aires y ellos en Montevideo. Sé desde hace años que muchos de ellos dan charlas y conferencias, lo que reconozco que siempre me despertó una gran inquietud. Un día, hace un par de años, me llamó Coche Inciarte; estaba en Buenos Aires y, sabiendo de mi curiosidad, me invitó a escuchar una charla motivacional que daría en el hotel Sheraton para concesionarios de estaciones de combustible de la empresa Esso. No bien recibo la llamada de Coche, a quien quiero bien, junto con la curiosidad me embargó el escepticismo, porque estaba convencido de que ese tipo de empresarios lo iban a acribillar con preguntas embarazosas o lo escucharían con indiferencia.

Con ese estado de ánimo tan pesimista concurrí a la charla en el Sheraton. Para no ser espectador de primera fila, preferí sentarme al fondo. Recuerdo que mis manos sudaban por la inquietud, como si yo fuera el conferencista. La sala estaba colmada de gente. Coche empezó a hablar con mucha serenidad, y desde su primera frase se hizo un silencio inusual en ese tipo de exposición. Coche habló y habló, narró minuciosamente lo que había sucedido en la montaña, sin agregar reflexiones ni opiniones. Cuando finalizó, y dijo «Muchas gracias por escucharme», yo estaba seguro de que se manifestaría la indiferencia que tanto temía, o que los asistentes habían tenido la deferencia de escucharlo en silencio para desbocarse ahora, cuando tenían la posibilidad de esgrimir el micrófono, que una asistente entregaba a quien lo solicitara. Pero para mi enorme sorpresa lo que siguió fue una ovación, de pie, como no había visto ni escuchado en toda mi vida, al punto que se me erizó la piel. En todas las charlas y conferencias a las que he asistido, con distintos auditorios y de múltiples temas, aunque nunca de los Andes, jamás vi a un público tan emocionado y agradecido con el expositor. El aplauso no cesaba, mientras yo divisaba a Coche allá arriba en la tarima, tan humilde, tan sereno, como si la respuesta de la gente no le sorprendiera en lo más mínimo. Luego vino una romería de gente que quería hablar con Coche, y él a todos atendía, con la misma tranquilidad, mientras yo lo observaba anonadado. Cuando me vio, se acercó para abrazarme. Yo me preguntaba: ¿qué había sucedido? Porque para mí había ocurrido algo absolutamente incomprensible: cómo un relato que yo había hecho mil veces en privado, cuando mi familia o algún amigo muy cercano me lo pedía, provocaba ese efecto en la gente, semejante fascinación.

Mientras la romería continuaba, porque ahora hacían fila para hablarle en privado, me separé de Coche porque no quería que nadie supiera que yo era parte de ese viaje. Nada había sucedido como lo había previsto, y me di cuenta, claramente, de que esta historia es un acontecimiento muy insondable, que trasciende la superficie, aunque yo lo tenga, todavía, guardado en la valija.

Este episodio me retrotrajo a la montaña. Sin duda que ha sido una experiencia extraordinaria, pero yo creo haberlo vivido como un hecho ordinario. Al menos eso es lo que pienso hasta hoy. Es un hecho descomunal del que he podido distanciarme, y esa distancia me ha permitido hacer una vida convencional, sin tener esa interferencia permanente. No critico, ni mucho menos juzgo, a los sobrevivientes que viven con este tema en un presente constante. Pero no es mi caso. Para mí, hoy, es apenas un recuerdo. Un recuerdo que evidentemente tiene una carga especial, porque una circunstancia como la charla de Coche me desestabilizó.

Incluso me he distanciado tanto que guardo pocos recuerdos. Los tengo anotados en unas hojas descoloridas por el tiempo, porque forman parte de mi pasado. Si me preguntaran qué recuerdo del accidente en sí, diría que sentí un gran *shock*, la nieve entrando por todos lados y el avión deslizándose por la pendiente, fuera de control. Y cuando se detiene el aparato, una gran parálisis, no sabía qué estaba sucediendo, los gritos desgarradores, la sorpresa, y el «qué hago aquí».

La conmoción me impedía elaborar pensamientos más complejos que el hecho de que estábamos en medio de la cordillera, entre sangre, muertos y heridos. Así viví las primeras noches y días, con pensamientos cortos, sin detalles. Sufrí un intenso proceso de amnesia, aunque no tenía golpes físicos, sino tremendos sacudones emocionales. Incluso el convencimiento de que nos iban a rescatar en pocas horas no estaba respaldado por ningún análisis de la situación, era una deducción liviana, que se desvanecería si la evaluaba con algún rigor.

En el grupo viajaban cinco compañeros de mi generación del colegio Stella Maris-Christian Brothers, pero yo fui el único que sobrevivió. Murieron Maquirriaín, Abal, Platero y Nogueira. Curiosamente, si bien estaban mis mejores amigos, Nogueira y Maquirriaín —con quienes estudiaba Ciencias Económicas—, no sueño con ellos, su memoria no ha acompañado mi vida.

Frecuentemente dormía con Arturo Nogueira, que estaba muy herido, en las hamacas de arriba. Eso evitaba que me pisaran o patearan aunque el frío era mucho más intenso. En esos largos períodos que pasábamos juntos en la hamaca hablábamos muy poco, él no estaba en condiciones de hacerlo y yo tampoco.

El primer recuerdo contundente que tengo de los setenta y un días que pasé en la montaña es el paso del tiempo, la lentitud con que se movían las manecillas del reloj, que en ocasiones se detenían por el frío. La quietud, la latencia de esos períodos en que nevaba y nos pasábamos el día entero adentro del cono partido, apelmazados, mientras transcurrían esos días en blanco. A veces, en los días sin tormenta, salíamos afuera del avión y pasábamos horas y horas con la mente vacía, mirando el horizonte inorgánico. Todo transcurría muy pausado. Fueron setenta y un días en los que viví con un ritmo de vida muy bajo, en blanco y negro, con los signos vitales al mínimo.

Intento desmitificar para descubrir qué hay detrás. Recuerdo que lo más difícil de comer la carne no era porque era humana, sino porque estaba cruda y nos costaba tragar.

Cuando salí de la montaña, podía relatar los detalles más minuciosos de todo lo que había ocurrido, los pormenores de cómo nos habíamos alimentado, con total naturalidad. No me parecía extraño ni curioso, aunque percibía que el que me escuchaba se escandalizaba. ¿Por qué lo hacía? Hoy tampoco me parece que hayamos hecho nada prohibido, pero ahora ya no puedo hablar de la misma manera en que lo hacía en aquellos primeros días. Ahora, si digo lo que contaba a mis amigos en aquellos días, me horrorizo de la misma manera que ellos se escandalizaban. O sea, mis emociones se habían transformado. Pero fue de a poco. El ambiente, y el hecho de convivir en forma tan cercana con los muertos, hacían que todo se tornara muy natural. Es como comer un asado: al comienzo no te animas a hacerlo con las manos y al final terminas todo engrasado, chupando un hueso. Incluso participé en caminatas para buscar cadáveres en las laderas de la montaña.

Tampoco nos dábamos cuenta de que vivíamos en un chiquero, o en un cementerio, entre restos humanos y cadáveres, en una situación subhumana. Pero del mismo modo en que nos adaptamos a vivir de esa manera, luego nos desadaptamos.

Vivíamos tan golpeados y sufrimos estados confusionales durante un período tan prolongado, que no podíamos plantearnos problemas complejos. Al menos yo no podía intelectualizar nada, y por eso no había espacio para dudas, remordimientos o justificaciones, no había lugar para otra cosa que no fuera lo que teníamos que hacer en ese momento inmediato, el próximo minuto, cómo comeríamos hoy, cómo fundiríamos agua si estaba nublado, cómo sería la próxima expedición, quiénes iban a salir, qué alimentación requerían, quién te pisaba cuando intentabas descansar, qué hacías cuando te pisaba. Vivimos momento a momento sin poder preguntarnos si estaba bien o mal lo que estábamos haciendo, porque si queríamos hacer lo necesario para vivir una hora más, no podíamos detenernos para cavilar.

En el tema de la alimentación hubo, sí, a mi manera de ver, un proceso de racionalización que fue necesario para aplacar la culpa, o evitar caer en la trampa de actuar de acuerdo con las expectativas de los demás. Aquello que pensamos en la montaña de que usar los cuerpos era un acto de amor, cuando al mismo tiempo hicimos el pacto de que entregábamos el nuestro, yo lo dije entonces y lo creí, pero ahora pienso que no era más que una racionalización. Lo mismo sucede con el argumento religioso de la comunión, el que yo esgrimí. No creo que nadie haya decidido comer o no en virtud de un argumento tan racional. Todo era más básico y elemental, en ese momento comías o te morías. Todo pertenecía más al instinto que al intelecto. Cuando te toca vivir situaciones tan primitivas, a la hora de la verdad, uno hace lo que le dicta el estómago, aunque no sea muy épico confesarlo.

Si bien el grupo funcionaba como tal, organizaba, hacía, planeaba, trazaba posibles estrategias, recuerdo que igual había mucho espacio para la individualidad y para estar solo. Al tiempo que se requería una experiencia grupal, cada uno de nosotros necesitaba concentrarse en lo suyo. En la sinergia, el todo es más que la suma de las partes. Pero la fusión del grupo también ambientaba espacios de libertad y soledad.

Por lo general estábamos muy tristes. Se asemeja, en parte, a lo que sucede en un campo de concentración. Cuando hay veinte personas a las que van matando de a una, imagino que el pensamiento más frecuente es si serás el próximo o tendrás más margen de tiempo. Y si matan al de al lado en lugar de a ti, en el fondo respiras aliviado, porque continúas vivo, sin pensar que el otro está muerto. En la montaña tú intentabas ayudar a los demás, pero en el fondo pensabas: espero que a mí no me toque, o espero ser el último, tengo que seguir comiendo para estar fuerte y poder salir, lo que es una reacción tan individualista como real. La supervivencia, al final, fue para mí una gesta solitaria.

Muchos años después me llamaron para decirme que al grupo de sobrevivientes nos habían otorgado el premio al «sentido a la vida», de Víctor Frankl, que basó sus libros y teorías en su experiencia en el campo de concentración de Auschwitz. En un primer momento no entendía por qué nos daban un premio junto a gente que hizo algo por el sentido de la vida. Luego comprendí las semejanzas. Percibí que la pulsión por vivir veinticuatro horas más trasciende edades y culturas y está presente en todos los seres humanos, en un campo de concentración o perdidos en una montaña. En una situación límite surge un impulso que te catapulta, siempre, para hacer otro esfuerzo más allá de tu límite.

También está el tema de la restricción al sufrimiento. Nosotros descubrimos en la montaña que el ser humano puede ponerle límites al sufrimiento y, probablemente —esto es una perspectiva personal—, puede ponerle límites a la felicidad. Uno tiene capacidades relativas de sufrir y de ser feliz.

Probablemente, si uno hubiera sufrido todo lo que deberíamos haber sufrido, nos hubiésemos quebrado emocionalmente y no hubiéramos salido jamás. Todo eso forma parte de la amnesia que padecí durante algún tiempo en la montaña: fue mi estrategia inconsciente para vivir.

Yo no era miembro del equipo de rugby. Probablemente era un poco más rebelde que el promedio de los que viajaban en el Fairchild. En el 72 vivíamos una época muy sobresaltada, la guerra de Vietnam, las reverberaciones del París del 68, en nuestros países había una situación de efervescencia y desconcierto al borde de la explosión. Estudiaba Ciencias Económicas y tenía una visión muy crítica de lo que estaba sucediendo. De alguna manera en aquella época quería cambiar el mundo, lo que para mí marcaba una diferencia con muchos de mis compañeros de tragedia, que era un tema que muchos ni siquiera se planteaban. Pero esa diferencia que existía cuando abordé el avión en Montevideo, y volví a abordar en Mendoza, desapareció en la montaña, la olvidé totalmente. De hecho, cuando salí de la cordillera, ese fue un gran cambio objetivo, al menos un cambio que yo pude vislumbrar: mi prioridad ya no era cambiar el mundo, sino que empecé a cambiarme a mí mismo, a pensar en mí, qué sería de mi futuro, que casi se desvanece entre la nieve. Perdí la ilusión por la megautopía lejana y me focalicé en las posibilidades cercanas, en lo que efectivamente podía cambiar. Y lo más cercano que tenía era mi propia utopía: yo mismo.

Cuando abordé el F571 en Montevideo, tenía dos grandes objetivos: ver a una novia que había dejado en Santiago, donde había vivido hasta hacía poco tiempo, y conocer de cerca la experiencia socialista de Salvador Allende, que estaba viviendo días atribulados, y que terminó en forma truculenta un año después. Pero cuando llegué a Los Maitenes, no sólo me había olvidado completamente de Allende, sino que ni siquiera me acordaba de los rasgos físicos de mi novia. En verdad no recordaba, ni me interesó recordar, cuál era la razón por la cual había ido originalmente a Chile, hacía setenta y dos días.

Nunca me morí. En cambio, para la que era mi novia y fundamentalmente para mi familia —excepto mi madre, que siempre creyó que yo continuaba vivo— había muerto. Mi padre sufrió la pérdida de un hijo, y mis hermanos lloraron la muerte de un hermano. Por eso, cuando salí de la montaña, para ellos resucité. Y hasta el día de hoy, treinta y seis años después, lo que nos pasó es más estremecedor para mis padres y mis hermanos que para mí.

Cuando llegué a San Fernando, tras el rescate, mi padre me dijo: «Pedro, te habíamos dado por muerto, perdónanos». Yo entonces no lo entendía. Pero luego supe a qué se refería. Y hasta el día de hoy siento una gran emoción por esa situación tan singular. Ahora soy padre, y sé lo que él había sufrido, aunque en aquel momento me parecieron palabras huecas. Para mí había ocurrido el incidente más importante de mi vida, pero no había muerto ni resucitado. Esa diferencia abismal hacía que fuera imposible que los entendiera, por más esfuerzo que hiciera. Necesitaba tiempo. Mucho tiempo.

Me enternece recordar lo que me relató mi padre, el momento en que él escucha la lista de los sobrevivientes en la radio de un taxi en Santiago, adonde había viajado sin saber si yo estaba vivo o muerto, y cuando escucha mi nombre le grita al conductor que se detenga y lo abraza, llorando. Me emociona recordar lo que hacía mi hermana menor, en Buenos Aires, mientras escuchaba la lista, como si fuera una lotería, e iba festejando a los gritos los nombres de los vivos, al punto que olvidó la tristeza que sufrían los que perdían en esa ruleta tan monstruosa.

De los Andes salí —a otros les sucedió lo mismo— muy rígido, muy frontal, muy frío. Regresamos rústicos y primitivos. Si había algo que no nos gustaba, lo decíamos sin cortapisas, sin medir el efecto que provocaba en el otro. Porque medir ese efecto requería un ejercicio intelectual o una elucubración sofisticada que todavía no estábamos en condiciones de elaborar. Recuerdo haber maltratado a mis padres y hermanos cuando me venían a ver y se emocionaban, y me tocaban, y yo sólo quería dormir o comer, estaba cansado y no quería que me molestaran. Y menos que lloraran por mí, sin ningún motivo, porque yo no encontraba razones para el llanto. Además no quería estar expuesto, en verdad sólo quería estar en paz. Me miraban como a un ser que venía de algo desconocido, cosa que yo no estaba en condiciones de entender. Y se lo decía: sólo les pido que me dejen solo.

Es curioso cómo el vivir bajito repercutió en todos mis pensamientos. En ningún momento pensé que no íbamos a salir de la montaña, aunque tampoco pensaba demasiado cómo íbamos a huir, de qué manera se procesaría esa travesía imposible.

Cuando escuchamos que Nando y Roberto habían llegado a destino, sentí que hasta ese hecho tan extraordinario era una pieza natural del engranaje que habíamos construido, era el final del viaje. Lo tomé con naturalidad, porque estaba por cumplirse lo que ocurre cuando se termina una travesía muy larga, tal vez demasiado prolongada: se ve el puerto en el horizonte.

Siempre vivencié el episodio como un accidente. Un cúmulo de errores humanos potenciados por una violenta tempestad, donde si el avión hubiera golpeado dos milímetros más acá o más allá, nos hubiéramos muerto todos, o se hubiera salvado el que estaba a mi lado y no yo. Son las puertitas que se abren permanentemente en la vida. Se abren o se cierran. Vives tú o vive el otro. Se salva uno y el otro perece. No tiene lógica. Lo vivo como un viaje que se alargó, que perdió el punto de llegada, y en ese viaje desconcertante hubo que improvisar e innovar: se agotaron los víveres y tuvimos que recurrir a lo más básico de nosotros.

No puedo decir que haya salido amigo de los muchachos con los que sufrimos juntos. Pero después, al haber tenido tanto que compartir, los empecé a querer como los quiero hoy, pero no recuerdo haber estado allá en la montaña descubriendo afinidades o una amistad nueva. Yo era bastante individualista con mis sentimientos y creo que eso formó parte de mi fórmula de supervivencia. El entorno nos envolvió en una cápsula sutil, que nos protegió. Mi hermana, Gloria, que vivió nuestra peripecia con tanta intensidad, suele decirme que esa cápsula nos aislaba y nos protegía, y revelaba la esencia de nuestra sociedad solitaria.

Cuando salí de la montaña me fui a vivir a la Argentina, donde residían mis padres. Estudié mucho, hice distintos posgrados, un máster en Business Administration en la Universidad de Stanford en Estados Unidos, dirigí diversas empresas, algunas muy grandes, y la montaña se fue fundiendo en mi memoria. En rigor, en todos los trabajos que he tenido, y en todas las universidades donde fui a estudiar, la gente no me ha identificado por haber estado en la cordillera. Al poco tiempo lo saben, pero jamás ha sido una carta de presentación. Aunque, debo confesarlo, a veces me traiciono a mí mismo y hago lo que no quiero: cuando me presenté para entrar a la Universidad de Stanford, escribí, como al descuido, que era un sobreviviente de los Andes. No sé si sirvió o no, pero lo cierto es que me aceptaron. ¿Por qué lo puse?

Si hubiese permanecido en Uruguay, posiblemente habría tenido más viva la peripecia de los Andes, entre otras razones porque los que están en Montevideo conviven con los familiares de todos los que no volvieron, que para muchos de ellos sigue y seguirá siendo imposible de aceptar. Cuando regresé, fui a ver a los padres de mis mejores amigos, Felipe Maquirriaín y Arturo Nogueira, que murieron en la montaña. En verdad yo no estaba en condiciones de visitarlos. Debe de haber sido muy duro para ellos recibirme, y no creo que haya aportado algo positivo que pudiera confortarlos. Luego he tenido contactos esporádicos con ambas familias, con las que sé que tengo una asignatura pendiente.

Vivo en otra realidad, y por eso fue más fácil alejarme del Fairchild del 72. Aunque vez por otra resurge, de las formas más impensadas. No hace mucho estaba dirigiendo una compañía importante, y en la inauguración de una de las plantas, en una provincia del Sur argentino, viene un jefe de sección y me dice: «Señor, la gente está con miedo, están preocupados». Le pregunto por qué me temen, a lo que responde: «Dicen que usted se los puede comer».

He podido reconstruir mi vida, me he casado con Marie Noelle, tengo tres hijos y me ha ido bien. La gente donde vivo no me conocía antes, no me vio morir, no me vio volver, soy uno más. Y yo precisaba ese anonimato, ese sumergirme en la sociedad, despacito, para poder rehacer mi vida.

Habitualmente, con mi mujer vamos a una iglesia. Tal vez allí encuentre alguna explicación de ese algo más que todavía no descubrí, que a veces vislumbro, como la reacción que me provocó la charla de Coche Inciarte.

Hay una anécdota que muestra en forma muy gráfica la sencillez a la que había accedido en la montaña. Cuando nos rescatan, un programa de televisión argentino entrevista a mi hermano menor y le pregunta qué era lo primero que me diría cuando hablara conmigo. Él responde que me contaría que el equipo del que yo era hincha había ganado la final del campeonato de fútbol. Todos rieron por la candidez de mi hermano. No obstante, cuando nos encontramos por primera vez, antes de que él pudiera hablar, lo primero que le dije fue que la final del campeonato la había ganado el equipo por el que hinchábamos. A pesar de estar perdidos en el fin del mundo, con aquella pequeña radio nos enterábamos de algunas pequeñas y grandes cosas, como los campeonatos de fútbol, la evolución de la guerra de Vietnam, la desestabilización que se estaba viviendo en Chile y Uruguay. Y lo primero que se me ocurrió contarle fue ese hecho tan nimio.

Poco a poco fui descubriendo que el accidente y todo lo que lo siguió es un hecho público, del que no puedes evadirte aunque quieras. Puedo decidir no hablar, pero no puedo decidir que se hable o no de este episodio. Como aquel individuo que subió al Everest, y después entraba a un bar, todos lo señalaban y venían a su mesa. Un día se cansó y quiso que no le hablaran más. Pero ya era tarde: una vez que subiste al Everest, todo el mundo te asociará con ese hecho, del que no te desprenderás mientras vivas. En nuestro caso es más complejo, porque ninguno quiso caerse en la montaña. Simplemente queríamos hacer un viaje.

Del mismo modo en que me impactó la reacción de la charla de Coche Inciarte, me impresionó muchísimo un hecho que nos ocurrió el año pasado. Por trabajo, fui con mi mujer hasta la ciudad argentina de San Rafael, en las estribaciones de los Andes, y de allí a los alrededores del volcán Sosneado, próximo al lugar del accidente. Cuando llegamos se nos aproximó un baqueano de la zona que venía acompañado de una mujer joven y bonita, pero con la expresión de haber sufrido, que me estaba observando desde hacía un rato, pero no se atrevía a hablarme. Cuando lo hizo, me confesó algo que me dejó pasmado. Me dijo que nuestra historia le había salvado la vida, que lo que nos había tocado vivir le había permitido tolerar sus propios infortunios, la muerte de una hija, el suicidio de su padre y otra serie de desventuras. Por eso quería agradecerme, tocarme la mano, para manifestarme que nos debía la vida. Cuando iba a responderle, para explicarle que no existía razón para agradecernos, que nos estaba malinterpretando, mi mujer me tomó sigilosamente el brazo, expresándome con ese gesto que hiciera silencio. Porque ella había entendido antes que yo lo que la pobre mujer quería decirme. No éramos nosotros, los sobrevivientes, sino que era el episodio, el cúmulo de respuestas que surgen cuando se formulan ese tipo de preguntas, motivadas por lo que vivimos, lo que le devolvía el sentido a su vida. Entendí que nosotros no teníamos un mensaje, pero que éramos el testimonio de que se puede continuar a pesar de todo. Por el hecho de estar vivos, éramos la pulsión que a ella le permitía sentirse mucho mejor. Y yo no tenía el derecho de destruirle esa ilusión, que para ella resultaba la diferencia entre dos maneras de seguir su vida, en paz y con energía o atrapada en la melancolía.

---

*Pedro Algorta nació en 1951. Pese a su edad, conserva ademanes juveniles. No sorprende por eso que en el año 2005, después de un grado en Economía y varios posgrados, haya regresado a la universidad para estudiar otra disciplina, Relaciones Internacionales, interactuando con jóvenes que tienen la edad de sus tres hijos.

Es, a primera vista, retraído, de frases cortas y precisas. Cuando gana confianza, lo que le requiere un tiempo prudencial, resulta amable y afectuoso, aunque contenido en sus manifestaciones.

Vive en Buenos Aires. Sus tres hijos residen y trabajan en Europa. Cada vez que se refiere a los Andes debe concentrarse para recordar lo que ha dejado a un costado de su vida durante treinta y seis años. Suele minimizar la trascendencia de los relatos que se refieren al accidente y a todo lo que sucedió. Pero luego hace una pausa y reflexiona: «¿O no es así?».

Sus amigos, los sobrevivientes, citan una anécdota que les relató su mujer, Marie Noelle, y que, según ellos, lo define de una plumada. Un día Pedro acudió a una entrevista de trabajo, anunciada en un periódico, para cubrir un cargo de dirección en una gran empresa. Al cabo del diálogo con el presidente de la compañía, este le preguntó si él no era acaso aquel Pedro Algorta de la montaña, el sobreviviente de los Andes. Pedro lo cortó en seco: él había concurrido a una entrevista laboral y no a una charla sobre su vida personal. Cuando regresó a su casa y le relató la anécdota a su mujer, ella le dijo que había perdido una buena oportunidad laboral. Al día siguiente, muy temprano, recibió una llamada telefónica: «¿El señor Pedro Algorta...?». Había sido seleccionado para el cargo.

No obstante, después de volver a rememorar con estas palabras la tragedia que había dejado a la vera de su vida, recientemente resolvió hablar de los Andes. Incluso públicamente. ¿Por qué lo hizo? Uno puede restringir el sufrimiento y la felicidad, dijo, pero a veces adquieren autonomía y se salen de cauce.

19

La salvación por el oriente

◆

El miércoles 15 de noviembre, poco después de salir rumbo al este, comienza a nevar, por lo que los expedicionarios deben regresar al fuselaje. Dos días más tarde, el día amanece límpido. Nando echa mano de un símbolo que repetiría casi un mes después, el 12 de diciembre, cuando salen hacia el otro lado: deja en el fuselaje un zapato rojo de bebé del par que su madre había comprado en Mendoza para su nieto en Montevideo, hijo de su otra hermana, Graciela, y lleva el otro con él, con la promesa interior de que el par volvería a encontrarse.

Partieron a las ocho de la mañana, aprovechando que la nieve estaba firme. Los tres llevaban los mejores abrigos que había. La gran incógnita siguen siendo las noches, que pretenden sortear llevando consigo cuatro mantas cada uno, además de almohadones para colocar sobre el hielo y una manta mayor para usar como carpa, sostenida en los tubos de aluminio que usan como bastones.

Roberto va adelante, arrastrando un trineo elaborado con el fondo de una maleta de plástico rígido donde transporta las mantas, las raquetas de nieve, varios calcetines de rugby con carne, hígado y dos botellas. Nando va al medio, cargando una mochila más liviana, que Roberto había diseñado atando las perneras de unos pantalones vaqueros y colgándoles pedazos de cinturones de seguridad. Atrás va Tintín, llevando en sus espaldas una pesada mochila confeccionada de la misma manera.

Poco menos de dos horas después advierten que Roberto, que se adelantó, se ha detenido sobre un ventisquero de nieve y les hace vigorosos ademanes con los brazos. Se gritan sin escucharse. Cuando Nando y Tintín se aproximan, lo que ven los paraliza. A lo lejos, distinguen un trozo grande del avión. Si bien era previsible encontrar vestigios del Fairchild, el tamaño del hallazgo los sorprendió.

A medida que se aproximan, identifican que no es un trozo cualquiera sino que es la mismísima cola, la que creían que había caído del otro lado de la montaña del sur, donde golpeó el avión en el accidente. La cola está relativamente entera, aunque ha perdido los alerones laterales, y curiosamente está erguida, en la posición correcta en que iría en un avión imaginario. Alrededor, diseminados por el lugar, surgen todo tipo de objetos: maletas, chapas destrozadas, ropas que saltaron de las valijas. Los tres se abalanzan sobre las maletas en busca de todo lo que pueda serles útil. En primer lugar buscan alimentos, luego ropa abrigada para cambiarla por los harapos malolientes que visten. Encuentran dos botellas de ron, cigarrillos, bombones y una cámara fotográfica. Cuando entran a ese cubículo donde hay, todavía, una pequeña mesa que hace de cocina, encuentran, apretadas contra una chapa, cuatro empanadas semicongeladas.

En la parte posterior de la cola, en un compartimiento detrás de una compuerta, están las baterías. Roberto se inclina y las observa: ahí está una posibilidad concreta de pedir auxilio, sin necesidad de morir en el intento de buscarlo.

Asaron carne prendiendo fuego a unos casilleros de Coca-Cola, y de postre comieron azúcar que encontraron en el habitáculo de la cocina, además de dentífrico y ron. Al caer la noche tapizaron el piso de la bodega de equipajes con ropas y se arrojaron sobre ellas, cubriéndose con las cuatro mantas que cada uno llevaba consigo. Roberto había conectado la batería del avión a una lamparilla que había en el techo y tuvieron luz eléctrica. Era la gloria. Para sentirse más cerca de casa, se pusieron a leer, distraídamente, las revistas de historietas que encontraron en la cocina.

A diferencia de lo que le había ocurrido a Roberto, el hallazgo de la cola y las baterías no representaba para Nando esperanzas de cambios con respecto a lo que ya estaba acordado. Pero le calmó la ansiedad, porque encontrar la cola era la prueba de que estaban dando pasos para salir.

Al amanecer nevaba, pero una hora después el cielo se aclaró y salió el sol. Vistieron cuatro pulóveres cada uno, dos chaquetas, tres pantalones, varios pares de medias y envolvieron los botines de rugby en tres capas de nailon. Comenzaron a caminar a las nueve de la mañana. El sol calentó y pronto comenzaron a sudar, aunque sabían que esa sensación duraría muy poco. Siguieron bajando y a la tarde refrescó. Súbitamente, comenzó el frío.

Lo que sucedió esa tarde definió el destino de las expediciones. Al final del día llegaron a un lugar donde percibieron que, como lo habían supuesto, brotaba agua por debajo de las rocas. En ese momento, en lugar de pensar que la naciente de un río podía ser una buena señal, se asustaron.

—¿Y si la nieve está suelta y caemos en un pozo? De acá no nos saca nadie —dijo Tintín.

Roberto observaba pensativo.

No avanzaron más porque habían perdido visibilidad y temían tropezar o caer en una grieta. Decidieron buscar un lugar donde guarecerse para pasar la noche. Surgía la luna y las primeras estrellas, sin brisa.

Decidieron acampar junto a un afloramiento rocoso que encontraron a cincuenta metros de donde se habían detenido para observar la naciente del río. Hicieron como una tienda con los tubos de aluminio y la manta mayor, pero cuando oscureció la temperatura bajó demasiado. Intentaron excavar en la nieve para cobijarse y envolverse con las mantas, pero no podían hacerlo porque carecían de elementos y las manos se les congelaban. Igual rebajaron la nieve todo lo que pudieron, pusieron debajo los almohadones, y se acostaron sobre ellos, envueltos en las mantas. Pero no los protegía del frío. Sentían que estaban desnudos, que el frío atravesaba las mantas y las ropas como si fueran delgadas telas de algodón. Para los tres era la primera noche al descubierto, y en ese momento se percataron de que estaban repitiendo el mismo error que cometieron Gustavo, Numa y Maspons, cuando regresaron al fuselaje medio muertos, tras una noche a la intemperie. El recuerdo los aterrorizó. Encendieron fuego con un libro que llevaban en la mochila, quemándolo hoja a hoja, poniendo las manos sobre la llama, sin que siquiera les doliera. Pensaban que la sangre se les congelaba, y por eso se abrazaban y se ponían uno en medio de los otros, turnándose permanentemente.

Así fueron pasando las horas, mirando desesperados hacia el este para ver si el cielo se clareaba a través de las montañas. Creían que si el sol salía se salvaban, pero si había nubes difícilmente resistirían a la humedad y al frío.

Cuando amaneció, estaban extenuados, mojados y tiritando, sorprendidos de estar con vida, sintiendo que la muerte les había guiñado un ojo. Esperaron para ver si asomaba el sol, y cuando lo vieron, lo celebraron en silencio, sin poder hablar porque tenían las bocas entumecidas por el frío y el cansancio.

El razonamiento que hicieron fue confuso debido al imponderable de pasar una noche a la intemperie con temperaturas inusualmente bajas. Si hubieran continuado, estaban a tres días de la salvación, porque con suerte hubieran llegado a un camino de ripio, al borde del acantilado, y siguiendo ese camino desierto hubieran encontrado un hotel fantasmagórico, que hoy está abandonado, con piletas de agua con azufre, las llamadas Termas del Flaco, construido en la década del cincuenta para atender a enfermos de reuma. Desde el hotel puede verse, en el horizonte, el lugar exacto adonde ellos llegaron el domingo 19 de noviembre, a tres días de distancia. No se ve vida a cientos de kilómetros a la redonda, salvo un puesto de baqueanos en la naciente del río Atuel, en la precordillera argentina, junto a un valle reverdecido por las aguas, con vegetación achaparrada. Pero en aquel entonces el hotel funcionaba en diciembre y enero, y en noviembre tenía un cuidador que, si bien estaba aislado del mundo, tenía víveres suficientes para pasar el invierno.

Cuando el tiempo mejoraba, podía comunicarse con el poblado más próximo, San Rafael.

El 19 de noviembre de 1972, de pie ante la naciente del río, se dieron cuenta de que el torrente no formaba la herradura que doblaba hacia occidente, como siempre especularon, así que la eventualidad de seguir hacia el este, y caminar hacia la precordillera argentina, podría obligarlos a enfrentarse a cientos de kilómetros desérticos. Del otro lado, en cambio, Chile es angosto, por lo que la alternativa era sólida y simple. La seguridad de que el oeste tenía una frontera, el océano Pacífico, mientras que la ruta oriental no tenía horizonte fue la que en definitiva los engañó. También los confundió el pico más alto, el Sosneado, al este, que parecía bloquearles el camino por ese lado. Siempre vieron al Sosneado como una advertencia, cuando en verdad era el último pico alto hacia el oriente.

A las nueve de la mañana reemprendieron lentamente la caminata de regreso hacia la cola, ascendiendo la ladera.

Cuando llegaron, Roberto había tomado una decisión tan firme que no la manifestó en tono de pregunta sino que la comunicó a sus compañeros como una declaración. Antes de arriesgarse de nuevo como lo habían hecho esa noche, en la que se habían salvado porque no hubo viento ni nevadas que los hubieran devorado de seguro, debían apelar a todas las alternativas nuevas que surgían. Y lo nuevo que había surgido eran las baterías de la radio.

Tintín se convenció de inmediato. A Nando lo tomó por sorpresa, pero adivinó tanta firmeza en las palabras de Roberto que no quiso contradecirlo, más bien lo tomó como la última concesión que haría antes de tomar el camino de verdad.

—Probemos con la radio, pero si no funciona arrancamos para el otro lado —afirmó.

La primera idea fue llevar las baterías al avión, en el trineo. Pero pesaban tanto que enterraban la maleta en la nieve blanda. Entonces resolvieron hacer al revés: traer la radio hasta las baterías. Permanecieron dos noches descansando en la cola, y el 22 de noviembre regresaron al fuselaje.

Hacía cinco días que se habían ido cuando los del fuselaje los vieron regresar, de la misma forma en que habían partido, sin nada nuevo, ni siquiera un cadáver de reserva colocado sobre el trineo.

El hecho de que retornaran era una doble frustración. Por un lado, eran tres personas más que volvían a la superficie reducida del avión, y con privilegios de expedicionarios, ocupando la mejor parte del espacio. Por el otro, era volver a la terrible sensación de parálisis.

A partir del regreso de los expedicionarios comienzan a insinuarse esas dos sociedades que después cristalizarían: el subgrupo estable del fuselaje y los expedicionarios que van y vienen, y que poco a poco van dejando de pertenecer al avión. La diferencia no sólo se percibe en lo físico, sino que también empieza a distinguirse en lo mental. Los del avión están físicamente muy debilitados, cada día les cuesta más moverse, lo que les provoca estados alterados de conciencia, y esa misma situación los lleva a trabar una conexión diferente con el entorno.

Tintín Vizintín percibe que, si bien esos dos grupos se estaban separando, los del fuselaje sabían demasiado bien que los expedicionarios, por más que molestaran al regresar, se jugaban el pellejo por ellos, todos los días. Lo comprobó con una actitud concreta: a partir de entonces, en las constantes idas y venidas que tuvieron que hacer a la cola para intentar que la radio funcionara, a ninguno de los del fuselaje se le ocurrió plantearles, ni siquiera a título de curiosidad, si podía acompañarlos. Muchos años después, Tintín se lo preguntó a uno de sus mejores amigos del grupo, que en el 72 pertenecía al subgrupo del fuselaje. Este le respondió abriendo los brazos en jarras, con gesto de sorpresa: «¡Qué curiosidad íbamos a tener si ustedes estaban regalados! Yo por lo menos tenía la seguridad del avión. ¡Qué iba a salir con ustedes, si no sabían cuándo se podían perder, dónde podían caer y morir congelados!».

La primera noticia que les dio Carlitos Páez cuando llegaron al fuselaje fue que el Vasco Echavarren había muerto el sábado 18 de noviembre.

20

Carlitos Páez*

La larga travesía

◆

M i vida ha sido una larga travesía, desde la muerte hasta la vida. Cuando hablaba sobre los Andes, en las charlas que daba, y doy, en distintas partes del mundo, siempre dedicaba mi exposición, en primer lugar, a mis amigos más íntimos que murieron en la cordillera, Gustavo Nicolich y Diego Storm. Luego la dedicaba a mi abuela, a quien tanto quería y a quien tanto extrañaba en la montaña, también fallecida, para después referirme a mi madre y a mi padre, que lucharon, desafiando la lógica y la sensatez, buscándonos hasta el último día. Después les tocaba el turno a Nando y a Roberto, esos dos locos que tuvieron los cojones de salir, desafiando su propia vida, para salvarnos a todos. A medida que iba avanzando en mis dedicatorias, me iba emocionando, no sabía si era porque estaba culminando el relato o por qué razón, hasta que en ese momento me tocaba dedicar lo que acababa de decir a mis dos hijos, Carlos Diego y María Elena, porque representan la continuación de la vida que se inició en la montaña, para terminar dedicándola, en forma especial, a mis tres nietos, porque son el símbolo inequívoco de que la vida merece vivirse. Pero un día me di cuenta de que, inconscientemente, ese orden en que yo hacía mis agradecimientos era un tránsito perfecto, una larga travesía de la muerte a la vida, como que esta provenía de aquella, y aquella comenzaba en 1972. Y esto es para mí el resumen de toda esta peripecia. Una tragedia donde triunfó la vida.

Yo siento que renací en los Andes. No me refiero al nacimiento biológico, sino a la formación de un joven que cayó entre los picos nevados, y exigido por la realidad, se fue templando a los martillazos. Y ese otro que emergió con el pasar de los días, que aprendió el valor de la vida, que comprendió cómo operar en conjunto, que aprendió a pensar más allá de sus narices, ese nuevo Carlitos Páez nació allá y se me incorporó para siempre. Aquella experiencia tan dura se transformó en una catapulta de la que salí disparado para alcanzar otros horizontes, un gran salto desde la penumbra hacia la vida, que, paradojalmente, me hizo tropezar varias veces en mi experiencia posterior.

La propia historia, la narración, también hizo su travesía particular. Al comienzo, a la gente le interesó el hecho de que veníamos de la muerte. Buscaban cadáveres y encontraron dieciséis jóvenes agónicos que todavía respiraban, lo que no sólo sorprendió, sino que asustó al mundo. Inmediatamente se olvidaron de los fantasmas que llegaron de la muerte e importó la antropofagia, una situación tan extraña que volvió a asustarlos, porque les costaba tolerar el hecho de que en medio de la nada estos moribundos malolientes tuvieran la desvergüenza de alimentarse con los cuerpos de sus amigos muertos. Pero con el tiempo cada vez se empezó a pensar menos en la antropofagia, que pasó a ser un ingrediente estrafalario de la historia, y la peripecia que vivimos permitió hablar de otras cosas. Por eso, en las charlas que doy, antes de que se abra el segmento de las preguntas de los participantes, para aventar miedos y patrañas, les digo: «Voy a responder primero lo que muchos de ustedes quieren preguntar y tal vez no se atrevan, porque no encuentran las palabras adecuadas, por un pudor muy civilizado o un decoro muy humano: ¿qué sabor, qué gusto tiene la carne humana?... Pues siento defraudarlos, pero no tiene gusto a nada». Como arranco de esa manera brutal, siento que les libero el alma, les ahuyento los prejuicios y les permito que abran la mente, si lo desean, para que no se acorralen ni se acobarden y puedan formular otras inquietudes.

Infinidad de veces me he preguntado cuál es la característica más recurrente de la prueba límite que me tocó vivir en la montaña. Y siempre llego a la misma conclusión: lo imprevisto. Nada de lo que sucedió estaba en los planes de nadie.

Como todo estaba trastocado, se dislocó también mi frágil personalidad. Ese jovencito consentido, de dieciocho años, hijo de padres divorciados, con clara tendencia a las adicciones, hipocondríaco crónico, quedó, literalmente, patas para arriba.

¿Era verosímil, entonces, pensar que ese muchacho lleno de dudas y temores pudiera sobrevivir? Sin embargo, en los Andes nunca me preocuparon las enfermedades. Ni las dudas. Ni la muerte. Todos los asuntos que me desvelaban en el llano desaparecieron en la altura. Tuve instantes de depresión, en muchos momentos llegué a pensar que nunca saldríamos del cajón de nieve donde estábamos, pero continué pujando, porque siempre mantuve viva alguna expectativa.

El jovencito aprensivo de antes comenzó a diluirse lentamente; cada día crecía un año, cada minuto un día. Como contrapartida, debía trabajar; tenía tareas fijas que yo mismo había elegido: debía tapiar el boquete del fuselaje en las noches, cuidar la herida que tenía Coche Inciarte en la pierna y encargarme de la cámara de la pelota de rugby que usábamos para orinar durante la noche. Era una tarea incómoda, porque cuando finalmente había logrado pescar ese sueño esquivo e intermitente, alguien me llamaba para que le alcanzara la pelota. Se la entregaba, esperaba que orinara y después tenía que vaciarla afuera del avión, por un orificio que dejaba en el boquete de atrás. Como llegué a cansarme de esa tarea, decidí negociarla. A veces exigía, en compensación, un cigarrillo extra o mejorar mi lugar para dormir. Una noche surgió algo inesperado. Adolfo Strauch me pidió que le alcanzara la cámara de la pelota, a eso de las tres de la madrugada, y como no tenía un cigarrillo para darme y su lugar era peor que el mío, me miró muy serio y me dijo que, a cambio, me daba la luna. Me sedujo la propuesta, que no sabía en qué consistía. Le llevé la pelota, vacié el contenido afuera, congelándome el cuerpo que con tanta dificultad había caldeado dentro del fuselaje, y me aproximé a Adolfo para que me entregara la luna. Él tomó un espejito de mujer que tenía entre los pulóveres, lo colocó en una posición que ya conocía, y allí se reflejó, a través de la ventanilla ovalada del avión, una luna llena, redonda y mayúscula, la imagen más bella que conservo de la cordillera, la luna temblando en el espejito que Adolfo sostenía en su mano. Permanecí mirándola, pasmado, durante más de un minuto, en cuclillas. Adolfo sonreía a medias, como hace él, con gesto paternal, a pesar de que tenía apenas veinticuatro años. Luego, cuando me cansé de esa posición, volví al lugar donde dormía, pero me quedé con la imagen grabada en las pupilas. Había crecido tanto en los Andes que mis amigos me regalaban la luna.

Ellos sabían que la luna era el único medio de comunicación que yo tenía con mi familia. La miraba y sabía que mis padres la estaban observando. Y, efectivamente, cuando regresé a la civilización, mi madre me confesó que hacía lo mismo que yo, porque sabía que era lo único que los dos podíamos ver al mismo tiempo. Mi padre, a su vez, que me siguió buscando durante todos los días, sin descanso, a veces me buscaba en las noches guiado por la luz de la luna en las montañas, como un ciego caminando a tientas, orientándose por los mensajes que yo le enviaba al corazón. Por eso escribió un libro titulado *Entre mi hijo y yo, la luna*.

Tras la avalancha, tan dolorosa, seguí trabajando, y con el esfuerzo seguí creciendo. Como sólo había un par de piezas de metal y plástico con forma de pala para quitar la nieve de atrás, donde estaba el boquete del fuselaje sepultado, fui de los que más excavé, porque percibía que con el trabajo me acercaba al grupo, y con ellos me acercaba a la vida. Aquel chico bueno para nada resulta que ahora se convertía en un individuo útil, y como era productivo, a pesar de que era el menor del grupo, podía hablar, y mi voz comenzaba a contar.

Pero así como te tornabas valioso muy lentamente, ganando la confianza del resto con tu esfuerzo, todo podía derrumbarse con una actitud inapropiada. Tres días antes del rescate, me quedaban apenas tres cigarrillos, que guardaba en una campera liviana que había sido del Vasco Echavarren. Como estábamos afuera del fuselaje, le pedí a Daniel Fernández que me adelantara un cigarrillo, que se lo devolvería en unos minutos, cuando entráramos. Daniel no titubeó, me lo dio, y unos minutos después le pedí un segundo cigarrillo, que se lo devolvería con dos de los tres que guardaba en el bolsillo de la campera. Un rato más tarde, cuando entro al fuselaje para devolvérselos, busco en el bolsillo... pero no estaban mis últimos tres cigarrillos. Mi desesperación fue tal que, maldiciendo, di vuelta la campera del derecho y del revés, sin poder convencerme de que me había equivocado. Al fin tomé coraje, salí y le conté a Daniel lo que había ocurrido. No me dijo una palabra, pero adiviné, en su mirada, que para él yo le había mentido, que había violado una de las normas más sagradas de la montaña, que todo lo que había ganado con mi esfuerzo lo había lanzado por la borda en un instante. Sollozando, volví al fuselaje y me arrodillé y busqué exhaustivamente en el lugar donde estaba la campera, hasta que al fin, disimulados en los repliegues metálicos del piso deshecho, encontré los tres cigarrillos. Exultante, volví a salir y le devolví a Daniel los dos que me había adelantado. Adiviné en su rostro una satisfacción diferente. No era por los cigarrillos, sino porque había vuelto la confianza entre nosotros. «Gracias, Carlitos», me dijo, tomándome un hombro. Él estaba tan o más satisfecho que yo de que volviera a su círculo de confianza.

Antes de los Andes, tomaba tres antidepresivos por día. Cuando volví a la vida civilizada, lo que había enfrentado en la cordillera me sirvió como pretexto para continuar con los psicofármacos. Por esa adicción estuve internado treinta y dos días. Había llegado al extremo de que al agua del mate le agregaba un antidepresivo.

Mucho tiempo después, en 1981, me hice alcohólico. Se trata de un camino lento y gradual, hasta que al final uno descubre que está completamente atrapado, atado de pies y manos y cayendo al precipicio, al que nadie te empuja sino que es uno mismo el que se arroja. Los Andes, de alguna forma, me respaldaban. Sentía que me daban derecho a todo, como si fuera un pasaporte a la impunidad. Luego, también respaldado por la cordillera, me convertí en drogadicto. Cada cordillera, de las cuatro que se me interpusieron, quisieron matarme, porque en todos los casos llegué hasta el fondo del pozo, conocí el tramo final del abismo.

Tal vez mi cordillera comenzó mucho antes, cuando por primera vez conocí lo que significa una tristeza sin límites, la separación de mis padres, a quienes tanto quería juntos y no conseguía querer separados.

En mi caso no me salvé del accidente porque era un gran deportista. Al contrario. Ni porque fuera muy fuerte. Tampoco porque tuviera grandes ideas o una personalidad demasiado madura. No tenía nada excepcional de lo que pudiera, ahora, jactarme. ¿Cómo voy a tener el descaro de dar mensajes o consejos?

Acá la que manda es la historia, donde hubo más acción que palabras, y yo soy simplemente su transmisor. Con el agregado de que el que me escucha sabe que es verdad, porque yo estuve ahí. La única particularidad, si se quiere, es el hecho de que en lugar de permitir que la desgracia me sepultara, la pude transformar en una dádiva. En ocasiones comienzo mis charlas en el exterior con un pequeño truco. Como no me conocen, me siento entre el público, al fondo del auditorio. El presentador muestra algunas imágenes del accidente, y luego pregunta a los asistentes cómo hubieran reaccionado ante esto o aquello. De pronto, yo levanto la mano. Cuando me dan la palabra, después de tres o cuatro intervenciones del público, me pongo de pie y anuncio que mi respuesta será un poco más larga. Y mientras camino hacia el escenario, remato la frase: «Será más larga porque yo estaba ahí».

A veces siento que el destino lo llevamos marcado en la frente. Yo invité a Rafael Echavarren, el Vasco, para atravesar la cordillera de los Andes, porque un día pasó de visita por la Escuela Agraria donde yo estudiaba. No puedo olvidar hasta hoy que si aquel día no me hubiera ido a visitar, el Vasco se habría salvado. Del mismo modo invité por teléfono a Moncho Sabella. Otra vez actuó el destino, pero en este caso funcionó al revés, porque Moncho sobrevivió. Ellos no eran de mi clase del Stella Maris-Christian Brothers, sino que eran amigos del período posterior al colegio.

Un quinto compañero de clase, Tito Regules, fue con Roy, Diego Storm, Gustavo Nicolich y yo, la noche anterior a la partida, al casino del Hotel Carrasco, en Montevideo, para jugar cincuenta dólares y llevar más o menos plata para el viaje. Tito tomó más alcohol que ninguno, y a la mañana siguiente se durmió. Perdió el avión, tomó un vuelo regular y se salvó del accidente del Fairchild. Cuando llegó a Santiago, donde no nos encontró nunca, Tito soportó una inesperada conmoción que lo desequilibró. No podía despojarse de una pesada sensación de culpa. Y como si el destino quisiera cumplir con lo que había establecido, lo mató veinte años después.

Nuestra peripecia es una interminable sucesión de tolerancias a la adversidad. Lo permanente en nuestra historia fue el «no». Cuando cuatro días después de que partió la expedición final vimos un puntito que bajaba, fuimos a su encuentro convencidos de que los otros dos habían muerto. Cuando llegamos hasta Tintín Vizintín, esperábamos otra frustración, porque era la constante en la que vivíamos. Él venía con la noticia de que habían llegado hasta la cumbre de la montaña y en vez de encontrarse un panorama alentador, con los verdes prados chilenos, que era la ilusión que todos alimentábamos, se encontraron con un panorama desolador, donde sólo se veían montañas. Entonces pensamos que Nando y Roberto todavía no habían muerto pero que se interponía otro de los tantos «no» que habían pautado nuestra vida en los Andes. Pero luego entendimos el carácter de la decisión que Nando y Roberto tomaron de seguir adelante. Le pidieron la comida de Vizintín, el abrigo que él tenía y lo mandaron abajo. Eso es lo que yo llamo «actitud». Porque ellos podrían haber vuelto al fuselaje donde más o menos permanecíamos con vida, aunque finalmente terminaríamos muriendo, tomados de la mano.

Hay otro elemento que puede parecer menor para otros, pero no lo es para mí. Sentía que los dos escaladores me llevaban consigo en ese saco de dormir en el que tanto había trabajado, en el que tanto esmero había puesto, cosiéndolo con una bobina que hicimos con alambre de cobre, enhebrándolo en una aguja de coser que encontramos en el pequeño costurero que llevaba la madre de Nando. Si bien todos participaron, yo era quien comandaba la tarea. Acomodaba esos pedazos irregulares y contrahechos lo mejor que se podía, y ponía una escrupulosidad en la costura como si en ello me fuera la vida, lo que en verdad era cierto. Si al principio los puntos eran demasiado anchos, y se deshacía cuando lo probábamos, porque debían caber tres personas adentro, empezábamos de nuevo, apretaba los puntos y ponía más diligencia todavía, para que cuando lo probáramos, metiéndonos tres en eso que iba tomando forma de gran bolsa, no se descosiera. Cosí y cosí con la paciencia propia de quien está acostumbrado a esas labores porque las practica a diario, aunque en verdad era la primera vez que lo hacía. Al final tuve ante mí, extendida en la nieve, la mejor obra que hice en toda mi vida. Rústica, fuerte y fea. Mi pequeña obra de arte.

Para mí, el hecho heroico de nuestra historia —porque mucho se habló de heroísmo, de bravura— sucede en el día sesenta, cuando los tres expedicionarios salen en la travesía final, en el momento en que Nando, Roberto y Tintín se despiden. Caminan veinte pasos y Nando, el más pragmático de todos nosotros, regresa a donde yo estoy y me dice: «Carlitos, quiero darle un beso a la cruz de tu rosario». Se lo entrego, le da un beso y entonces me entrega el zapatito rojo de su sobrino, y me dice: «Carlitos, te prometo que voy a venir a buscar el par», porque él se llevaba el otro. Y me agrega: «Pero si no vuelvo a buscar el par y ustedes tienen que alimentarse de mi madre y de mi hermana, háganlo». No solamente Nando Parrado tenía los cojones de salir a encarar las montañas más increíbles del universo, a costa de su vida, sino que además nos autorizaba a alimentarnos de lo más venerable que él tenía: su madre y su hermana.

A partir de allí, en esos últimos días, el tiempo transcurría más lento, se sentía el peso de las horas, los minutos. Estuve tanto tiempo observando la esfera de mi reloj, viendo la lentitud con que se movía la manecilla, que a veces vuelvo a mirarlo, para que nunca olvide lo que aprendí en los Andes: el paso del tiempo sólo tiene pasaje de ida.

Cuando llegó el día setenta, yo estaba abrazado con Coche Inciarte, llorando dentro del fuselaje, porque el tiempo de los escaladores se estaba agotando, cuando de golpe surge algo en mi mente que me cambia drásticamente la actitud. Tuve la premonición de que Nando y Roberto han contactado a la vida, pero no lo quise comentar para no agregar otra frustración a la que todos los días nos desplomaban. De pronto, Daniel Fernández menciona la misma idea, comenta que tuvo una premonición, y entonces le cuento la mía, y con esa ilusión tan frágil descansamos esa última noche. A la madrugada siguiente, Daniel y Eduardo lo escuchan por radio, primero una noticia imprecisa, de que habían aparecido sobrevivientes, pero como no daban los nombres ni se sabía de dónde eran, permanecían pendientes, aferrados a esa frase suelta, y cuando nos lo comunican empezamos a cambiar el dial hasta que un rato después todas las radios estaban hablando de lo mismo. Las palabras no pueden recrear la forma en que nos abrazamos, que lloramos, cómo gritamos cuando dijeron que iba a ser el propio Parrado el que iba a conducir los helicópteros para buscarnos en un recorrido laberíntico a través de la cordillera. Sólo sé que cuando lo cuento se me eriza la piel de nuevo.

En ese momento hice tres cosas. La primera fue peinarme, y lo hice con gomina, que fue lo único que no comimos porque nos podía envenenar. La segunda fue afeitarme, porque mi padre siempre decía que afeitarse equivale a quitarse las preocupaciones del día anterior. Como no tenía jabón, sino una gillette gastada, me corté la cara en varios surcos que sangraban y me hincharon el rostro, pero me rasuré. Y la tercera cosa fue hacer la valija. Mi maleta era un pantalón vaquero con dos nudos en las perneras. Adentro llevaba unos trapos malolientes y tres cinturones de seguridad para ponérselos a un Fiat 850 que tenía mi madre en Montevideo. No me llevé un aparato sofisticado del avión, ni una pieza compleja de recuerdo. Me llevé lo más simple de todo, porque lo que yo más deseaba es lo más sencillo de la vida, regresar a casa. Y lo más parecido que encontré a mi hogar fueron esos cinturones para el auto de mi madre, que siempre estaba estacionado a la entrada de la casa, y que veía todas las mañanas desde la ventana de mi dormitorio.

Horas después, vemos aparecer los helicópteros por el valle. Distingo la figura de Nando, haciéndome señas con las manos, porque me quería transmitir que mi padre había estado atrás de la historia desde el primer minuto hasta el instante final.

Volamos a Los Maitenes, y después a San Fernando. Cuando bajamos del helicóptero, había unos cincuenta militares en formación, haciendo la venia. Allá al fondo distingo la figura de mi padre, a quien contenían dos oficiales porque quería salir corriendo hacia mí y podían despedazarlo las hélices del helicóptero. Pero antes de llegar hasta mi padre, abracé a todos los militares, mientras ellos seguían formados, duritos, pero cuando los abrazaba uno a uno, se ponían a llorar, sin dejar de hacer la venia, soltando las lágrimas, pobrecitos, temblando como hojas ante el contacto de mi cuerpo.

Poco después descubrimos que todo el pueblo de San Fernando estaba en la calle, quería tocarnos como si fuéramos santos prodigiosos. Una mujer pretendía que yo bendijera a su hijo enfermo para que lo curara. La gente nos había endiosado, creía que éramos apóstoles que bajaban de la montaña, y yo no sabía bien lo que éramos, quiénes éramos, y por eso toqué al niño enfermo como me lo pedía.

Al poco rato llegó mi madre, me abrazaba y temblaba. Después de horas de conversación, donde ella me relataba con detalles lo que había sucedido en Montevideo durante nuestra ausencia, cómo nos habían buscado, del vidente, del Servicio Aéreo de Rescate, me agregó en tono de drama que se había muerto una perrita chihuahua que teníamos, y yo pensaba para mis adentros: «Qué extraño es todo, yo perdí veintinueve personas y ella me está contando su padecimiento por un perro». Lo que me hizo entender que el placer y el dolor son relativos y subjetivos, que no hay un dolorímetro ni un angustiómetro para medir el sufrimiento.

La llegada a Montevideo fue ambivalente. Volvía maravillado por el reencuentro con mis familiares y mis amigos, con mi cama, mi ciudad, pero a la vez debía poner gesto de circunstancias, el que se espera de alguien que regresa de una tragedia así. Especialmente ante los familiares de los muertos. Debía calibrar las palabras, acotar mi alegría, no podía decir lo primero que me viniera a la mente. De pronto, yo estaba riendo y declarando a los gritos mi felicidad por volver a casa y me encontraba con la madre de un compañero que había quedado enterrado en la nieve. Ella no lo había superado ni lo superaría jamás, y yo había hecho ese duelo rústico y violento que todos hicimos en la cordillera.

Como todo había sido muy duro, el aterrizaje también lo fue. Cuando uno tiene diecinueve años recién cumplidos como tenía yo, manejar esa celebridad súbita y, como yo creía, inmerecida, no fue fácil. El reencuentro con la civilización, tener el camino allanado después de haber vivido tantos obstáculos, me hizo incursionar por senderos equivocados. Al procesar mis adicciones, que era lo que en ese momento me mataba, tuve que procesar, también, el escollo de los Andes. Procesarlo fue observarlo en perspectiva, no extirpándolo sino integrándolo a mi pasado, porque no puedes quitar algo que forma parte de ti, como el color de tus ojos o la expresión de tu sonrisa. Cuando uno tiene detrás una historia tan tortuosa y tan fuerte, es necesario encauzarla.

A la vez, mi historia en la montaña está directamente vinculada con la de mi padre, que jamás dejó de buscarme. Fue tanta su tenacidad, la perseverancia con que actuó, a pesar de todos los reveses que iba sufriendo, al igual que nosotros, que en Chile lo conocían como «el loco que busca a su cabro perdido». Y no hay una manera más auténtica y gráfica de llamarlo, porque no lo puede buscar de forma racional y cuerda, sino que tiene que hacerlo por los recovecos de la locura, por los senderos nunca transitados. Consultaba cartógrafos, videntes, científicos y parapsicólogos, porque lo que más precisaba, además de pistas y equipos, era esperanza. Esperanza para seguir rastros que sólo él y los otros locos que lo acompañaban veían, descubriendo pistas que surgían hoy y se desvanecían mañana, al punto que creó una aureola tan gigantesca en torno a la búsqueda que, llegara donde llegara, la historia de su peregrinaje arribaba antes y lo recibían como a un ser extraordinario, porque era «el loco que busca a su cabro perdido».

Mi padre revolvía cielo y tierra en las montañas, y mi madre revolvía cielo y tierra en el espacio intangible de sus oraciones. Ella en Montevideo y nosotros con el rosario en el fuselaje rezábamos la misma oración: «Salve a la Virgen», que hablaba, increíblemente, del lugar donde nos encontrábamos: «Dios te salve, reina y madre, madre de misericordia. Vida, dulzura y esperanza nuestra, Dios te salve, a ti llamamos los desterrados hijos de Eva, a ti suspiramos, llorando y gimiendo en este valle de lágrimas». Y donde nosotros estábamos se llamaba, sin saberlo, el Valle de las Lágrimas, donde llorábamos y gemíamos.

Hay quienes me acusan de usar una tragedia para lucrar, dando charlas y conferencias, escribiendo un libro, apareciendo en una película. Ni yo ni ninguno de mis compañeros luchamos para salir con vida de los Andes con la finalidad de llegar a Hollywood, para que me interpretara John Malkovich. Nosotros no peleamos en la cordillera para ser famosos ni para ganar dinero, una pelea que nada nos garantizaba, aunque el premio era imponente: algo tan simple como volver a nuestras casas, con nuestras familias.

Las charlas y conferencias que doy sobre los Andes nunca son las mismas. Lo único que siempre se repite, porque no puedo evitarlo, son los hechos que me quiebran la voz cuando los narro, y debo aguardar unos segundos para reponerme, mientras la gente hace silencio, con compasión, tal vez con expectativa. Se me quiebra la voz cuando salgo fuera del fuselaje a saludar a la imagen de mi padre en la nieve, en una noche estrellada y sin brisa, un par de días después de la avalancha; se me quiebra la voz cuando en la expedición final Nando y Roberto le piden a Vizintín que regrese al fuselaje, para que ellos tengan más alimento, porque van a caminar hasta la muerte, por ellos y por nosotros; cuando digo que ellos llevaban nuestro peso sobre los hombros, y un día me corregí y a partir de entonces digo que ellos llevaban nuestro peso en sus corazones. Y se me quiebra la voz cuando narro esa situación tan peculiar que se dio con mi padre, que yo cinchaba de una soga invisible de un lado de los Andes, en el fondo de sus entrañas, y él cinchaba del otro cabo, como un loco desorientado, sin mapa ni brújula, con un crucifijo en una mano y los signos del zodíaco en la otra, pero los dos aferrados a la misma soga que siempre amenazó con romperse pero que al final acabaría encontrándonos.

Termino mis charlas con esa foto donde estamos todos los sobrevivientes más los hijos y los nietos, porque es como decir que acá, a pesar de la desdicha, hay más vida que en aquel 12 de octubre, cuando partimos en un viaje hacia la muerte. Esa es la foto que dice que si bien hubo un fatídico viaje de ida, luego tuvimos la oportunidad de hacer un viaje de regreso. Y aquí estamos para decir presente.

* Carlitos Páez nació en 1954.

Es técnico agropecuario egresado de la Universidad del Trabajo del Uruguay. Durante diez años trabajó en el campo, luego fue publicista, dirigió una consultoría en comunicación y actualmente brinda charlas y conferencias sobre los Andes.

En 2003 escribió su libro autobiográfico, titulado *Después del día diez*.

Tiene dos hijos y tres nietos.

Es exuberante y gracioso, no parece inhibirse ante nada ni ante nadie.

No le importa lo que digan o piensen de él. Si es bueno, bienvenido. Si no lo es, mala suerte. Lo que sí le interesa es que le hablen con el corazón.

Por momentos parece que busca provocar a su interlocutor, o a quienes lo escuchan. Pero no es una provocación, porque no esconde ni una pizca de encono. Por eso inspira confianza, la misma que inspiró a sus compañeros de desgracia en la montaña. Porque sabe que, si bien el avión impetuoso se estrelló contra la vida, no pudo detenerla.

21

¿Nadie nos escucha?

◆

Cuántas veces maldijo Roy Harley el hecho de que lo hubieran designado el ingeniero de la nieve. ¡Cómo se les ocurrió semejante disparate! Ahora, ingeniero de veras, aquello de intentar arreglar la radio del avión, con conocimientos prácticamente nulos, improvisando sobre la marcha, le parece aun más demencial que entonces.

Lentamente, va recreando las escenas. Hoy su rostro no tiene un rictus amargo sino sereno. Sí, sin duda quien más insistía y confiaba en la idea era su actual concuñado, Roberto Canessa.

Los expedicionarios cargados para no volver salieron el viernes 17 de noviembre pero regresaron al avión el 22, con una noticia que parecía grandiosa para todos, pero terrible y decisiva para Roy. Habían encontrado la cola del avión, donde además de decenas de cartones de cigarrillos, abrigos, dos botellas de ron, un kilo de azúcar, empanadas mendocinas a medio comer y otras menudencias, estaban (lo dejaron para el final, cuando lo relataban) las baterías. Como pesaban demasiado, no pudieron traerlas sino que decidieron que habría que hacer al revés: llevar la radio a la cola para intentar instalarla en el lugar. Roy tembló, tal vez de emoción porque había surgido esa alternativa inesperada, o porque adivinó que él sería el maldito ingeniero sin título que prácticamente tendría que construirla.

El jueves 23 de noviembre, Roy y Roberto, con la ayuda de Nando, comienzan a sacar la radio VHF de la cabina del piloto del avión, que tenía infinidad de botones, palancas y un cuadro de mandos, donde tenían que adivinar qué era de la radio y qué pertenecía a otros equipos del avión.

Lo único que claramente pertenecía a la radio eran los auriculares y un micrófono, que fue lo primero que extrajeron del panel de control. Luego hallaron un panel de plástico en la bodega de equipajes que también correspondía a la radio. Detrás del transmisor, encontraron unos *racks* conectados con enchufes. Roy sacó un enchufe del que emergió un gran manojo de cables diminutos. De otro enchufe salió lo mismo. Los contaron: ciento sesenta y siete cables salían de atrás, y ciento sesenta y siete partían del transmisor. Cada cable tenía una marca diferente.

Del tablero sacó el dial donde el piloto buscaba la frecuencia que quería sintonizar y surgió otro manojo de cables. Ya van tres manojos. Pasaron horas observándolos, porque el haz de cables del dial y el de la radio también estaban codificados, y muchos coincidían.

En ese primer día nadie le dijo que él tendría que bajar a ese lugar imposible donde estaba la cola. Simplemente le pidieron ayuda para desarmar la radio. Esto es una locura, pensaba, cuando, tras un descanso de quince minutos, se metía como un topo en la minúscula cabina, con los cuerpos de los pilotos congelados a un lado, para desmontar lo que quedaba de la radio.

Cuando terminaron de desarmarla, sacaron del avión la antena Collins, con forma de aleta de tiburón, que iba arriba, y colocaron todo sobre el trineo improvisado con la maleta de plástico rígido.

Los tres primos, a quien tanto quería y respetaba, porque a todos conocía desde muy niño, lo observaban con ternura. No le decían nada pero lo estaban apuntalando. Es tu momento, Roy. Pero él sabía, en su fuero íntimo, que no lo era. Su físico privilegiado se había deteriorado hasta tornarse irreconocible, y su sensibilidad, esa que tanto había escuchado que era necesario bloquear, mantener infranqueable para poder seguir viviendo, él no lo conseguía, no podía evitar que cada tanto, con más frecuencia de lo conveniente, surgieran los rostros de sus amigos íntimos muertos en el alud, Gustavo Nicolich y Diego Storm.

En verdad, a la postre, la opción por hacer funcionar la radio fue, como todo en los Andes, una decisión tan azarosa como alocada, aunque al fin terminó siendo sabia, porque ganaron tiempo hasta que mejoró el clima y encontraron, de pura casualidad, el material aislante que les permitiría dormir a la intemperie, a alturas siderales.

A medida que se armaba el paquete que había que llevar a la cola, se consolidó la sospecha de que lo habían condenado a partir. Adolfo fue el encargado de transmitírselo. Roy era el ingeniero, y cualquier tema de ingeniería, en cualquier especialidad, debería pasar por sus manos, ya sea armar la radio del avión como hacer funcionar la pequeña Spika a pilas.

Adolfo se sienta a su lado. Le explica que no es un tema de conocimientos en electrónica, sino de ignorancia, y que él es el menos ignorante de todos. Roy argumenta que jamás en su vida, ni en un libro, había visto una radio de avión. Adolfo pone su mano sobre la suya. «Ya lo sé, lo sabemos todos. Sólo quiero decirte que eres quien mejor se maneja con los cables y con los bornes, nada más, pero eso, ahora, es mucho, es una diferencia gigantesca, eres el ingeniero.» Roy, casi sin aliento, le agrega algo que su amigo mayor ya sabe: «Estoy apenas en primer año de Facultad de Ingeniería, tengo veinte años, lo único parecido que hice fue acomodar el maldito equipo de audio de mis primos». «Y arreglaste la radio Spika», le responde Adolfo, como si se tratara de una estación termonuclear y no una elemental radio portátil del tamaño de un cajilla de cigarrillos. Antes de que Adolfo dijera la última frase, sintió claramente que para su amigo era tan doloroso decirlo como para él escucharlo. «Roy, el grupo necesita de tus servicios. Te pedimos que te la juegues.»

Esos seis días fatídicos se iniciaron el viernes 24 de noviembre, bien temprano, cuando emprendieron la caminata hacia la cola, en una mañana fresca y límpida. Roy lo recuerda, caminando cuesta abajo, como una linda experiencia. La última. La nieve estaba firme, con la capa de hielo dura en la superficie, y no sentía la debilidad y el mareo que experimentaba con frecuencia en la cabina partida. Roberto arrastraba el trineo con la radio, la antena y todos los instrumentos. Iban separados uno de otro alrededor de cincuenta metros. A diferencia de los expedicionarios, para Roy era toda una novedad ir encontrando, a medida que se aproximaban a la cola, los restos esparcidos del avión. Ropas, chapas arrugadas, cables, maletas, hasta un zapato de mujer.

Cuando Roy vio la cola a la distancia, se quedó perplejo, como les había ocurrido a los expedicionarios el día que la descubrieron.

Entró hasta la parte del fondo, donde estaba el compartimiento del equipaje, con algunas valijas protegidas por la red que había impedido que volaran con el impacto. Al encontrar su maleta, Roy se estremeció. La llevó afuera, a la nieve, y la abrió. Lo primero que hizo fue acercar el rostro a la ropa limpia y perfectamente planchada para olerla. El aroma lo llenó de recuerdos. Allí estaba su casa, su madre arreglando las prendas, acomodándolas con sus manos suaves, todo tan prolijo, tan ordenado. Roy se controló, sentía ganas de llorar. Todo le resultaba tan distante, perdidos en una montaña en el fin del mundo, ante la misión delirante de reparar una radio que desconocía, de un avión partido en dos, con su madre ahí nomás, entre sus manos, poniendo abajo la ropa de lana, arriba las camisas, planchaditas. El recuerdo se corta con la voz enérgica de Tintín, que se le acerca con una botella de ron, para que beba un trago. El alcohol le quema el estómago pero el gusto diferente, el primero que experimentaba en más de un mes, le sienta bien. Pide otro sorbo. Luego vuelve a la cola y se vuelca azúcar en la boca. Otro gusto diferente.

Ese día descansaron, pero el sábado 25, de mañana bien temprano, Roy y Roberto comenzaron con el trabajo exhaustivo de pelar ese enjambre de cables uno por uno, unirlos y aislarlos con cinta curita que encontraron en los bolsos de los jugadores de rugby. Trabajaban con cortaúñas y con alicates. En ocasiones lo hacían con las uñas.

Roy instaló la antena sobre unas rocas próximas.

Al día siguiente habían empalmado la mayoría de los cables, aunque les quedaron cincuenta y ocho cuyos códigos y números no correspondían. Roberto los miraba y se masajeaba la perilla. Roy fruncía el ceño. «Hay que empezar a probar», dijo Roberto.

Ahora había que hacer los empalmes de las baterías, pero cuando lo intentaban, el contacto emitía chisporroteos. Cuando encendían la radio, escuchaban la descarga atmosférica interfiriendo la recepción, entre fuertes chispazos. También tenían un dial eléctrico que funcionaba con un pequeño motorcito. A veces sentían un zumbido en los auriculares. Pero nunca escucharon más que eso: la estática y el zumbido, donde creían escuchar voces de fantasmas. Hablaban por el auricular, pedían auxilio, gritaban, se desesperaban, pero nadie los escuchaba.

Como demoraban, Nando y Tintín decidieron traer más carne del fuselaje. Tenían las botellas de ron —sólo usaban una porque la otra la guardarían para la eventual expedición al oeste—, el paquete de azúcar que lo hacían demorar una eternidad, pero en esa zona del valle no había cuerpos y la carne que habían traído se estaba agotando. Al llegar al fuselaje, después de dos días de ausencia, se enteraron de que la comida estaba escaseando, y, para peor, los del avión estaban tan débiles que les costaba trabajo buscar los cuerpos todavía enterrados bajo la nieve del alud. Probaban clavando un tubo de aluminio para ver si hacía contacto con un cadáver, pero no lo lograban. Tintín y Nando permanecieron dos días en el avión ayudando a cavar hasta encontrar más cuerpos.

Cuando regresaron a la cola, Roy y Roberto seguían probando la radio, que ahora emitía más chispazos al conectarla. Tintín tomó la cámara fotográfica de una de las maletas, que pertenecía a Soledad González, la novia de Coche Inciarte, y sacó la foto que aparece en la contratapa del libro *¡Viven!*: Nando come algo, Roy está de espaldas y Roberto tiene un pedazo de carne en la rodilla, que habían dejado secar al sol para comerla como charque, cortando los trocitos con uno de los alicates que usaban para pelar los cables.

La desazón y la impotencia que les producía el hecho de que la radio no funcionara repercutieron en la convivencia de los cuatro, en ese cubículo de un metro de ancho por dos metros de largo. El detonante, aunque Roy piensa que podía haber sido cualquier otro, fueron los cigarrillos. La cola estaba colmada de cartones de cigarrillos, pero casualmente ninguno de los tres expedicionarios fumaba. Más aún, detestaban el cigarrillo y consideraban que sólo perjudicaría su estado físico, en particular los órganos más preciados para escalar las montañas, los pulmones. Además consideraban que el único encendedor que tenían en la cola sería imprescindible, junto con otros dos, para la expedición final, que cada día parecía el último y único recurso. Era criminal usarlo en fatuidades como encender cigarrillos. Por eso le impedían a Roy que fumara. Pero en aquella circunstancia, el cigarrillo, para él, más que una necesidad física se convirtió en una urgencia anímica, que le calmaba la ansiedad y el estrés, así como la terrible incertidumbre que lo embargaba, a medida que se convencían de que la radio jamás emitiría señal. Sin radio, él no tenía retorno. Y el cigarrillo amortiguaría, en algo, ese desconcierto. El clima entre ellos se malogró.

El estrés era tanto, sumado a la frustración y a su debilidad, que sintió que no podía soportar más. Una noche, Tintín le partió un labio con una patada mientras dormían. Claro que fue involuntario, pero él sentía que seguían castigándolo. Por eso comenzó a extrañar, cada vez más, al otro grupo, el del fuselaje, con más gente, donde las tensiones se diluían.

Hasta que un día, a escondidas, encendió un cigarrillo. Los otros lo descubrieron por el olor. Lo increparon con tanta rudeza —el fuego no podía malgastarse, el cigarrillo los debilitaría a todos, estaba jugando con la vida ajena por un antojo— que Roy quedó arrasado.

Al día siguiente, Roberto ve a Tintín quitando un trozo de material de los ductos de ventilación. Poco después ha cortado unos cuantos pedazos. Roberto se lo pide para observarlo: era ligero y resistente, mullido por dentro, y recubierto de un tejido duro y rígido y otro más suave en el interior. Tintín pretendía hacerse un chaleco, porque la tela parecía fuerte y resistente. Roy y Nando se aproximan. Tintín toma un trozo de tela y lo llena de nieve: «La humedad no pasa», les dice. «Lo vengo experimentando desde la mañana.» «¡La puta madre, no pasa!», exclama Roberto, estupefacto. «Hay que hacer una gran manta... no, un gran saco de dormir», se corrige.

A partir de allí, Nando y Tintín se dedican a cortar todo el material que había en los ductos de ventilación, que van colocando en un bolso. La radio, poco a poco, pasa a un segundo plano: ahora la ilusión es ese material milagroso, que inesperadamente apareció en la cola.

El martes 28, Roy conectó la radio Spika a la antena Collins que había instalado. Giraron el dial y una hora después escucharon una noticia que los dejó atónitos. La Fuerza Aérea Uruguaya estaba preparando un avión Douglas C-47, especialmente acondicionado, para buscar al F571. Decidieron hacer una gran cruz en el lugar, poniendo en fila veinte maletas de un lado y diez del otro.

Cuando amaneció, el miércoles 29, mientras se preparaban para partir, Roy la emprendió a patadas contra la radio, que ya habían desechado. Si tenía pocas energías, las estaba malgastando inútilmente, descargando su impotencia contra lo que consideraba que había sido su última esperanza.

Minutos después salieron caminando rumbo al fuselaje. Cuando habían andado cien metros, Roy se volvió para mirar por última vez; nunca más volverían a la cola. Ni nunca más la verían en ese lugar porque, no saben cuándo ni cómo, rodó por la ladera hasta terminar a kilómetros de distancia, al fondo de un torrente, donde permanece hasta hoy.

Al poco rato se levantó la temible ventisca, el viento blanco. La temperatura cayó de repente, y la nieve voló formando un remolino y desorientándolos. La visibilidad se tornó casi nula. La inclinación se acentuó. Tras el viento blanco, cinco minutos después, los azotó una tempestad.

Roy se detiene. Unos minutos después distingue a Nando, que regresa hasta él.

—Sigan ustedes, yo me quedo. Intentaré regresar a la cola —le dice Roy.

Nando lo toma del brazo y lo empieza a cinchar hacia arriba. Al mismo tiempo lo insulta, para que le vuelva la energía al cuerpo. Roy le devuelve el insulto. Y así, gritándose, los músculos de Roy vuelven a tonificarse, la adrenalina se enciende, y consigue reemprender la caminata que creía imposible. Cuando el sol se está ocultando y el frío aumenta, divisan el avión. Habían caminado durante todo el día.

A Roy le pareció que regresaba a su casa. Después, cuando se desplomó en la cabina, consolado por los amigos, reflexionó: estoy regresando al mismo lugar de siempre, no ha cambiado nada, estoy en el mismo cementerio, bastante más débil, bastante más frustrado, y sin embargo me siento maravillosamente bien.

Todos estaban fumando, escuchando a los expedicionarios, que narraban lo que había sucedido. Roy no tenía fuerzas para hablar; recuerda vivamente los abrazos, el calor de los otros, mucho más que las palabras. Adolfo se sentó a su lado y le acariciaba la cabeza, mientras le ponía trozos de carne en la boca.

Al fin los expedicionarios anunciaron que traían una gran sorpresa en el bolso. Cuando lo abrieron, todos se arremolinaron alrededor. «¿Qué es?», preguntaban, sin reconocer ese amasijo de tela contrahecha.

—Lo que nos permitirá dormir a la intemperie —dijo Tintín, mientras sacaba los trozos irregulares del material aislante.

Daniel Fernández tomó un pedazo. Lo estiró, se lo puso contra el rostro y lo observó con detenimiento, con las últimas luces que entraban al fuselaje. Percibió que tenía plástico y fibra artificial, aunque el espesor era de sólo un centímetro. No dijo nada, pero se sintió bien.

22

Roy Harley*

Los hijos de la cordillera

◆

En 1995, Daniel Fernández y yo organizamos el primer viaje a la cordillera. Sólo Nando había ido antes, con su padre, caminando durante días y días por la montaña, sobre un sendero que no existía. Fuimos doce de los dieciséis. Teníamos una necesidad de ir que no conseguíamos verbalizar, ni comprender en su real magnitud. Nos dimos cuenta de esa urgencia por el impacto que nos provocó, y tuve clara conciencia de que era algo muy personal, difícil de transmitir a otros. Fuimos en unas camionetas especialmente preparadas hasta la precordillera, partiendo de San Rafael, y luego seguimos a caballo, improvisando el sendero, con la ayuda de varios baqueanos. Una semana después, el ómnibus que habíamos fletado nos trajo de vuelta. Me dejó acá, en mi casa, a las 7:30 de la mañana. No había pegado un ojo en toda la noche. Venía en un estado espiritual y emocional muy intenso, como si llegara de otra dimensión, que no era sólo del pasado, sino de otra era, de otra vida. Cuando bajé, me di un fuerte abrazo con los que seguían en el ómnibus rumbo a sus casas, saqué mi bolso y abrí la puerta de entrada. Fue extraño encontrarme en casa, estaba al borde del llanto. A la primera que veo es a mi hija Carolina, en el momento exacto en que se estaba yendo al colegio. Yo suelto el bolso para darle un abrazo muy, muy intenso, pero como ella no compartía mi estado anímico, ni tenía por qué compartirlo, porque no venía de ninguna montaña, con su sonrisa más franca me besa la mejilla, y como si tal cosa, porque para ella yo venía de un viaje cualquiera, me dice: «Hola, papá ¿cómo te fue?». Pero antes de que pudiera responderle, agrega: «Después te veo, chau», otro beso y desapareció. Quedé paralizado en el living, turbado, cuando siento que baja mi mujer, Cecilia, que me había escuchado. Estaba vestida como para salir. Sonrió cariñosamente cuando me vio, me abrazó fuerte, pero antes de que yo pudiera hablar, con más dificultad todavía para articular las palabras, me dijo que tenía que irse corriendo al trabajo, que se había atrasado esperándome y que hablábamos tranquilos a la vuelta. Susurré un saludo, me dio un beso tierno, comentó que por suerte había regresado y se marchó. Quedé parado ahí, con toda mi historia a cuestas, toda esa carga que no había podido descargar, como mi bolso sin deshacer, y me di cuenta de que en el fondo, al final de todo, era sólo mi historia, y no tenía por qué involucrar en tanto dolor y conmoción a las personas que más quiero en el mundo: mis hijos y mi mujer.

Unido a la sala está el comedor de mi casa, que no tiene ventanas hacia el exterior, sino que mira a una pared ciega, que tenía una curiosa mancha de humedad que nunca había percibido. Entonces me senté en el comedor, donde permanecí un largo rato «como un patito mojado», como me decía mi madre cuando era niño, llorando en silencio, a solas. Cuando miré mi reloj nuevamente, ya eran las 9:30 de la mañana. Me había quedado sentado, solo, dos horas, observando la mancha que se parecía —al menos eso yo creía— al contorno del Valle de las Lágrimas.

Lo que sucedió ese día es que mi familia y yo estábamos en frecuencias distintas. Por eso no nos encontramos esa mañana. Pero a la noche, cuando todos me preguntaron cómo me había ido, y tuve que contar y relatar todo minuciosamente, los dos mundos se habían aproximado. Yo ya no tenía la carga intensa de la mañana, y ellos habían terminado sus quehaceres y estaban ansiosos por escucharme. Pero no era la misma cosa. Esto es un poco lo que siempre sentí y siento con respecto a los Andes: es más una historia para nosotros que para el exterior, aunque tantas veces se haya recreado, en conferencias, libros, entrevistas o películas.

El tema de la cordillera en mi familia se vive, existe, pero no es un tema de todos los días ni mucho menos. Se sienten orgullosos de lo que viví, de lo que hicimos para regresar, les interesa conocerlo, pero no es un tema recurrente. Ellos están haciendo su vida y es ella la que importa, y saben que tienen que valer por ellos y por lo que hagan, porque cada uno es hijo de sus obras, las buenas y las malas, y no es el fruto de las acciones de sus padres.

Pero para los doce que viajamos a la cordillera —Daniel, si bien lo organizó conmigo, nunca pensó en ir— fue un impacto diferente. Llegamos muy sensibilizados porque habíamos descubierto claramente que era un tema pendiente que teníamos en nuestras vidas, volver al lugar donde habíamos pasado aquellos setenta y dos días, donde nunca habíamos regresado, retornar a la tumba donde estaban los muertos, nuestros amigos del alma que no habían podido regresar con nosotros.

Si bien creía que era una asignatura pendiente, no pensé que me sacudiría como lo hizo. Pero como en esta historia nada es lo que parece, y la única constante es la incertidumbre, me volví a hacer mierda en la montaña. Me hice mierda cuando nos sentamos en torno a la cruz de hierro, muy próximo a donde estaba el fuselaje, y empezamos a rezar y a recordar anécdotas, rostros, frases, episodios, y entonces yo, que aparentemente estaba muy enterito de cuerpo y espíritu, de repente me aflojé y me puse a llorar, como todos, y ninguno podía dejar de hacerlo. Lloramos todo lo que no pudimos llorar en el 72. Observaba lo que nos rodeaba, el valle, la montaña del oeste, y sentía que volvía al pasado, que el tiempo no había transcurrido, que estábamos todos de vuelta, que podía hablarles, tocarlos con la mano si la extendía más lejos.

Además ese viaje se hizo en una forma especial, porque los doce fuimos llegando poco a poco, a más de dos mil kilómetros de distancia. Primero fueron muchos días juntos en el ómnibus, y luego en las camionetas, encerrados en esa cápsula que se aproximaba a la montaña. Fueron muchas horas preparándonos para llegar al lugar, hablando de él, imaginando lo que encontraríamos, y a medida que nos aproximábamos, retrocedía en el tiempo hasta situarme en aquel año remoto, con veinte años de edad. Tras la larga travesía a caballo, cuando estábamos arriba, durmiendo en una carpa azotada por un viento inclemente, escuchando los mismos aludes cercanos que se precipitaban próximo a donde estaba el fuselaje, a ochocientos metros de donde estábamos, me transporté definitivamente al pasado.

Las muertes de Gustavo Nicolich y Diego Storm me pegaron demasiado fuerte. Muchos pudieron separar lo que sentían, o postergarlo para más adelante, para no derrochar esa energía que debíamos conservar en cuentagotas, porque era una lágrima lo que nos separaba de la muerte. Yo no pude hacerlo. Y si bien era de los mejor entrenados, por no poder blindarme a los afectos, físicamente me aniquilé, porque emocionalmente me había entregado. Treinta y seis años después no puedo decir que me arrepiento o que no me arrepiento de mi actitud en los Andes, porque no supe ni pude hacerlo de otra manera.

En el fuselaje había momentos de mucha actividad, pero también momentos en que el tiempo transcurría muy lento. Hacíamos un juego, con Diego Storm y Gustavo Nicolich, que era imaginar qué estarían haciendo en nuestras casas, en ese exacto instante. Cada uno contaba lo que visualizaba. Cerrábamos los ojos los tres y los veíamos, escuchando el relato del que le tocaba el turno, y sentíamos que estábamos allá, que volvíamos a formar parte de esa rutina tan maravillosa, que hasta entonces nunca habíamos valorado. Qué estaba haciendo mi madre, mi padre, mis hermanos; en qué momento del mes estábamos, y tratar de sentir la temperatura que estaban experimentando en ese momento en Montevideo, la calidez de la primavera, el murmullo constante del Río de la Plata, la tibieza de los árboles brotando, el olor a comida recién hecha saliendo del horno. Imaginábamos incluso qué platos estaban comiendo, porque cada familia tiene sus pequeñas rutinas, y los jueves suele comerse tal cosa, y el mediodía de los viernes tal otra, muy sencilla y muy sabrosa, y eso nos sacaba de la nieve, de la cordillera y nos llevaba a los lugares más cálidos del mundo, sentados alrededor de la mesa, con nuestros padres yendo y viniendo, con nuestros hermanos protegiéndonos. Y ahora te toca contar a ti, Diego, mientras yo cierro los ojos.

Pero el domingo 29 de octubre nos cae el alud. Esa noche Diego Storm estaba en la parte alta del piso, y yo estaba en la parte baja y ondulada del fuselaje. Diego me preguntó si me importaba cambiar de lugar, con esa forma tan amable y tierna que tenía, porque el cóccix le dolía demasiado. Nos cambiamos y me acosté contra el piso del avión, que como estaba ladeado, en verdad quedaba más alto.

Muchos días después, yo miraba el cielo, de cara al sol, cerraba los ojos para repetir lo que hacía con Diego Storm y Gustavo Nicolich, y si bien yo lo relataba en murmullos, no podía visualizar nada, eran todos nubarrones, no conseguía divisar Montevideo, no podía apreciar los aromas ni los sonidos.

En el accidente del 13 de octubre, mis amigos más íntimos y yo habíamos tenido suerte, habíamos quedado todos sanos, sin un rasguño, y este alud viene y nos mata en esta forma tan infame. Porque incluso a todos los que sobrevivimos la avalancha nos quitó un pedazo.

Inmediatamente después del alud, todo cambió para mí. Entré en un pozo depresivo, empecé a formularme la pregunta más elemental y la más verdadera, que me haría durante años, después de regresar a Montevideo: por qué me estaban sucediendo estas cosas. Por qué yo seguía y ellos no. Por qué la vida se daba de esta manera.

Todos esos golpes emocionales me castigaron físicamente. Pasé de ser uno de los mejor entrenados al que estuvo peor, con treinta y ocho kilos de peso, con más de un metro ochenta de altura. Había perdido cincuenta kilos.

Al mismo tiempo, otra parte de tu personalidad iba formando callos emocionales, se tornaba más dura. Hoy, si voy por la calle y veo a una persona que cae y se lastima, lo primero que atino es a acercarme, no titubeo un instante, porque ya sé lo que significa que te tomen una mano cuando estás herido o cuando te estás muriendo. Si veo un accidente de tránsito, detengo el coche y corro por si alguien me necesita. Sé muy bien la importancia que tiene en esos momentos escuchar una voz, esas cosas tan pequeñas que es la diferencia entre la compañía y la soledad de la hora del lobo, esas madrugadas solas cuando uno despierta y se asusta porque siente que es el único que queda vivo en el universo, como me sucedió en el alud.

Cuando el 22 de diciembre nos enteramos por la radio que aparecieron Nando y Roberto y que se preparaba el rescate, nos aprontamos, nos peinamos y nos lavamos. En el momento en que aparecieron los dos helicópteros con ese ruido furioso, como nosotros estábamos acostumbrados a setenta y un días de silencio absoluto, nos pareció que nos romperían los tímpanos. Fue como un estampido, volaba la nieve para todos lados y no entendíamos qué estaba sucediendo. Al aproximarse, la fuerza del aire que desplegaban las alas era tan violenta que me volteó. Adolfo Strauch me levantó, y alzándome y sosteniéndome debajo del hombro, me dijo: «Vamos a aquel helicóptero, Roy», pero cuando llegamos, trastabillando, el helicóptero se elevó, y entonces me dijo: «Vamos a aquel otro, Roy», y caminamos a los tumbos, pero cuando llegamos también se fue, y nos quedamos ahí abrazados, solos, cada uno con su bolsito, todo demasiado rápido. «¿Por qué no nos esperan?», le pregunté. Adolfo levantó los hombros. En mi bolsito llevaba una libreta y un cinturón de seguridad del avión. Era el pedazo de montaña que sentía que me pertenecía. «No te preocupes. Ya volverán», me consoló.

Para todos, esta historia fue diferente, incluso el final. En mi caso, tras el rescate, yo estuve aislado del grupo. El mismo día que me llevaron al hotel Sheraton de Santiago, me desestabilicé, sufrí una disentería aguda, perdí potasio hasta quedar al borde de la muerte, a lo que le siguió una arritmia al corazón, por lo que me internaron de urgencia en la clínica Santa María, donde estuve doce días en un CTI. Mucho después volví a encontrar al médico que me atendió y me confesó que él estaba convencido de que moriría. Me dijo: «No sabes cómo me dolía que ese cabro que tanto había sufrido muriera en mis brazos, pero aguardaba tu muerte minuto a minuto». Por eso prácticamente se había instalado en la clínica, porque no se acostumbraba a la idea de que después de resucitar me muriera. Me relató que yo había entrado en la fase descendente, cuando todos los signos vitales se desploman. Pero un día mi organismo despertó, para su sorpresa y la de todos los médicos que me cuidaban, y los mismos indicadores que hasta entonces caían en picada comenzaron a mejorar, todos juntos, hasta el punto de que, después que regresé a Montevideo, engordaba un kilo por día. Cuando descubrieron que no me moriría, los de la clínica me venían a ver como a un portentoso accidente de la medicina. Y esto reproduce, también, toda la peripecia. La ilusión de vivir cuando salimos en el helicóptero, la caída cuando se desequilibra mi organismo, y esa lucha a brazo partido contra la muerte, todos juntos en la clínica, para que al fin yo pudiera volver a vivir.

Cuando el grupo se viene a Montevideo a la conferencia de prensa del 28 de diciembre, yo estaba monitoreado con cables por todos lados, aislado hasta de mi familia. Durante esos primeros días del aterrizaje del grupo en Montevideo, yo seguía en la cordillera, navegando entre la vida y la muerte, encerrado en el cono partido del CTI, sin ver a nadie del exterior.

Llegué a Montevideo dos semanas después, a cargo de dos médicos, que alternaban mi cuidado con mi familia y mis amigos, que me acompañaban a los pies de la cama. Así fueron mis primeros quince días en casa. El día dieciséis pude pararme con ayuda y caminar, trastabillando, hasta la ventana. Dos días después no precisaba ayuda para incorporarme. En febrero empecé a caminar hasta la playa, y en marzo retorné a las clases en la Facultad de Ingeniería.

No bien pude salir de casa, pasé mucho tiempo con Rosina, la novia de Gustavo Nicolich, con su madre, con la madre de Diego. Traté de acompañarlos todo lo posible. Desde ese primer día me comprometí a mantener un perfil muy bajo.

Me casé con veintitrés años, cuando mi novia tenía veintiuno. Cecilia es la hermana de Lauri, la mujer de Roberto Canessa. Nuestra primera hija, Carolina, nació dos años y medio después, cuando yo tenía veinticinco años. Cuando estaba en tercero de Facultad, nació Alejandro, y después Eloísa.

Al grupo de sobrevivientes siempre lo seguí viendo, aunque confieso que me hubiera gustado alguna cosa distinta. Ese grupo no lo elegimos nosotros, somos aquellos a los que nos tocó salir. Somos todos muy distintos, pero tenemos algo que nos une y que es muy poderoso. Pero pienso que todavía no lo hemos aprovechado lo suficiente. Aunque si se dio así, si todavía no lo logramos, por algo será.

No digo que esté en lo cierto, tal vez sea yo el que esté equivocado. Pero yo hubiera dejado el tema de la cordillera más para nosotros y menos para el exterior. Hubiera vivido más para adentro. No veo, no siento esa necesidad de que el grupo tenga que dar un testimonio. Siento, sí, que el testimonio lo debemos dar con la vida diaria y con lo que hacemos con ella, en homenaje a lo que vivimos: nos tocó experimentar algo muy particular y creo que el mensaje lo tenemos que dar todos los días en forma permanente con lo que hacemos, no con lo que decimos. En silencio, por honor a los que murieron y nos permitieron seguir con vida.

Los ingleses lo llaman *walk the talk*. O el otro lema: si no vives como piensas, acabarás pensando como vives. Posiblemente haya muchos de los dieciséis que sean muchísimo mejores que yo como persona. Pero *walk the talk*, haz lo que dices, es una buena pauta de conducta para gente que padeció lo que nosotros padecimos.

Nadie sabe lo que fue vivir los setenta y dos días en aquel túnel helado. Los únicos que lo sabemos somos nosotros y esa vivencia morirá con nosotros. Por más libros que se escriban y películas que se filmen, es difícil transmitir todas las dimensiones de la experiencia. Y fue demasiado tiempo. Algo que hice durante muchos años, cuando llegaban los 13 de octubre, era marcar la agenda y recordar día a día para percibir claramente lo largo que era llegar hasta el 23 de diciembre. Cuando pasaba un día después del 13 de octubre me decía: hoy sería un día más en la montaña, y el 14 repetía: hoy sería un día más, y el 15 sería otro día. Es una enormidad de tiempo para vivir en una constante incertidumbre, que fue peor que la sed, peor que el hambre, peor que el miedo.

A veces me pregunto en qué me cambió la cordillera, y siempre llego a una conclusión muy elemental: aprendí a disfrutar la vida, en especial las cosas sencillas, la familia, los amigos. Reírme, estar agradecido, sin necesidad de vivir en un paraíso o con dinero en el bolsillo. Es básico, pero eso fue lo que aprendí. También me dio seguridad y confianza. Me permitió pararme de otra forma ante la vida. Si caminas setenta y dos días en un pretil, te acostumbras a vivir en una cornisa.

Reconozco que en privado me gusta hablar de la cordillera, porque tiene una infinidad de aristas, porque siempre descubrimos ángulos nuevos, pero no podría vivir atado a lo que padecimos en la montaña, porque es como un imán de sufrimiento demasiado poderoso que puede consumirte.

Uno de los ángulos buenos por donde se puede abordar el tema, que para mí opera como un disparador, es la calidad de todos los hijos de los sobrevivientes. Claro que no me refiero sólo a los míos, sino a los de todos. Creo que eso habla de la actitud del grupo que se forjó en la montaña en forma más elocuente de lo que cada uno pueda contar o creer. Ellos son hijos de algo que está más allá del propio grupo, eso que tantas veces he querido rescatar y no lo he conseguido, tal vez porque no sepa exactamente qué es lo que busco. Pero sé que los dieciséis de los Andes, y nuestros hijos, son de buena madera. Y cada vez que conozco más íntimamente a uno, compruebo lo mismo, y me conmueve corroborarlo. Sé que detrás de esa entereza, está el grupo que se formó en la montaña. Nosotros, uno a uno, no somos especiales, el especial es el grupo, como si fuera un conjunto humano que se cubre un ojo para mirarse, y por ese ojo que no ve se escapan todas las pequeñeces humanas, que todos tenemos, y con el otro sólo se ven las virtudes, que de ese modo se agigantan. Y de ese modo criamos a nuestros hijos.

En la montaña quedó algo pendiente, un agujero en el alma que no cicatriza nunca. Un agujero en el alma que permanece abierto. Cuando regresé a Montevideo, sentí una gran responsabilidad con las familias de los que murieron. Sentí mucha falta de mis amigos muertos, una ausencia que, en lugar de languidecer, crecía con el tiempo, y no sabía cómo suplirla. Pero la vida me dio una de las grandes satisfacciones que he tenido: con nuestros cuatro mejores amigos de ahora formamos un grupo muy estrecho, nos une la ternura, la afinidad, somos seis que nos queremos mucho, y están vinculados directamente con mis amigos de entonces: Rosina, la que era novia de Gustavo Nicolich, y su marido Martín; Mónica, la hermana de Gustavo Nicolich, y su marido Juan, Cecilia y yo. Con ellos me siento bien. Y ese agujero en el alma me deja de doler.

* Roy Harley nació en 1952. Es ingeniero industrial y trabaja en una gran fábrica de pinturas. Además tiene una empresa de mantenimiento de áreas verdes, con sus tres hermanos. Vive en una casa en el corazón de Carrasco.

Cuesta imaginarse que en algún momento llegó a pesar treinta y ocho kilos, ahora que luce un porte atlético porque se entrena varias veces por semana.

Parece sencillo y sensible. Es de risa fácil e inspira mucha ternura.

Cuando habla de su vida, de todos sus logros y fracasos, las ilusiones cumplidas y las que no sabe si algún día se realizarán, siempre queda pendiente la sensación de que lo que verdaderamente le importa es otra cosa. De lo que verdaderamente siente orgullo no es de su trabajo, ni por haber sobrevivido a los Andes. Cuando aparecen en la casa sus hijos se devela la incógnita. Se pone de pie y los va presentando uno a uno, con admiración, con ternura y con una expresión en el rostro que no deja lugar a dudas.

Ese es, para Roy, el sentido verdadero: los hijos de los Andes.

23

Los buscadores

◆

Cuando Moncho salió del fuselaje, el viernes 1.º de diciembre, dos días después del regreso de la expedición para conectar la radio, se encontró con una escena inusual: todos miraban atónitos al cielo, donde tres cóndores planeaban sobre ellos. Alguien había preguntado si no serían capaces de atacar a algún sobreviviente que se alejara del fuselaje aunque sea para defecar, pero Pedro Algorta les explicaba que no eran aves cazadoras de ataque, sino carroñeras.

A partir de entonces fue necesario buscar nuevos cuerpos antes de que los encontraran los cóndores, que ahora disputaban las mismas presas. Cuando los encontraban, debían cubrirlos constantemente con nieve, que se evaporaba rápidamente con el deshielo.

A las necesidades cotidianas se sumó la carne suplementaria que debían cortar para que los expedicionarios pudieran comer todo lo que precisaban y llevar lo necesario para su escalada final, rumbo al oeste.

Empiezan a comer partes que antes habían desechado. Los más desesperados prueban carne que había iniciado el proceso de descomposición. Al estreñimiento le siguen diarreas, que los dejan atolondrados y abatidos.

Eduardo Strauch se sentaba junto a Adolfo, en las noches, y lo apaciguaba: «No es una degradación, es una etapa necesaria para acceder a un pensamiento diferente. Pero no puedes mirarlo con los ojos de antes». Adolfo intuía lo que Eduardo quería transmitirle, aunque todavía no alcanzaba a aprehenderlo por completo. «Saldremos de ese estado y llegaremos más lejos», le prometía Eduardo. «A mí ya me sucedió», le agregaba, enigmático, frase que a Adolfo inquietaba.

Una noche, Roberto Canessa despertó agónico y exaltado: un cóndor carroñero, con el cuello arrugado y pelado, y ese pico poderoso para romper el cuero de los animales muertos, intentaba introducir la cabeza en sus entrañas, golpeándole el vientre con el pico, hasta abrir un orificio sangrante. Roberto pegó un alarido e hizo un gesto inconsciente para alejarlo y golpeó a Nando en el rostro, que estaba a su lado, despierto: «Tranquilo, Roberto», le susurró. «Es una pesadilla.»

En tanto los cóndores los acechaban, esperando el momento para bajar e introducir sus picos curvos en los cadáveres, sus familias de Montevideo habían obtenido un nuevo avión de búsqueda. Era un Douglas C-47 de la Fuerza Aérea Uruguaya, al que se había equipado con oxígeno y presurización para acceder a mayor altura. La aeronave colaboraría con los que continuaban buscando desde el primer día, como el padre de Carlitos, el reconocido pintor Carlos Páez Vilaró.

La desesperada búsqueda de los padres reprodujo, en otra escala, la peripecia que sus hijos estaban viviendo en el corazón de los Andes.

También se organizó poco a poco, por ensayo y error, y mientras unos formaban parte del grupo de acción y hacían el trabajo físico y arriesgado de buscarlos en avión, a caballo, en helicóptero o a pie, otros planificaban, consultaban a expertos y videntes o apoyaban con dinero para financiar las múltiples expediciones de rescate.

Cuando el Control de Tránsito Aéreo del aeropuerto de Pudahuel en Santiago perdió el contacto con el F571, el 13 de octubre, llamó de inmediato al Servicio Aéreo de Rescate (SAR). El SAR no es una institución estable sino un servicio que se organiza, automáticamente, cuando se denuncia la pérdida de un avión. Colaboran la Fuerza Aérea de Chile, los carabineros, el Cuerpo de Socorro Andino y clubes aéreos. Esa misma tarde un DC-6 de cuatro hélices de la Fuerza Aérea de Chile siguió la ruta desde la última posición del avión uruguayo. Al día siguiente se analizó con más cuidado la información, la hora exacta en que había salido de Mendoza, el momento en que había sobrevolado Malargüe, y se cruzó con la información que tenían sobre la velocidad del avión y del viento a esa hora de la tarde. Concluyeron de inmediato cuál podría ser el error en que habían incurrido los pilotos: el avión no estaba sobre Curicó, como ellos creían, sino sobre Planchón, y en lugar de virar hacia Angostura y Santiago, se internó en el corazón de los Andes y descendió o se estrelló en el área de las montañas de Tinguiririca, Sosneado y Palomo. Señalaron un cuadrado de treinta centímetros de lado en el mapa, unos doscientos cincuenta kilómetros de superficie, y ordenaron que salieran los aviones de búsqueda.

Si bien volar entre las turbulencias que se originan en las montañas podía provocar más pérdidas de aparatos y de vidas, igual se hizo una investigación metódica del área. Sabían que la temperatura a esa altura descendía a treinta o cuarenta grados bajo cero cuando caía la noche, por lo que al segundo día concluyeron que era imposible encontrar personas con vida, pero la norma internacional obliga al país donde se produce el accidente a organizar la búsqueda durante diez días.

Cuando se enteró del accidente, el pintor Páez Vilaró viajó a Santiago para unirse a los rescatistas. Los comandantes a cargo, Carlos García Monasterio y Jorge Massa, de la Fuerza Aérea de Chile, fueron sus principales interlocutores desde el primer día hasta el final.

Cuando finaliza la búsqueda del SAR, Páez Vilaró redobló la suya, con el apoyo de algunos padres de los accidentados que llegaron a Santiago.

En un principio la búsqueda de las familias se guiaba por principios técnicos y racionales, como hizo el Servicio Aéreo de

Rescate, basándose en estrategias que trazaron cartógrafos uruguayos como el doctor Luis Surraco, padre de la novia de Roberto Canessa. Con esas informaciones delimitaron una zona de búsqueda entre el Tinguiririca, las sierras de San Hilario y el volcán Sosneado, muy próximo a donde buscó el SAR.

Pero a medida que volaban sobre el lugar donde estaba el Fairchild sin ningún avistamiento (en rigor el fuselaje partido y blanco no se veía desde la altura en que volaban los aviones, desde donde a su vez era muy difícil mirar por causa de las turbulencias), muchas familias, además de las oraciones, comenzaron a apelar y a confiar en otras fuerzas que estaban más allá de la razón.

El 16 de octubre, Madelón, la madre de Carlitos, junto a Juan José Methol, el hermano de Javier, consultaron a un famoso astrólogo uruguayo, y este les dio el nombre de quien tenía la reputación de ser el mejor clarividente y buscador de personas perdidas del mundo: Gérard Croiset, de Utrecht, Holanda.

No obstante, Gérard Croiset, al que recurría frecuentemente la policía europea para búsquedas difíciles, estaba convaleciente de una seria enfermedad, y delegó la tarea en su hijo, Gérard Croiset Jr., de treinta y cuatro años, que vivía en Enschede y que, según el padre, había heredado sus dones parapsicológicos.

El método de Croiset consistía en disponer de un objeto que pertenecía a la persona extraviada y, concentrándose, describir la serie de imágenes que se formaban en su mente. Para empezar le enviaron una carta aeronáutica del área y en poco rato el adivino aseguró que había tomado contacto con el avión, brindando algunos detalles que a los familiares les resultaron escalofriantes: el F571 estaba al mando del copiloto, se le había caído uno de los turborreactores y se había estrellado junto a una laguna de aguas turquesas. Pero veía vida, en su mente se configuraban con claridad imágenes con sobrevivientes en las cercanías de la laguna.

Mientras el SAR y los informes técnicos del doctor Surraco indicaban que el avión había caído en los alrededores del volcán Tinguiririca, Croiset Jr. aseguraba que lo veía al sur, en las estribaciones de la cordillera chilena, con montañas más bajas. Hacia allá partió Páez Vilaró, y el domingo 22 estaba sobrevolando las montañas de los alrededores de Talca.

Paralelamente, un uruguayo humilde, Miguel Comparada, a quien se le atribuían poderes paranormales, atendió a dos padres angustiosos en su modesta vivienda en la zona oeste de Montevideo, en un lugar solitario, frente al Río de la Plata. Usaba un sombrero de fieltro marrón que nunca se quitaba. Movió su vara sobre el mapa que le llevaron, la que vibró entre el volcán Tinguiririca y el volcán Sosneado, junto a las sierras de San Hilario, que era exactamente donde se encontraba el cono partido del Fairchild. Pero la información la desecharon porque por allí ya habían rastrillado los aviones del SAR chileno, al segundo día del accidente, y nada habían encontrado. A Miguel Comparada, que ya era un hombre mayor, no sólo se le atribuían poderes paranormales sino que se lo solía contratar como rabdomante, para encontrar aguas profundas en lugares rocosos e inaccesibles, donde los barrenos se quebraban como si fueran de arcilla.

La peripecia de Carlos Páez Vilaró estuvo sembrada de coincidencias y hechos fortuitos que él siempre interpretó como mensajes que le alimentaban la expectativa.

Como el pintor hablaba con todos y a todos contaba su desgracia, a los cuatro días de iniciar su búsqueda conoció a la hermana del arriero Sergio Catalán, que fue quien al final encontró a los expedicionarios. Cuando ella le relató a Páez Vilaró que su hermano Sergio era un arriero que cuidaba animales en las estribaciones de la montaña, el padre de Carlitos quiso conocerlo, pero como en ese momento el campesino estaba muy alto en la cordillera, y era muy difícil dar con su paradero, para no perder tiempo siguió con las otras pistas que tenía. Este hecho probablemente influyó en el resultado final, porque cuando el arriero Sergio Catalán vio a los dos expedicionarios y luego tuvo en sus manos el mensaje escrito por Nando Parrado, no dudó de que eran los accidentados del avión uruguayo, aquello que le había relatado a su hermana un pintor excéntrico hacía tanto tiempo.

Era tal la pasión que ponía Páez Vilaró que, a mediados de noviembre, el variopinto ejército de buscadores que lo rodeaba abarcaba desde maestras rurales de la precordillera chilena hasta jóvenes, arrieros, carboníferos y religiosos.

A partir del 28 de octubre se unieron a la búsqueda el doctor Luis Surraco y el abogado Jorge Zerbino, padre de Gustavo. Surraco podía comunicarse con los expertos del SAR en la misma lengua y juntos rehicieron los cálculos, que siempre los llevaban a las inmediaciones del Valle de las Lágrimas. El comandante Jorge Massa les informó que si bien reiniciarían la búsqueda en ese lugar, recién lo harían cuando se intensificara el deshielo, a fines de enero, porque temía perder vidas en una búsqueda de cadáveres.

El primero de diciembre, cuando en la montaña se cosía frenéticamente el saco de dormir para los expedicionarios, se anunció en Montevideo que la Fuerza Aérea Uruguaya había terminado de acondicionar el avión del rescate. En él viajarían Páez Vilaró, Raúl Rodríguez Escalada, un experto en aviación y amigo de los familiares, y los padres de Roberto Canessa, Roy Harley y Gustavo Nicolich.

A las seis de la mañana del 11 de diciembre, un día antes de la expedición final de Nando, Canessa y Vizintín, el Douglas C-47 despegó de Montevideo rumbo a Santiago, piloteado por el coronel Ruben Terra y apoyado por cuatro tripulantes.

La peripecia del Douglas C-47 acompañó, con sorprendente sincronización, las vicisitudes que los sobrevivientes estaban experimentando en esos mismos momentos. En su primer viaje, poco después de partir, comenzó a echar humo negro y espeso de uno de los motores, que se detuvo, mientras el aparato se sacudía y vibraba, como si se estuviera desintegrando. El comandante Terra les anunció a los pasajeros, que habían advertido cómo se detuvo la hélice, largando explosiones, que haría un aterrizaje de emergencia, sumamente arriesgado, en el aeropuerto de El Palomar, en la provincia de Buenos Aires. Cuando aterrizaron, y los padres bajaron por la escalinata hasta las pequeñas instalaciones del aeropuerto, no podían creer lo que estaban viviendo. Casi sufrían su propio accidente aéreo en un viaje a la montaña.

Terra pidió las piezas necesarias del motor a Montevideo, pero como demorarían, los pasajeros tomaron un vuelo de línea rumbo a Santiago. Al día siguiente estaban en la antesala del despacho del Servicio Aéreo de Rescate.

Jorge Massa los recibió con sorpresa y cordialidad, colaboró como pudo para brindarles toda la información que requerían, pero les repitió que recién reiniciaría la búsqueda a fines de diciembre o en enero, con el deshielo. Entonces los buscadores, sin más elementos que la voluntad, se dividieron en tres grupos, para cubrir más áreas: uno se aproximaría a la zona del Tingui-ririca por tierra, o al menos hasta donde pudieran acercarlos los baqueanos a caballo (lejísimos del lugar del accidente); otro grupo aguardaría al Douglas C-47 en Santiago, para hacer la búsqueda original, siguiendo la ruta del primer grupo, y el tercero iría en busca de un minero que creía haber visto caer el avión en la montaña, al sur, en las cercanías de Curicó.

El 14 de diciembre aterrizó en el aeropuerto Los Cerrillos, de Santiago, el C-47 recién reparado. Se disponía a iniciar una búsqueda accidentada, durante los mismos días en que Nando Parrado y Roberto Canessa atravesaban la cordillera de este a oeste. Al día siguiente despegó con Nicolich y Rodríguez Escalada a bordo para volar sobre el Paso de Planchón. Mientras tanto, Páez Vilaró recorría a caballo la zona de Los Maitenes, junto a uno de los brazos del río Azufre, y el doctor Canessa y Harley alquilaron un automóvil para ir a Curicó, a efectos de hablar personalmente con el minero.

Dos días después, el comandante Jorge Massa del SAR les anunció que había recibido informes de que dos aviadores, en vuelos diferentes, habían avistado una cruz que parecía hecha por seres humanos en la parte alta de las montañas. Páez Vilaró regresó a Santiago, y junto con el doctor Canessa y Gustavo Nicolich, partieron en el C-47 para observar la cruz. Incluso creyeron ver huellas humanas en la parte alta de las montañas (las sierras de San Hilario), pero luego consideraron que era imposible: ¿cómo podía haber huellas humanas en una montaña de cinco mil metros de altura? En verdad podían haber visto las huellas que habían dejado, hacía poco rato, Roberto Canessa y Nando Parrado, en su expedición final hacia el oeste.

Instantes después, cuando faltaban pocos minutos para llegar al lugar donde habían visto la cruz, Nicolich, que por causa de las turbulencias miraba dificultosamente por la ventanilla de la derecha con prismáticos, descubrió que surgía humo negro y espeso de la misma hélice, que al fin se detuvo. Inmediatamente, el avión comenzó a sacudirse y a temblar. Todos se sentaron y se colocaron los cinturones de seguridad y otras correas que colgaban del aparato, imaginando que no resistiría un segundo y arriesgado aterrizaje de emergencia. Pero cuando, tras temblar como nunca, el aparato comenzó a carretear en la pista de Los Cerrillos, los tres hombres vitorearon emocionados al comandante Terra, que sudaba y reía al mismo tiempo, aunque en verdad quería llorar, porque se había salvado por segunda vez en menos de una semana.

En la tarde de ese 16 de diciembre, se informó desde la Argentina que la cruz era el trabajo de una expedición de geofísicos de Mendoza, que había enterrado doce conos en forma de X para estudiar el proceso de deshielo. Mientras tanto, en la cumbre de los Andes, Parrado y Canessa llegaban a la mitad de su travesía y seguían con vida.

El 18 de diciembre, Páez Vilaró alquiló una avioneta para sobrevolar el Tinguiririca con el minero apellidado Rivera, que aseguraba haber visto a un avión que se estrellaba contra una ladera. También iba en el aparato el comandante del Cuerpo de Socorro Andino, Claudio Lucero, que sería uno de los andinistas que permanecerían una noche con siete sobrevivientes en el cono partido del Fairchild, cuatro días después. El Cuerpo de Socorro Andino, con una sólida reputación, estaba integrado exclusivamente por voluntarios muy bien entrenados física y psicológicamente. Regresaron sin ver nada más que la infinita sucesión de montañas de nieve.

La búsqueda llegaba a su fin y sin ningún resultado. Con las esperanzas convertidas en añicos, los buscadores debían enfrentar a las madres y decirles que todo había sido en vano. Canessa, Harley y Nicolich se prepararon para regresar en el C-47 con el comandante Terra. Páez Vilaró y Rodríguez Escalada regresarían en un avión de línea. Todos estarían en Montevideo para Navidad. Mientras tanto, Nando y Roberto comenzaban a encontrar vestigios de vida humana en su marcha hacia el oeste.

El C-47 despegó de Santiago el jueves 21 de diciembre (el mismo día que Roberto y Nando contactaron al arriero Catalán), pero media hora después, a causa del mal tiempo, tuvo que regresar. Canessa, Harley y Nicolich dudaron si tomar un avión de línea, pero se sentían comprometidos con los esfuerzos que había desplegado el comandante Ruben Terra, e incluso con la Fuerza Aérea Uruguaya, que había preparado ese avión especial, aunque en verdad no había servido nada más que para arriesgar las vidas de todos. Cuando despegó, a las dos de la tarde, los tres padres de los accidentados observaban con pesadumbre las montañas blancas de la cordillera, donde en algún lugar escondido podían estar sus hijos. Cuando el aparato sobrevolaba Malargüe, Harley, boquiabierto, tomó del brazo a Canessa y le señaló el motor de la derecha: sí, una vez más, la hélice se iba enlenteciendo, hasta detenerse por completo. Nadie lo podía creer, especialmente el comandante Terra, que tenía que prepararse para hacer, en nueve días, un tercer aterrizaje de emergencia. Con una destreza y un temple que sorprendieron a sus tres pasajeros, Terra aterrizó en el aeropuerto de San Rafael, en las estribaciones de la cordillera argentina, donde lo esperaban dos unidades de bomberos y una ambulancia.

Esta vez no rieron ni celebraron, como las veces anteriores. Terra se secó el sudor de la frente con la manga de la campera, y los tres pasajeros le estrecharon la mano. Era la tercera vez que casi se morían. «En verdad, poco me hubiera importado», le dijo Canessa a Harley, que también lo miraba desconsolado.

Esa noche, el doctor Canessa tomó un ómnibus rumbo a Buenos Aires, para de allí volar a Montevideo. Terra debía permanecer en San Rafael hasta que le repararan el motor, mientras que Harley y Nicolich no sabían qué hacer.

A media tarde del 21 de diciembre, Páez Vilaró y Rodríguez Escalada se dirigían al aeropuerto de Pudahuel, en Santiago, para tomar un avión de Lan Chile rumbo a Uruguay. Cuando ya habían despachado sus maletas y se preparaban para embarcar, llamaron a Carlos Páez Vilaró por los altoparlantes. Los dos amigos se detuvieron, sorprendidos. Páez creyó que habían descubierto que tenía escondido entre sus ropas un cachorrito que llevaba de regalo a una de sus hijas, para entretenerla mientras narraba las desgracias. Lo llamaron por segunda vez.

—¿Tanto lío por un perrito de contrabando? —le dijo a su compañero de viaje.

Se dirigió a un oficial y preguntó qué sucedía. Este lo llevó hasta un despacho en la dirección del aeropuerto, donde le informaron que el comandante del regimiento de San Fernando, el coronel Morel Donoso, tenía una noticia para darle. Llamaron por teléfono y Morel Donoso explicó que había aparecido una nota en Los Maitenes, traída por un arriero, que mencionaba un avión uruguayo caído en las montañas. El papel, escrito por el caminante, mencionaba que había otros heridos más arriba en la cordillera. A Páez Vilaró se le paralizó el corazón y el cuerpo comenzó a temblarle. El perrito, escondido entre sus ropas, se asustó con los temblores y se le orinó encima. Como Páez perdió el habla, Rodríguez Escalada tomó el tubo para formular preguntas concretas al coronel Morel Donoso. Páez Vilaró escuchaba que decía: «Sí... No... ¿Usted qué cree? ¿Exactamente qué dice? ¿Cómo es la letra?».

A medianoche, Harley y Nicolich, que todavía permanecían en San Rafael, se comunicaron con Montevideo, donde les anunciaron que había aparecido esa nota, pero todo estaba en la nebulosa, nadie había confirmado nada, ¿no sería otra falsa ilusión, de las infinitas que habían sorteado? Inmediatamente tomaron un ómnibus hasta Mendoza, donde llegaron al amanecer. Con la colaboración de las autoridades del aeropuerto, que estaban tan sorprendidas como ellos, pudieron embarcar en un avión que transportaba carne congelada que acababa de hacer una parada técnica y que pasaría por Santiago. En el mismo momento en que ellos llegaron a Chile, arribaba Juan Carlos Canessa a las afueras de Buenos Aires, en el ómnibus. Canessa despertó cuando el bus comenzó con los corcovos, hasta detenerse. Venía de un avión roto y ahora se le quebraba el bus. Desolado, paró un taxi y le pidió que lo llevara al centro, a la casa de un primo, para ducharse y volar a Montevideo al mediodía. El chofer le preguntó por qué ruta prefería ir. «Por la que guste», le respondió Canessa, deprimido. Con esa sola frase el chofer adivinó que su pasajero era uruguayo. «¿Escuchó la noticia del avión? ¡Qué increíble!», dijo. Canessa no entendía cómo ese hombre se había enterado de que el C-47 había hecho un tercer aterrizaje forzoso en San Rafael. «¡Qué muchachos!», continuó, cuando Juan Carlos Canessa intentó corregirlo: soy el padre de uno de los chicos que cayeron en la montaña, pero el accidente de ayer me ocurrió a mí, no a los muchachos. «Pero ¿usted no lo ha escuchado?», respondió el chofer, mirándolo por el espejo retrovisor. «¡Aparecieron dos del avión de los jugadores de rugby!». «¿De qué habla?», preguntó Canessa, súbitamente inquieto. «¡Está en todas las emisoras!», respondió el chofer, al tiempo que encendía la radio. La primera palabra que escuchó Juan Carlos en la radio fue «Roberto Canessa»: «Roberto Canessa y Fernando Parrado son los dos sobrevivientes que llegaron a Los Maitenes».

Completamente descontrolado, el doctor Juan Carlos Canessa se tiró hacia el asiento delantero para abrazar y besar al chofer, que clavó los frenos en medio de la calle y también se puso a llorar desconsoladamente.

24

Bobby François*

En el borde

♦

En los Andes no me entregué, pero tampoco me afligí demasiado. Siempre estuve en el borde, literal y metafórico. En el borde de la vida y de la muerte, en el borde de creer que salíamos y que no salíamos. Incluso en el fuselaje, vivía en el borde: dormía en la parte más fría, contra el hielo, casi congelado. A veces ni siquiera me cubría con las mantas. Tanto viví en el límite que creo que del mismo modo que sobreviví podía haber muerto. Tuve las mismas posibilidades. Pero se dio de esta manera.

Mucho dependía del nivel de esperanza que cada uno tenía. A los que mantenían más confianza en volver, la mente los ayudó todo lo posible para que vivieran, salvo aquellos episodios que dependían puramente del azar, como en el momento del accidente o del alud. Los que no tenían ninguna confianza, o que se fueron convenciendo poco a poco de que no había salida, en ese atropello de adversidades que se sucedían una tras otra, más tarde o más temprano se murieron.

Yo me ubico en un punto intermedio. Oscilaba entre una actitud y la otra. Como jamás vi clara la salida, lo que divisaba era una serie de matices, que iban desde un gris opaco hasta un negro tan profundo que impedía que entrara la luz. En esa lucha interior viví los setenta y dos días. Por eso tuve, conmigo mismo, actitudes de sobreviviente y actitudes de indolente. Dependía del horizonte que veía en ese momento. El horizonte exterior, los picos infinitos que nos rodeaban, y el horizonte interior, cómo vislumbraba mi futuro, mis posibilidades inmediatas. Incluso cuando escuchamos que Nando y Roberto habían llegado a Los Maitenes, seguía sin ver claro el destino final. El cúmulo de calamidades había sido tan incesante que ya no creía en ninguna certeza. Esa lucha interior recién terminó al llegar a Santiago, porque aun cuando volvimos a despegar con los helicópteros en Los Maitenes, rumbo a San Fernando y luego a Santiago, recuerdo que les decía a los pilotos, con una serenidad que los asustaba: «Nos caeremos de nuevo, porque vamos demasiado cerca uno del otro». Observaba por la ventanilla y pensaba que las aspas se iban a tocar y nos volveríamos a estrellar como el 13 de octubre. Así imaginaba el porvenir: la muerte siempre estaría volando alrededor.

Por eso a mis compañeros les sorprendió que tomara actitudes de franca supervivencia, como al comienzo, cuando me arrojé del avión andando, para evitar la explosión que creía segura e inminente, porque iba regando combustible sobre la nieve para todas partes. Y luego, a la inversa, cuando asumí actitudes de total apatía, como tras el alud, cuando dejaba los pies descalzos enterrados en la nieve porque en verdad ya nada me importaba, y si no fuera por mis amigos, si no fuera por gente como Daniel Fernández, que pasó horas masajeándolos, se hubieran gangrenado y me hubiera muerto.

A mí no me gusta hablar de los Andes, no me gusta hablar de los muertos, no me gusta decir que tuvimos que comerlos. Es muy duro, para mí siempre lo fue. Nunca dije, a nadie, ni a los más cercanos, quiénes fueron y quiénes no fueron.

Además no me gusta hablar porque sé que les duele a algunos de los familiares de los que no volvieron. Ellos viven acá, alrededor de nosotros, y no tenemos por qué, creo yo, recordarles permanentemente lo que sucedió. El tiempo transcurre y tal vez los padres lo sientan menos, algunos ya no están, pero quedan los hermanos. Muchos de ellos vienen y me dicen: «Bobby, ¡hasta cuándo!», hasta cuándo vamos a remover la herida con un hierro al rojo vivo. Otros familiares, en cambio, reaccionaron al revés, y querían tenernos siempre en sus casas. Todos reaccionan de maneras distintas. Pero están los otros y basta con que haya uno al que le duela, que para mí ese sufrimiento es más que suficiente.

Ha sido muy difícil enfrentar a las madres de mis amigos muertos y escucharles decir, en mi rostro, que prefieren no verme. Yo las entiendo perfectamente, porque mi presencia significa claramente la ausencia de su hijo. Sé que no lo dicen por mí. Pero también es doloroso para uno, que al fin termina viviendo como con vergüenza, como si hubiera hecho algo muy terrible, que en verdad no hice.

Recuerdo un día que estaba en la casa de Carlitos Páez, con quien siempre andábamos juntos, y llegó de visita la madre de uno de los que no volvieron. No bien entró, y vio a Carlitos, le dijo, mientras yo escuchaba desde la cocina: «Si sabía que estabas, no venía». Y Carlitos tuvo que recordarle que esa era su casa, que ahí era donde vivía, que era muy probable que se encontrara con él.

Además me duele que las cosas que más me gustan —al menos a mí son las que más me satisfacen— son las que no trascienden, las que no se saben, por diferentes razones.

Un día vino Roberto Canessa y me dijo que había aparecido en su casa el hijo de Carlos Roque, el mecánico de la Fuerza Aérea que sobrevivió en el Fairchild hasta el alud. Su madre la había pasado muy mal y el niño había crecido a los tumbos. Roberto quería invitar al chico, que en ese entonces tenía dieciocho años, a un campamento en mi hacienda. Fuimos Roberto, el hijo de Carlos Roque, y uno de esos viejos indigentes que Roberto aloja y mantiene en su casa. Fue muy lindo, muy emotivo. Tres días con el hijo de Carlos Roque, caminando bajo las estrellas, pescando, haciendo asados. Yo observaba a ese muchachito tan estupendo y me embargaba la tristeza de lo injusto que había sido todo. La historia sobre Carlos Roque está mal contada y estereotipada. No era sólo la persona aturdida e incoherente, como estábamos todos, que durante la primera noche pedía documentos, porque no sabía dónde estaba ni qué había sucedido. Tampoco era el que ordenó que cuando llegara el rescate que nunca vino él sería el único en hablar, porque ese despojo era un avión de la Fuerza Aérea y él era el único militar que permanecía vivo. No. El verdadero Carlos Roque era el que, cuando nadie lo veía, se arrimaba a Roberto Canessa para llorar en su hombro, para contarle que tenía un hijito de un año y cinco meses, y que daría su vida por poder volver a verlo, aunque fuera un instante. Y en esos dieciocho años Roberto siempre habló de ese chiquito que tanto hizo sufrir a Carlos Roque, hasta que un día ese hijo decidió llamar por teléfono, acertó en llamar a Roberto porque fue quien recibió aquellas confesiones de su padre, y terminamos todos caminando bajo las estrellas, pescando en el arroyo de la hacienda, mientras yo lo observaba y reconocía en él los rasgos del mecánico. Después, Roberto lo siguió viendo, lo ayudó muchísimo, porque Roberto hace y hace. Pero no lo cuenta. Y estoy seguro de que no le gustará que yo lo cuente. Y estas, que para mí son las historias más valiosas, son las que no se saben, porque supongo que son las que menos interesan a la gente, pero son las que más me interesan a mí.

Roberto es una persona extraordinaria. ¡Si habrá metido en la montaña, y si habrá metido acá abajo cuando regresamos! Un día tuve un infarto severo, y cuando Roberto se enteró, como es médico cardiólogo, quiso estar atrás de todo lo que se me hacía, movió cielo y tierra, no dormía, y me seguía como una sombra y creo que hasta que no salí, hasta que verdaderamente se convenció de que no me moría, no descansó. Con todos los que me atendían hablaba con la misma pasión y dolor, para que me sacaran del trance. Yo lo miraba y pensaba: «Este me trata como si yo fuera un hijo más. Un hijo de su misma edad». Pero él se mueve por todos igual, por mí o por el hijo de Roque, o por uno de esos viejitos que aloja y mantiene, y eso no se sabe, y son las historias de los Andes que a mí más me gustan.

Vivo la mayor parte del tiempo en un campo en el departamento de Tacuarembó, en la región céntrica de Uruguay. En la ciudad de Paso de los Toros, el centro urbano más próximo, me conoce todo el mundo y nadie me habla de la cordillera porque saben que no me gusta y no quieren hacerme sufrir. Cuando se cumplieron los treinta años del accidente, fui a una estación de servicio a echar nafta y el puestero me dice: «Pero ¿usted no está en Chile? Todos los diarios dicen que usted está en la celebración de Chile, con los sobrevivientes», y le respondí: «Ya ves que los diarios se equivocan y que estoy acá echando nafta porque tengo que comprar forraje para los animales».

Jamás iría a esa celebración, ni a ninguna conmemoración. No puedo ir a un lugar a que me aplaudan, porque no me gusta, no me interesa, porque no siento que sea auténtico, no siento que merezca ningún reconocimiento. Con la mano en el corazón digo que no comprendo ni nunca comprendí qué es lo que aplauden. Tuve suerte y sólo eso. No me escondo ni siento vergüenza ni creo que está mal lo que hicimos, pero tampoco siento motivo de orgullo, ni me siento merecedor de ningún elogio. Pero como digo una cosa, también pienso y siento que los que quieren hablar o sienten la necesidad de hablar, de dar charlas, conferencias, o escribir sobre el tema, tienen más que el derecho de hacerlo. Del mismo modo en que cada uno vivió la cordillera de una forma particular, cada uno vive el período posterior. Nadie tiene por qué estar apocado por lo que piensen los otros, ni mucho menos por lo que piense yo. Pero yo me apoco, no me gusta que me conozcan por el accidente de los Andes. Me interesa que me conozcan y me aprecien, las pocas personas con quienes tengo contacto, por cómo soy, por cómo actúo, por cómo es mi familia. Que me aprecien porque nunca jorobé a nadie. Porque si puedo dar una mano, la doy. Eso sí me interesa. De eso sí querría conversar con quien quiera. Pero eso tampoco es motivo de aplauso. Ni a nadie le interesa publicarlo.

Reconozco que esta actitud puede ser consecuencia de cómo reaccioné al accidente, cómo me comporté en la montaña. Cuando me comparo con la gente que se sacrificaba hasta soltar los bofes, puedo decir que en la cordillera yo era un pasivo. ¡Y allá hubo gente que metía y cómo metía! No hablo sólo de la gente de acción, los caminantes, los que ponían la fuerza de sus músculos, los escaladores, sino también de la gente que te daba apoyo psicológico y te ayudaba, la que trazaba estrategias, colaboraba con los heridos, ayudaba a los que padecían estados confusionales, consolaba a los moribundos, ayudaba a tipos como yo, que estaban deprimidos.

Estoy eternamente agradecido a los amigos de los Andes por lo que hicieron por mí. Pero tengo que reconocer que lo hicieron porque les salió del alma. Nunca les pedí que actuaran de esa manera. Porque si hubieran querido, me sacaban para un costado con mucha facilidad. Es un tema del que no se habla explícitamente pero está implícito. Las circunstancias, el tiempo se dio de tal forma, que no hubo necesidad de sacar a nadie. Teníamos, haciendo las cosas bien, para dos o tres meses de vida, no sé si se entiende esto que digo, pero debo decirlo de esta manera y no de otra. Porque la realidad allá arriba era muy, muy cruda. ¿Por qué tengo que hablar con eufemismos? A mí no me hubiera importado que me hubieran tenido que sacar, porque en mi fuero íntimo estaba prevista la posibilidad de que llegara la hora en que esto ocurriera, porque no había más remedio, y tal vez habría que elegir, y yo era el candidato adecuado, porque nunca hice nada para merecer la protección. Pero jamás lo hicieron. Y creo que jamás se les cruzó por la cabeza hacerlo. A mí sí se me cruzó, porque sentía que sería el primero del grupo a quien tendrían que sacar. Y cuando hoy se lo menciono, se ríen a carcajadas: «No jorobes, Bobby», me dicen. «Estás mal de la cabeza. Estás bebiendo demasiado.»

Cuando regresamos a Uruguay, de inmediato me fui a trabajar al campo de mi familia. No digo que fui a esconderme, pero sí digo que cuando iba a la ciudad más próxima, Paso de los Toros, donde somos muy pocas personas, la gente me reconocía y me decía: «Yo a usted lo conozco». Yo les respondía: «No, no soy yo, a quien usted conoce es un primo que se me parece». Y ese primo mío, que no existe, concentró todas las fantasías; fue héroe y mártir, víctima y victimario.

Cuando me hablan del tema me pongo tenso. Se ve que quedó alguna fobia o algo oculto en mi psiquis, que no sé lo que es. Al final la gente me ha dejado tranquilo, porque quién va a querer entrevistar a una persona que no quiere hablar y que desmitifica todo lo que vivió, o que los manda a hablar con un primo inexistente, al que buscan y nunca encuentran. A nadie le sirve. Sólo a mí, porque al fin he logrado que me dejaran más tranquilo. ¿El teléfono de mi primo?, me preguntan. «No sé, ¿buscaron en la guía?... Qué raro, tal vez cambió de número para que lo dejen en paz, porque debe de estar abrumado con tanta expectativa que despierta.»

Pero si los amigos de la montaña me piden algo, lo hago sin titubear. Hago todo lo que el grupo de los Andes me pide. A veces me dicen que vaya a una reunión, y como saben que no hablo, voy, me quedo calladito, acompaño, pero sin abrir la boca.

Cuando se racionaliza lo que sucedió, y se habla de los roles que cada uno desempeñó, se pueden hacer muchas elucubraciones. Entonces vienen algunos amigos de la montaña y me dicen, con mucha ternura, que yo, con mi indiferencia respecto a mi persona, los ayudé a ellos, porque los motivaba a cuidarme, como quien cuida a un hermano menor más vulnerable, les daba motivos para resistir porque también debían cuidarme a mí. Pero yo creo que son racionalizaciones de los amigos, que las hacen porque me quieren.

Lo real es que yo no estaba preparado para caerme de un avión en una cordillera, comer gente muerta, soportar treinta grados bajo cero, con veinte años de edad. Pero ¿quién lo está? Por eso viví en el borde, durante setenta y dos días. Pero ese límite en el que me moví, esa línea tan tenue, curiosamente, fue suficiente para sobrevivir. Eso es lo paradojal de todo esto; otros que dieron todo de sí, que hicieron los mayores esfuerzos por salvarse y salvar a los demás, no lo lograron, mientras que yo, con el mínimo indispensable, sí lo logré. ¿Por qué? No tengo la respuesta. Nunca la tuve ni jamás la tendré. Por eso un día dejé de formulármela, porque me mortificaba demasiado.

Todos los días le decía al grupo de amigos allá en la cordillera que si no aceptaban que yo viviera en esa línea del borde, que me echaran, que me arrojaran fuera del fuselaje, que hicieran conmigo lo que quisieran o lo que necesitaran. A mí no me importaba, estaba preparado para esa contingencia. Pero así como les ofrecía eso, también les pedía lo contrario, que no me exigieran más de lo que estaba preparado para dar. No porque no quisiera hacer más, sino porque no podía. Y el grupo no sólo no me expulsó, sino que tampoco me exigió más de lo que yo podía dar, y me acogió en su seno, y me dio todo lo que necesitaba. Por eso últimamente me ha dado por pensar si yo en verdad, como ellos mismos me dicen, no les habré dado algo también, algo que ni yo mismo sé de qué se trata, porque si no fuera así, ¿por qué me acogieron con tanto cariño y dedicación? ¿Por qué se preocuparon por taparme con las mantas en las noches congeladas cuando ni yo mismo lo hacía? ¿Por qué Daniel pasó tantas horas masajeándome los pies para que no se gangrenaran, simplemente porque los había dejado en el hielo, porque no tenía interés en protegerlos? ¿Por qué me quieren tanto como yo los quiero a ellos? ¿Cómo soportaron que, en una situación tan extrema, yo fuera tan apático, no con ellos, porque jamás hice nada que pusiera en riesgo la vida de los otros, sino contra mi propia vida?

Todo el mal que pude haber hecho lo hice contra lo único que tenía derecho, contra mi vida. Mis amigos me decían constantemente que me pusiera los lentes que Adolfo había creado para no quedarme ciego con el sol sin filtro de los Andes, como le ocurrió a Gustavo Zerbino en su caminata del día once. Pues yo dejaba los lentes sobre la frente y no me preocupaba en bajarlos hasta mis ojos. Mis amigos no se cansaban de colocármelos. Pero muchas veces no advertían que yo seguía sin los lentes. Y efectivamente ocurrió lo que ellos temían: quedé sin visión en un ojo y perdí la córnea del otro, me hicieron varios trasplantes, y sigo con problemas, tantos años después.

En la montaña les decía a mis amigos: «Como yo no trabajo, hay que ser justos, y en consecuencia debo comer menos que el resto». Pero ellos me daban la misma ración de todos, la necesaria para sobrevivir. Entonces iba y los corregía, y les decía que no me habían entendido, que no era justo lo que estaban haciendo, no era justo para con los otros, que estaban dando todo de sí para salvarse y salvar al grupo. Y entonces ellos me recriminaban: «No jorobes, Bobby, que tenemos mucho trabajo». Al fin les decía: «Está bien, comeré lo que me dan, pero que conste que lo hago bajo protesta». Y todos se reían.

Daniel Fernández, que me cuidaba como un padre, siempre dice algo que me sorprende: que yo, con lo que decía, con mi actitud indolente, como indiferente a lo que sucedía, tornaba más llevadero un ambiente de tensión máxima, al borde del desequilibrio. No lo sé, no me consta, son palabras de Daniel. Claro, como a mí no me importaba nada de nada, podía decir cualquier disparate. Y Daniel y los otros festejaban mi forma de hablar, mis giros camperos, mis salidas imprevistas, porque yo no estaba viendo el panorama como ellos, no luchaba detrás de un objetivo, entonces todo lo que veía y decía era impredecible. Dentro de ese esquema, él siempre repite una anécdota. Un día alguien me pegó en el rostro y yo le pregunté, sin el menor rencor: «¿Eso fue en serio o sin querer?». «Fue sin querer», me respondió de inmediato. «Ah, bueno», dije. Pero Daniel asegura que si me hubiera dicho que el golpe había sido adrede, yo habría respondido exactamente lo mismo: «Ah, bueno». Y agrega que esa actitud tornaba más llevadera esa locura que compartíamos.

Hay gente que siente compasión o piedad por mi actitud. Yo no la siento. Y si alguien la experimenta, lo corrijo: no me tengas lástima. Recuerdo cuando hablé con Piers Paul Read, en el campo en Tacuarembó, muy poco después del accidente. Una intérprete me escuchaba y le relataba a Read en inglés lo que yo decía en español, pero le costaba muchísimo hablar porque cada vez que me escuchaba se ponía a llorar, me escuchaba y lloraba, y era imposible dialogar de esa manera. Yo le dije: «No me tengas lástima, porque yo no me tengo». Pero dale con lo mismo: yo abría la boca, y ella meta llorar. Entonces le pedí a Read una pausa y acompañé a la intérprete a dar una vuelta por el campo, para serenarla. Era una noche clara, miramos las estrellas, y yo le decía que esas estrellas tienen miles de años, algunas ya se extinguieron, como hay cosas del pasado que todavía brillan pero en verdad ya no existen más. Y así se fue calmando, entendiendo que ese pasado de la montaña ya se había extinguido como las estrellas. Regresamos para continuar con la entrevista. Comenzamos a hablar de nuevo; Read me formuló otra pregunta, ella la tradujo, y cuando respondí, se puso a llorar de nuevo y con más intensidad que antes.

En el momento del accidente yo estaba solo, porque el que viajaba en el asiento contiguo se había cambiado de lugar, y justo en ese momento pega un ala contra la roca de la montaña y el techo se parte al medio, exactamente donde yo estoy. Yo era el último antes del agujero. Por instinto puse un pie en la ventana para no volar hacia adelante con todos los asientos, que se iban amontonando uno arriba del otro. Como yo estaba al final, nadie me pegó desde atrás. Entonces cuando ese tubo que se deslizaba por la nieve trepidando comenzó a aminorar la marcha, aunque iba muy rápido, antes del frenazo final cuando pegó contra un montículo de nieve, me tiré como quien se baja de un ómnibus de aquellos antiguos de plataforma, porque pensé que el avión se iba a prender fuego. Me senté, encendí un cigarrillo, medio como abombado, a cincuenta metros, porque el avión siguió un poco más, y ahí llegó Carlitos y le dije: «La quedamos, acá no hay vuelta». Sin embargo, nosotros no teníamos ni un rasguño, yo estaba más entero después de ese choque de lo que estoy ahora.

Eso lo pensé siempre: acá no hay vuelta. Podíamos poner a la montaña patas para arriba, aplanarla con una pala, planificar, trabajar, esforzarnos, dar todo de nosotros, pero al final no habría vuelta. Sentía que mis amigos, más que soñar con la salida, que los impulsaría a vivir tras ella, la estaba fantaseando, alejándose de la realidad. Me equivoqué, claro.

¿Y después? Primero de todo, jamás volví a subir ni subiré a un avión. Aprendí la lección. Jamás volví ni voy a volver a la cordillera. Aprendí la lección. Me ganó, lo tengo clarito. Tal vez haya bloqueado mucho de lo que sucedió. Suelo tener pesadillas bastante desagradables, pero siempre surgen otros temas, la infancia, el colegio, la familia, pero en mis pesadillas nunca se entromete nada de la cordillera. Ni del accidente. Ni del avión. Eso es algo que a mí me extraña porque se me ocurre que tiene que estar en alguna noche, en alguna parte de mi inconsciente, pero no se asoma. Mejor así, que se quede quietito, como un animal asustado al que le han pegado demasiados palos.

Es evidente que yo padecí una aguda depresión en los Andes. Mi padre era médico, y lo conversé con él antes de que falleciera. Por eso supongo que dormía tanto, por eso me iba enlenteciendo, cada día perdía más interés por las cosas, tenía menos voluntad de hacer, de comer, de cubrirme, de cuidarme.

Las pocas veces que pienso en los Andes, me concentro en las coincidencias. Son tantas que impresionan. Una de las que siempre recuerdo es que sobrevivió uno por cada generación del Stella Maris-Christian Brothers. Daniel Fernández de la generación del 62, Eduardo Strauch de la del 63, Adolfo de la del 64, Nando de la del 65, Pedro de la del 66, yo del 67, Roberto del 68...

A veces pienso, también, que la evolución que uno tuvo con esta historia dependió, en parte, de cómo fue el aterrizaje en la civilización. Yo me vine antes que el resto, el 24 de diciembre, con Daniel Fernández, la familia Nicolich, la familia Shaw, todos los que fueron a buscar a los hijos equivocados, porque habían muerto. Vinimos en ese mismo avión, con una escala en Buenos Aires por mal tiempo. Cuando llegamos a Montevideo, a mí me sacaron escondido del aeropuerto y me llevaron derecho a mi casa. A Daniel no, lo atrapó el malón en la llegada. Las primeras personas que vi eran de una delegación del Old Christians, que vinieron a mi casa y me dijeron: «Trata de no aparecer, Bobby, intenta no hablar, porque la prensa va a querer agarrarte a ti solito y te van a crucificar». Poco menos que me estaban diciendo que no fuera a la conferencia de prensa del día 28, a la que en efecto no fui. O sea que desde el primer día, desde el momento que desembarqué, ya me estaban pidiendo que me ocultara.

Tres años después, me casé con mi actual mujer, Graciana, con quien siempre me llevé muy bien. Tuve una vida azarosa. Sufrí un infarto severo, y a raíz de los exámenes que me hicieron se descubrió que tenía un cáncer de próstata. Me operaron, y ahora estoy bien. Llevo varios años con controles y sigo vivo.

Sé que a la gente le interesa saber cómo se desarrolló la sociedad de los Andes. A mí me sorprenden cosas como esta: ¿saben cuánto dura un día allá arriba, sin saber si vas a vivir o morir? No, nadie lo sabe. ¿Saben que mi reloj, un Seiko viejo que todavía conservo, se congelaba de noche y volvía a funcionar a media mañana? Entonces yo nunca sabía qué hora era, cuánto había transcurrido. No podía medir el tiempo, y por eso tengo la sensación de que el tiempo en la montaña fue eterno. Fue un período infinito de mi vida, no está acotado por los días o por las horas.

Con el pasar de los años, cuando estoy solo en el campo, a veces me pongo a pensar que sí, que tal vez tuve un rol en la montaña. De repente tienen razón y, sin quererlo, yo desperté en ellos la ternura que colaboraba para que se mantuvieran vivos, y, en lo que a mí respecta, para mantenerme vivo.

Además sé, lo tengo demasiado claro, que le debo la vida al grupo de los Andes. Pero lo que más me emociona de todo lo que me ha sucedido en mi existencia es que ellos, ninguno de ellos, jamás me cobró esa deuda. Por momentos llego a creer que ni siquiera sienten que se las debo.

---

* Bobby François nació en 1951. Es técnico agropecuario y siempre ha trabajado en el establecimiento rural que heredó de su familia. Está casado con Graciana, con quien tiene cinco hijos.

Habla como se habla en el interior de Uruguay, salpicando la conversación con dichos gauchescos e ingeniosos. Es extremadamente afectuoso, al punto que inspira un entrañable cariño.

Su casa es rústica y acogedora, con un amplio jardín, en la zona noroeste de Carrasco. La extensa conversación se desarrolla frente a una gran estufa, a la que permanentemente agrega leños, acomodándolos con destreza.

Cuando finalizamos la charla, son las diez de la noche y se ha desatado una tormenta colosal. Salimos afuera, en pleno invierno montevideano, y al frío crudo se le suma un viento muy fuerte, cargado de agua.

Camina por el jardín en mangas de camisa, a ritmo pausado. Le pregunto si no siente frío, le recuerdo que hay entre tres y cuatro grados. «Sí, dicen que va a refrescar», responde. «En cualquier momento cae una helada.»

Le arrimo mi paraguas, pero él toma mi mano y vuelve a colocar el paraguas sobre mi cabeza. Cuando llegamos a la vereda, nuevamente arrimo el paraguas para cubrirlo y él automáticamente vuelve a tomarme la mano para hacer lo mismo que la otra vez: «Quien olvidó el paraguas en la casa fui yo, no tú», dice.

Cuando regresa a la casa, lo observo desde el automóvil. No apura el paso, ni se estremece por el frío y el agua. Camina con el mismo andar sereno, como si estuviera completamente ajeno a la tormenta que le sacude los cabellos.

25

El abismo que escalamos

◆

El 11 de diciembre falleció Numa Turcatti, lo que precipitó la partida de los expedicionarios. «Mañana salimos», dijo Roberto en voz baja. Gustavo se encargó de transmitírselo al resto del grupo, para preparar los miserables enseres de la expedición de vida o muerte.

Esa noche, la última en el fuselaje, fue muy larga para los tres expedicionarios, ninguno consiguió dormir. Partieron el 12 de diciembre a las siete de la mañana para aprovechar la hora en que la nieve estaba firme. Roberto llevaba el saco de dormir, Nando una mochila y Tintín la carga más pesada, una mochila con aproximadamente cuarenta kilos, que contenía los cojines, las medias de rugby repletas de carne y grasa, el agua, la linterna, el revólver del piloto y todo el resto.

Roberto Canessa usaba tres pares de pantalones, tres pulóveres de lana y una campera. Además tenía los guantes de esquí de Pancho Abal, botas y la brújula que había quitado del tablero del avión.

Nando vestía tres pantalones vaqueros sobre un pantalón de lana de mujer, tres pulóveres encima de una camiseta de algodón, una campera, un pasamontañas de lana, la capucha con hombreras de cuero de su hermana Susy, cuatro pares de calcetines y zapatos de rugby. Si bien su cuerpo demostraba una decisión inquebrantable, su mente lo llevaba por otros rumbos. El fuselaje, con la humedad y esos olores, con la muerte rondando, le resultó, en el instante de la partida, un hogar seguro, firme y cálido.

Tintín llevaba un par de botas españolas, tres pantalones, seis pulóveres, cuatro pares de calcetines, un impermeable, un pasamontañas blanco, el gorro del piloto y una camiseta rodeándole la cabeza para cubrirse del frío que le afectaba las orejas. Notoriamente iba más cargado que los otros dos, pero, como siempre, jamás preguntó el porqué. Había que llevar lo que le pedían que transportara. También llevaba un tubo de aluminio como bastón, como los otros dos.

Comenzaron a ascender la pendiente del glaciar en dirección a las laderas inferiores de las montañas. Sabían que la nieve acumulada en las cornisas era inestable y que podía precipitarse en cualquier momento sobre ellos, que podía haber grietas ocultas bajo la fina capa de hielo y que a menudo se desplomaban ladera abajo rocas gigantescas desde las salientes de la montaña, que, como descubrirían muchos años después, tenía 5.180 metros de altura.

A media mañana, cuando la nieve se ablandó, y sus pies se hundían hasta la rodilla, se colocaron las rústicas raquetas de nieve. Al principio funcionaban, pero por el tamaño de los almohadones, con el relleno y el tapizado mojados, pesaban demasiado, lo que los hacía caminar en forma lenta y grotesca, como patos mareados.

Al mediodía habían llegado a una altura que les provocaba vértigo. La montaña caía con tanta pendiente detrás de ellos que, si se descuidaban un segundo, podían despeñarse al vacío. A última hora de la mañana estimaron que habían escalado seiscientos metros.

Una hora después, llegaron a laderas tan empinadas, a más de cuatro mil metros, que no había acumulaciones de nieve, por lo que pudieron quitarse los almohadones de los pies. Poco después comenzó a afectarles el mal de altura, lo que los obligó a avanzar metro a metro, con un profundo dolor de cabeza atravesándoles las sienes. Aturdidos, jadeando por la falta de oxígeno, debían descansar cada veinte pasos, poniendo las manos en las rodillas. La frecuencia cardíaca y respiratoria se les disparó, por lo que, al perder la humedad de los cuerpos, necesitaban cada vez más agua, que sólo podían saciar comiendo grumos de nieve o bebiendo el agua que se derretía lentamente en las dos botellas que transportaban.

Al comienzo de la tarde, el paisaje cambió. Surgieron grandes rocas que sobresalían de la nieve, muy difíciles de escalar. Por eso tenían que rodearlas, y clavar los pies en la nieve con el cuerpo inclinado hacia delante, para no despeñarse hacia atrás.

Poco después sopló el viento, que comenzó como una brisa fría y luego se convirtió en chiflones helados. A las cuatro de la tarde tenían los equipos completamente mojados. Dudaron si detenerse, buscando un lugar donde guarecerse para pasar la noche, pero como la cima parecía estar ahí nomás, decidieron seguir un poco más. Estaban tan cansados que debían ayudarse con las manos para levantar las piernas.

Una hora después, las sombras cubrieron esa parte de la montaña. Decidieron buscar un lugar adecuado para cobijarse, porque la oscuridad avanzaba segundo a segundo, pero no encontraban más que laderas empinadas y peligrosas. Primero fue un cosquilleo en el estómago; luego, a medida que seguían caminando y la oscuridad se proyectaba sobre la montaña, los ganó el pánico. Nando maldecía por el error que habían cometido, Tintín no entendía por qué no habían hecho lo que siempre planearon, buscando un lugar plano cuando hubiera luz, y Roberto lloraba de rabia porque creía que no encontrarían un sitio para descansar y morirían congelados en esa primera noche.

En un punto, el ascenso era tan empinado que Tintín casi cae hacia atrás por el peso que tenía en la espalda. Se detuvo, petrificado: sintió que si avanzaba o retrocedía, se despeñaba al vacío. Llamó a Roberto, logró entregarle la mochila y, sin el peso, recuperó el equilibrio.

El viento soplaba cada vez más inclemente, ya casi nada se veía, pero no podían detenerse porque en ese lugar era imposible desplegar la bolsa. Esos últimos pasos fueron providenciales porque, con el último instante de luz, encontraron una gran piedra plana donde el sol se había reflejado durante todo el día, fundiendo parte de la nieve y formando una explanada levemente inclinada. Los tres la miraron anonadados. ¿Cómo había aparecido así, de repente? Roberto lloró de alegría. Nando y Tintín se pusieron a gritar. Extendieron el saco de dormir y antes de entrar se quitaron los zapatos y las botas para no desgarrar las frágiles costuras. Poco después se calmó el viento y asomó la luna.

La temperatura bajó tanto que resquebrajó una de las botellas con agua. Cuando salió el sol, pusieron los zapatos y las botas congelados como cubos de hielo en la parte prominente de la roca para que se secaran y permanecieron en la bolsa hasta que recuperaron la temperatura del cuerpo. Sin expresarlo, los tres acababan de confirmar que, a pesar de la noche terrible, la bolsa funcionaba.

El miércoles 13 de diciembre fue otro día resplandeciente. Cuando escalaron por encima de los cuatro mil quinientos metros, la montaña era prácticamente vertical. A sus espaldas siempre los acompañaba el vacío, ante el menor descuido podían caer por la pendiente. Nando y Tintín pasaron al frente, para hacer escalones con los tubos de aluminio o pateando y clavando la punta de los zapatos en la nieve. Pateaban varias veces, hasta formar una entrante que les permitiera introducir un pie y subir medio metro, pegando el pecho contra la ladera, para volver a patear y cavar otro escalón. El que iba haciendo punta tenía la desventaja de que tenía que cavar los escalones, pero tenía la prerrogativa de que el escalón era fresco y firme. El último, en cambio, debía pisar un escalón resbaladizo y peligroso, que en muchos casos no soportaba su peso, por lo que debía volver a cavarlo.

Al inicio de la tarde, Roberto se detuvo, atónito. Se puso y se quitó los lentes de sol y se frotó los ojos varias veces. Había divisado una franja negra al este, mucho más allá de donde estaba el avión. Permaneció observándola, concentrado. Nando estaba más alto, y detrás venía Tintín. La faja negra atravesaba de lado a lado el fondo del valle, mucho antes del gigantesco volcán que siempre habían considerado que les cerraba el camino hacia el oriente, el Sosneado. Debajo parecía que corría otro camino, paralelo al primero. A su vez, había menos nieve de ese lado. No podía creer que fuera una falla geológica tan perfecta, aunque no alcanzaba a verla claramente. Se refregaba los ojos cansados, pero no llegaba a una conclusión definitiva. Por eso no lo mencionó a sus compañeros y siguió ascendiendo. A la tarde llegaron a un lugar similar al que habían dormido la noche anterior y decidieron permanecer allí, sin avanzar más, para no repetir el error. El viento era tan impetuoso que los tres tiritaban como si estuvieran sin ropas. Estaban a cuatro mil setecientos metros de altura.

—Yo veo dos caminos hacia el este —dijo Roberto, de repente. Los otros lo miraron—. Me parece que tenemos que bajar —agregó.

Ante la percepción de una alternativa, en su mente se multiplicó la fragilidad de lo que estaban haciendo. Sentía como si estuviera en medio del océano, aferrado a un trozo de madera que se hundía.

—Yo no veo ningún camino —dijo Nando, incorporándose todo lo que podía.

Tintín también intentaba mirar y se encogía de hombros:

—Parecen caminos, pero tal vez no sean —musitó.

Permanecieron más de media hora oteando hacia el este, como tres águilas posadas sobre la roca. Cuando la oscuridad les impidió seguir mirando, se metieron en el saco de dormir.

La mañana siguiente, jueves 14 de diciembre, fue otro día radiante.

—¿Te das cuenta de la suerte que tenemos con el tiempo? —le dijo Roberto a Nando—. Si no tuviéramos este sol, no podríamos seguir.

—La tendremos —afirmó Nando, adivinando el pensamiento de su amigo, mientras exponían los cuerpos al sol, aguardando que los zapatos se descongelaran.

—Permaneceré aquí todo el día para asegurarme de que sea un camino, observándolo con las diferentes luces del día. Dejen las mochilas conmigo e intenten llegar a la cima. Será más fácil. Luego me llaman —dijo Roberto, con tanta convicción que Nando prefirió no contradecirlo.

Meneó la cabeza, le hizo una seña a Tintín, y los dos reiniciaron el ascenso. Superaron una zona de nieve y pasaron por un pedregal mezclado con hielo. La ladera se tornó tan empinada que tuvieron que volver a cavar escalones, como el día anterior. Nando se adelantó y perdió de vista a Tintín.

A última hora de la mañana vio un trozo de cielo por encima del contorno montañoso, indudablemente se aproximaba a la cima.

Cuando llegó, se estremeció. Esperaba ver algún signo de vida humana, más cerca o más lejano, o algo verde, más acá o más allá, pero sin embargo sólo encontró montañas, trescientos sesenta grados de montañas nevadas. Comprendió que se había equivocado, que el oeste no era la salvación, que el avión había caído en algún lugar en medio de la vasta cordillera, que todo había sido una maldita alucinación.

—¿Ves algo verde? —le gritó Tintín, ochenta metros más abajo, sacándolo de su ensimismamiento.

Nando no respondió la pregunta.

—¡Llama a Roberto, dile que yo llegué, que suba! —le respondió, con furia.

Cuando Tintín llegó donde estaba Roberto, en la roca desnuda, lo encontró de pie, como lo habían dejado seis horas antes, mirando hacia el este, con las dos manos sobre los ojos para que el sol no le dificultara la visión.

—Dice Nando que subas, que llegó a la cima —le anunció.

—¿Y qué se ve? ¿Qué viste tú? —le preguntó Roberto, anhelante.

—Yo no llegué, está muy difícil, no sé nada. Dijo que fueras a verlo con tus propios ojos.

Roberto lo interpretó como una mala señal. Si hubiera visto el verde chileno, Nando le habría enviado un mensaje entusiasmado y no esta frase críptica: «Ven a verlo con tus propios ojos».

Tintín estaba tan extenuado que se metió en la bolsa y, minutos después, se durmió.

Mientras Nando esperaba a que Roberto subiera, sacó de su mochila una bolsa de nailon y el lápiz de labio que llevaba y escribió las palabras «Monte Seler», el nombre de su padre, y colocó la bolsa bajo una roca.

Roberto tardó tres horas en subir hasta la cumbre. Cuando llegó, miró a su alrededor, negando con la cabeza.

—Estamos muertos, Nando —dijo.

Su amigo no titubeó.

—Yo sigo, Roberto —le dijo—. Vamos hasta el final.

—No sé si te acompaño —le respondió sin dejar de mirar el paisaje del oeste, la interminable sucesión de picos nevados.

—Hay un paso entre las montañas —dijo Nando, sin convicción—. Hace horas que lo miro. Termina al fondo del horizonte donde hay dos picos más bajos sin nieve. Deberíamos ir en esa dirección.

Roberto meneó la cabeza.

—Son como ochenta kilómetros —dijo—. ¿Cómo llegaremos en este estado?

Como si no lo hubiera escuchado, Nando continuó.

—Al final del valle se forma como una «Y». ¿La ves?

Roberto miró a donde él señalaba. Era cierto: el valle serpenteaba por las montañas, siguiendo en dirección a los dos picos más bajos que Nando mencionaba. Pero la distancia era enorme, inaccesible, absurda.

—Escuché un avión. Se reinició el rescate —dijo Roberto.

—¿Me acompañas? —le preguntó Nando, como si no escuchara lo que el otro decía.

Roberto cerró los puños y apretó los dientes. Recordó que su padre siempre le dijo que no se podían tomar decisiones después de determinada hora de la tarde, porque el cansancio acumulado de todo el día solía inducir a error.

—Mañana te respondo —le dijo.

Cuando comenzaron a desandar el camino hasta la roca donde habían dejado el saco de dormir, a Nando se le ocurrió la alternativa de pedirle a Tintín que bajara, dejándoles a ellos más alimento y más comodidad en la bolsa.

Al otro día amaneció con mucho sol. Roberto sintió una extraña satisfacción por el hecho de que sólo ellos podían apreciar ese paisaje deslumbrante. Si bien siempre había tenido la sensación de que ahí no podía sobrevivir, en ese momento pensó que ese lugar le pertenecía por un rato y que era demasiado grandioso como para no admirarlo. Esa impresión tan subjetiva influyó para que decidiera acompañar a Nando en la travesía imposible, abandonando opciones que él consideraba más seguras y racionales.

Cuando lo comunicó, Nando no pudo ocultar su júbilo. Tintín, por su parte, celebró la decisión de que él regresara al avión, porque en verdad creía que se había «quemado» tras ese esfuerzo desmesurado, transportando el grueso de la carga hasta la cima de la montaña.

Los dos abrazaron a Tintín y le advirtieron que dijera a Adolfo que si aparecía el rescate en el fuselaje, los buscaran en línea recta hacia el oeste.

Nando y Roberto permanecieron en la roca plana todo ese día, viernes 15, descansando, preparándose para la escalada final. A última hora de la tarde comieron carne y grasa, bebieron un sorbo de ron y se metieron en la bolsa, para mirar cómo el sol teñía de dorado la cumbre de todas las montañas que los rodeaban.

26

Tintín Vizintín*

Amigos por la eternidad

◆

La escala en Mendoza del 12 de octubre fue algo imprevisto, no sólo porque no estaba en los planes sino por lo que sucedió allá. Los nueve de nuestro grupo más allegado fuimos al mismo hotel, donde compartí la habitación con Juan Carlos Menéndez y Carlos Valeta. Una de las primeras cosas curiosas, de las infinitas que ocurrirían, es que nos alojamos en tres habitaciones y de cada una de ellas se salvó apenas uno.

En Mendoza, los nueve de mi grupo salimos a caminar y conocimos a unas chicas que nos llevaron a cenar a un lugar que nunca más pude encontrar, aunque muchas veces lo busqué, en la zona este de la ciudad. A veces creo que desapareció o siento incluso que nunca existió. Era una casa muy antigua, que recuerdo en sus mínimos detalles, con techos muy altos, de bovedilla de ladrillo, con gruesos tirantes de madera. El menú era fundamentalmente de milanesas, como lo indicaban dos pizarrones en la entrada, mirando a cada lado de la vereda, en un ambiente muy amplio y jovial. De pronto descubrimos que todas las paredes del restaurante estaban escritas con algunas frases alusivas a los firmantes, y entonces resolvimos estampar nuestros nombres. Una de las chicas que nos acompañaba observaba cómo, los nueve, escribíamos los nombres, a las risas. Cuando terminamos se aproximó a la pared y escribió una frase que me estremece hasta hoy: «Amigos por la eternidad». No se refería a ella, al vínculo incipiente que acabábamos de trabar, sino a la amistad que sentíamos entre nosotros, que ella había advertido por cómo la disfrutábamos. Podría haber puesto mil frases, infinitas combinaciones de palabras, pero ¿por qué justamente esas?, ¿por qué «amigos por la eternidad»? No puedo evitar que me conmueva hasta las lágrimas y que me lleve de vuelta a la montaña.

Salimos muy tarde del restaurante y todo lo que siguió fue muy precipitado. Yo iba a conocer Chile y a descubrir la nieve por primera vez, y terminé caminando por la cordillera de los Andes a más de cinco mil metros de altura, balanceándome sobre un precipicio, con una mochila de cuarenta kilos colgada a la espalda.

Dejamos el hotel de Mendoza temprano y a las corridas, porque nos estaban llamando del aeropuerto, en las afueras de la ciudad. Allí ocurrieron aquellas dudas fatídicas, la tensión y la decisión de emprender el vuelo hacia el desastre. En el accidente sufrí un golpe en la cabeza que me provocó conmoción cerebral, otro golpe en el pecho que me fracturó dos costillas, y unas heridas muy profundas en un brazo, todo lo que me mantuvo ocho días postrado adentro del fuselaje, prácticamente sin poder moverme y sin poder tener una participación activa en esos primeros días.

El rugby te enseña a sufrir, y el puesto en el que yo jugaba, el pilar, te enseña a empujar, a no desfallecer, a golpearte, una vez, dos y cien veces contra la pared, que es el pilar contrario, generalmente un tipo cuadrado de más de cien kilos. Y cuando no puedes más, tienes que seguir, porque el límite de tu esfuerzo siempre es flexible y puede estirarse un poquito más. Te acostumbra a que ese esfuerzo suplementario es tu condición natural. En el colegio Stella Maris-Christian Brothers nos ponían como modelos a los espartanos, con aquel estoicismo y espíritu de sacrificio, y nos recordaban que usaban togas color púrpura porque cuando los herían en las batallas, no se percataban de que tenían sangre, que se confundía con sus vestimentas, y así podían continuar luchando con la adrenalina al máximo. Sobre todo esto pensé mucho en la montaña. Tenía esa lastimadura, conmoción cerebral, un golpe fuerte en el pecho, en la expedición final prácticamente me destrocé los dedos del pie derecho pateando la pared de hielo para cavar escalones y subir la montaña, pero como nada de esto lo veía, no me afectaba el ánimo y podía continuar.

En esos primeros ocho días tras el accidente, mis amigos me ayudaban a salir para orinar al exterior, tomándome por debajo de los brazos, entre dos, porque yo era y soy muy pesado, y luego me entraban. Un día, cuando ya estaba un poco más fuerte, me saca Gustavo Zerbino, y como la orina era marrón, porque nos estábamos consumiendo por dentro, me dijo que tenía hepatitis. Pero yo sabía que no podía tener hepatitis porque no tenía derecho a enfermarme. La urgencia de recuperarme era tal que no podía ni siquiera plantearme la hipótesis de tener hepatitis, una enfermedad que me postraría por mucho tiempo y me terminaría matando en la montaña.

Ni yo ni nadie se quitaba la ropa en los Andes. Antes de partir me había comprado un saco, una chaqueta azul con botones dorados. Tras recuperarme de la conmoción cerebral del accidente, un día que me sentí con más energía, y pude incorporarme y caminar, me detuve un instante ante el boquete del avión, observando la inmensidad de las montañas. Abajo estaba Álvaro Mangino, con la pierna quebrada, fundiendo nieve para hacer agua. De pronto me dice: «Mira, Tintín», y me mostró cómo en un instante, parado sobre él, lo había bañado en sangre. Era cierto: al moverme de la posición donde estaba, comencé a gotear sangre, pero me pasaba la mano por la manga y, si bien estaba mojada, no sabía de dónde provenía. Entonces Roberto y Gustavo me cortaron la manga de la chaqueta con una tijerita y descubrieron un gran coágulo de sangre que pesaba más de dos kilos. «Parece un hígado», exclamó Canessa, que hizo un torniquete en la arteria de donde salía sangre, cortó el coágulo con una hoja de afeitar, lo arrojó afuera, y al caer tiñó la nieve con una gran mancha oscura. Para que las costillas fracturadas no me incomodaran, yo me fajaba, ajustaba bien el cinturón y así podía respirar mejor. Estuve los setenta y dos días con el cinturón lo más ajustado posible, aunque cambiara permanentemente los orificios a medida que adelgazaba. Sabía que había ocurrido algo en mi pecho pero no tenía un diagnóstico preciso y tampoco lo necesitaba. Dos años después de regresar a Montevideo, jugando al rugby sufrí un golpe fuerte en el pecho, me sacaron unas placas en una clínica y descubrieron que tenía dos costillas fracturadas desde hacía dos años.

Desde el momento del accidente me impuse un objetivo, que proviene del rugby: si me iba a morir, si nos íbamos a morir, lo haríamos actuando, dando más de lo que podíamos, en mi caso caminando, más tarde formando parte del equipo expedicionario. Es decir, iba a morir de pie, no postrado sobre esas chapas contraídas del avión. Y eso era un principio que traía de los Hermanos Cristianos irlandeses del colegio, como si todo lo que me habían enseñado en aquellos diez años de formación durante la primaria y la secundaria fuera para ponerlo a prueba en esta circunstancia dramática de los Andes. Todo parecía formar parte de un orden preestablecido, como el «Amigos por la eternidad».

En marzo de ese año, 1972, cuando estaba por cumplir diecinueve años, el entrenador técnico de la primera división del club Old Christians, el Brother Eamon O'Donnell, un irlandés riguroso y genuino, me había integrado al equipo. Se había decidido por mi fortaleza física, sí, pero yo sabía que O'Donnell también confiaba en que yo tenía los valores que él creía imprescindibles para ocupar ese puesto tan sufrido, el pilar, delante de todos en la montonera del *scrum*, el que recibe más golpes y el que debe llevar la carga más dura, aunque no tenga por qué ser el más agraciado para el juego. Son como los hoplitas de las falanges griegas, los que van adelante, contra lo que venga. Los Hermanos eran y son unos irlandeses muy duros, curtidos y frontales, cuya filosofía se basa en la integridad, en actuar según lo que se dice, y yo en todo momento sentí en los Andes que estaba haciendo lo que ellos esperaban que hiciera. Parece una alegoría, pero todo el accidente y lo que siguió está cargado de símbolos. Creo que no es coincidencia que los tres expedicionarios fuéramos rugbiers, con una filosofía parecida, y dos de ellos —Nando y yo— del *scrum*, la posición que tiene menos glamour, si se quiere, pero que es sin duda la más sacrificada, sin buscar la gloria ni el destaque individual. Y en el *scrum* es donde más se percibe el espíritu de equipo, sufrir en silencio, y si te lastimas, continúas, porque en el rugby no hay cambios ni sustitutos, como en la expedición final de la montaña.

A la vez, detrás de mi aparente fortaleza física, la desesperación por lo que estaba sufriendo me perforaba. Vivíamos en una tensión constante, conviviendo con los que estaban muy heridos arriba en las hamacas, con los muertos a tu lado, con un alud, con unas valijas, una mampara y una puerta destrozada que formaban una pared frágil que te separaba, noche a noche, de la muerte por congelamiento. La observaba y pensaba: detrás de esa pared que puedo derribar con un simple empellón está el fin o el principio de todo.

En las maletas que había en la cola del avión encontré una cámara fotográfica y rollos. Saqué varias fotografías pensando que, si íbamos a morir, pues que alguien descubriera algún día cómo habíamos tratado de vivir esos momentos. Hay fotos tomadas en el fuselaje del avión y hay fotos en la cola, donde a su vez escribimos un mensaje en un papel para algún hipotético socorrista, donde le explicábamos que intentamos reparar una radio, y que si seguía cuesta arriba por la ladera encontraría los restos del avión, donde hicimos todo lo posible por sobrevivir, porque éramos amigos por la eternidad. El mensaje está escrito de forma tal que no se sabe si era para el presente o para un futuro distante, cuando todos habríamos muerto. Era el testimonio de nuestra lucha, y para nosotros era importante que perdurara.

El Stella Maris-Christian Brothers y los Hermanos irlandeses habían dejado una huella muy profunda en mi carácter. Además de la entereza y el arrojo, estaban esa disciplina y esa confianza que debes depositar en quien se le ha encomendado la responsabilidad de guiarte, como es el caso del capitán del equipo. La base de esa lealtad es la confianza. Si este te pide que hagas algo, tú no lo debes discutir, sino que tienes que asumir tu rol de la mejor manera posible en beneficio del grupo, con la seguridad de que la decisión fue bien tomada.

Siempre sentía, y todavía siento, que durante años los Hermanos fueron poniendo monedas o medallas dentro de la alcancía de cada uno, y cada medalla era un mensaje, una enseñanza simple pero contundente. Cuando las precisabas, allí estaban. Y en los Andes las necesité a todas juntas. La alcancía quedó vacía.

Hay una anécdota muy gráfica, del regreso a Montevideo con la mayoría de los sobrevivientes, el 28 de diciembre. Fui el primero en bajar del avión de Lan Chile, en aquel aeropuerto colmado de gente. Desde la escalerilla diviso los dos ómnibus que nos estaban aguardando en la pista, para llevarnos a la conferencia de prensa en el gimnasio del colegio. De pie, junto a uno de los buses, divisé al director del Stella Maris-Christian Brothers de aquel momento, el Brother John McGuinness, que murió a fines de 2007. Estaba a unos veinte metros de la escalerilla. Como fui el primero en bajar, me miraba fijamente a través de sus gruesos anteojos, inmutable. Pero yo sabía lo que quería. Antes de subir al ómnibus me dirigí hacia él y nos estrechamos en un abrazo que para mí fue de los más emocionantes que he recibido en toda mi vida, y sabía también lo que para él representaba, porque le dolían en el fondo del alma todos sus amigos que habían muerto en el desastre. Pero como él era fiel a sí mismo, y fiel a la forma estoica con que nos había educado, el abrazo tan tierno y profundo fue muy breve, donde no se explicaba nada sino que todo se sugería. Y si bien yo sentía que su cuerpo temblaba como una hoja, antes de lo que esperaba escuché que susurraba, porque no podía articular palabras, «Up, Tintín, ¡up, up!», para que yo subiera al ómnibus, como diciendo: no te quiebres, Tintín, mira hacia adelante, no te detengas en el pasado.

Durante los setenta y dos días tuve esa consigna que reprodujo tan fielmente McGuinness en el aeropuerto: levántate, cae de pie, no te quiebres. Por eso creo que quise ser expedicionario en los Andes. No tengo una explicación lógica de por qué un día hicimos aquella caminata alocada con Roy Harley y Carlitos

Páez. Hoy pienso que fue una inconsciencia. Una temeridad innecesaria. Los tres menores del grupo querían ser caminantes, sin saber nada de nieve, sin haber analizado el clima ni la forma en que ataca la ventisca en la alta montaña. La única explicación que tengo es que se fueron cumpliendo etapas. Hubo gente que se arriesgó al principio y murió. O se «quemó», como le decíamos al que agotaba sus fuerzas para siempre. Algunos de los que hicieron las primeras caminatas murieron. Numa y Daniel Maspons fallecieron, Gustavo quedó ciego. Entonces sentimos que nos tocaba probar a nosotros. Y a partir de allí pasé a ser el tercer integrante del grupo expedicionario.

Estaba la parte ejecutiva, que éramos los que caminábamos, y la planificación y la logística. La planificación siempre estuvo a cargo de los tres primos Strauch, mientras que de la logística se ocupaba el resto. Nosotros éramos la acción, pero si bien tenías discrecionalidad en el campo, que era la montaña nevada, estaba la guía de los que planificaban, que tú respetabas, y eso hizo que el grupo funcionara como un organismo eficiente. La última expedición no fue producto de una casualidad, ni de un impulso ciego y repentino, sino que fue el resultado de otras expediciones que fracasaron, de otros expedicionarios que murieron, de aprendizajes que costaron sangre, sudor y lágrimas.

Hay algo que conservo muy claro de los Andes. Recuerdo tanto los éxitos como los fracasos. Lo más terrible para caminar siempre fue el frío en los pies, tenerlos húmedos, con la posibilidad cierta de la gangrena. En algún momento nos poníamos bolsas de nailon, pero la transpiración del pie se condensaba adentro, y te mojabas tanto o más que antes. Un día a alguien se le ocurrió, recordando la bota de cuero de potro que usaban los gauchos de nuestra historia (a comienzos del siglo XIX), que podría hacerse algo equivalente con partes de los codos y las rodillas de los cadáveres, pensando que la grasa y la piel aislarían el pie del frío y la humedad. Al fin fue otro fracaso, primero porque te aumentaba la superficie del pie casi un centímetro, lo que dificultaba para calzarte, y a la vez la grasa hacía que el pie resbalara y tampoco funcionó como aislante. Pero ese fracaso te acicateaba para intentar de nuevo, por otra vía, te impulsaba a enfocarlo desde otro ángulo, y poco a poco llegamos, con los escasos elementos que teníamos, a las mejores fórmulas para sobrevivir y escapar de la muerte.

Con esa forma de encarar las desgracias, la idea de escalar esa pared de nieve dejó de ser imposible. Entre otras razones porque la temeridad se había convertido en perseverancia, y aprendimos que el miedo a errar es lo que te hace equivocar.

Fuimos dieciséis que hicieron posible que primero tres y después dos llegaran a destino. No es demagogia ni retórica barata decir que fue el equipo el que lo hizo posible, es ser ecuánime. Es ser fiel a la verdad, no a lo que quieren escuchar las tribunas de la sociedad convencional sedienta de héroes. Sé que las películas o los libros requieren un personaje que concentre todos los atributos, porque facilita la identificación del lector o el espectador, que de otra manera dispersa su atención en muchas personas. Pero la realidad funciona de otra manera.

En los Andes jamás rebajamos a los que murieron diciendo que uno, dos o tres salvaron a los otros, o seleccionando a héroes mitológicos, porque si pensamos en héroes, estamos humillando a los muertos. ¿Y cuántos héroes no conocemos porque murieron en forma impetuosa, por pura mala suerte o por el destino, o como se le quiera llamar, sin que nadie viera su trance final para poder relatar su gesta? Yo conocía a la mayoría de los que estaban ahí. Sabía los puntos que calzaban. Y siempre imagino que si hubieran vivido, ¡cuántas lecciones nos hubieran dado! Simplemente no tuvieron la oportunidad. Entonces, si yo hablo de héroes entre los que tuvimos la suerte de salir, los disminuyo a ellos. Ellos hicieron la parte fea de toda esta travesía. Yo seguí el camino que me señalaban y me salvé, pero jamás podré hacerles la deslealtad de abandonarlos.

Por eso esta historia no se puede contar por la mitad. Ni desde una sola perspectiva sino desde las dieciséis. En la montaña no se puede decir: «Yo te salvé la vida», porque la verdad es otra: «Nosotros ayudamos para que nos salvaras la vida». O dicho de otra manera, todos nos salvamos la vida a todos, desde el primer instante hasta el último, incluyendo, claro está, a los muertos. ¿Acaso esos amigos de toda la vida no nos salvaron la vida con sus cuerpos? Dudo de que exista un ejemplo más claro de que esto fue la verdad.

Si vamos a contar este suceso, hagámoslo como hombres. A mí me dolería mucho que, si esta historia perdura, no se conservaran los nombres de los que no volvieron, la entrega que tuvieron esos muchachitos tan jóvenes. ¿Quiénes eran o quiénes fueron? Lo que más deseo es que siempre que se cuente la historia de los Andes por lo menos se puedan leer sus nombres, porque un nombre es un recuerdo, y un recuerdo es una vida que perdura para la eternidad.

Hoy, desde la civilización, reveo mi actitud en la montaña y pienso que tal vez podría haber hecho pesar más mi opinión, porque claro que la tenía, a veces concordante y otras discordante con lo que íbamos haciendo, pero me impuse con tanta convicción el rol de apoyar lo que se decidiera que en ningún momento rompí esa promesa. Por eso estaba dispuesto a escalar la montaña en el momento que lo decidieran. Porque sabía que en ese equipo había gente como Roberto, que evaluaba todas las variables, que estaba esperando que llegara el mes de diciembre para que la nieve nos permitiera caminar sin morirnos, para que el viento blanco no nos matara en la primera noche. Sabía que estaba Nando con su voluntad inquebrantable. Sabía que estaban los Strauch, pensando y preparando todo para nosotros. Pero Roberto y Nando necesitaban un incondicional en el equipo. Y ese incondicional era yo. ¿Salimos ahora, Tintín? Sí, salimos. ¿Salimos mañana, Tintín? También salimos. Siempre a las órdenes. Ese era mi papel, a lo rugbier, a lo pilar.

Cuando se estaba preparando el equipaje para la expedición final, yo no pesé lo que llevaba Nando ni lo que llevaba Roberto, aunque escuché decir varias veces que a mí me estaban dejando una mochila de más o menos cuarenta kilos, con todas las medias llenas de carne para diez días, para tres personas. Perfecto, cuarenta kilos. Y llegaré con ella hasta que pueda, hasta que reviente, como efectivamente sucedió. Cuando en la mañana del 12 de diciembre partíamos a la expedición sin retorno, cargué la mochila a la espalda, la sentí pesada, sí, muy pesada. Mi ventaja era la fuerza, y se estaba aprovechando de la mejor manera posible. Y como mi mochila pesaba más del doble que la de los otros, cuando la ladera se tornaba casi vertical, claro que me caía hacia atrás, claro que no podía avanzar y que el miedo me paralizaba. Pero los escaladores, para llegar a algún destino, necesitaban que alguien llevara la carga, que la subiera por la pared casi vertical de nieve y que la depositara arriba. Alguien tenía que hacerlo. ¿Había alguien mejor? Tal vez sí, tal vez no, pero yo podía hacerlo. Cuando llegué arriba sentí que me había «quemado». En verdad estaba tan cansado que no sabía cómo haría para seguir caminando. Pero como todo se dio de una manera adecuada, Nando y Roberto decidieron seguir solos, porque el trayecto era más largo de lo que creíamos, necesitaban más alimento, más espacio en el saco de dormir, y la carga ya estaba en la cima de la montaña. Entonces me pidieron que bajara y regresara al fuselaje. Y del mismo modo que subí con los cuarenta kilos a la espalda y los dejé donde lo necesitaban, cuando lo pidieron bajé y fui desandando el camino montaña abajo. En poco rato dejé de verlos, estaba en medio de la cordillera de los Andes, rumbo a un avión que no se veía. Estaba solo, por las mías, sin comida y sin equipaje. Esa es mi historia. Ese fue mi rol.

En ese vivir desesperado de la montaña, uno se aferraba a cualquier experiencia religiosa y espiritual con tal de que te ayudara a superar el momento. Rezábamos y con esa letanía que te permitía pescar algo de sueño, suplicábamos que te ayudaran a salir, que no te olvidaran. Moría todas las noches en silencio para que no me escucharan y revivía todas las mañanas cuando asomaba el día. Mi madre era médica y muy pragmática. Un par de días después del accidente fue a una de las reuniones con las otras madres, las que sostenían que estábamos vivos, comiendo liebres y pájaros en algún lugar fantasioso, pero no bien las escuchó, resolvió no regresar más, porque sentía que le daban ilusiones infundadas, lo que le provocaba más dolor todavía.

Como habíamos formado una sociedad tan pequeña y sencilla, nos sorprendió sobremanera el recibimiento que tuvimos cuando bajamos a la civilización. En el hospital San Juan de Dios de San Fernando, la gente nos aplaudía; en el sanatorio Posta Central, los médicos y el personal formaban un corredor para saludarnos, y cuando llegamos a la calle la multitud nos vitoreaba. Qué equivocados están, pensábamos. Están viendo lo que quieren ver, no lo que está frente a sus ojos. A veces siento que la sociedad tiene conflictos que no consigue conciliar, y nosotros operamos como el pretexto para buscar explicaciones que tal vez no tienen solución, como la muerte o la creencia en la inmortalidad.

Por eso a mi regreso caminaba en medio de esa situación alucinante y me sentía como un astronauta pisoteando un planeta desconocido, que no era el mío. Mis padres lo percibieron de inmediato. Soy hijo de un entorno muy realista pero que a la vez no es frío. Recuerdo la noche de mi llegada a Montevideo, cuando estaba cenando, tomando un plato de sopa, con la casa llena de gente que quería verme tomar la sopa, como si fuera un personaje de circo. Cuando se retiraron, a la madrugada, mi padre se aproxima y me dice: «Me parece mejor que nos vayamos». Y así fue. Al día siguiente nos fuimos a un balneario distante, a La Coronilla, en el este, en la frontera con Brasil. Allí pasé tres meses, y fue muy sabio de parte de mi padre, porque como es un balneario con muy poca gente, al segundo día que te ven ya no te miran más como a un bicho raro, y en un par de días vuelves a hacer la vida normal de siempre.

Cuando en marzo regresé de La Coronilla a Montevideo, las aguas se habían aquietado, y junto con los kilos que me faltaban, recuperé la tranquilidad. Entré a la Facultad de Derecho y volví a estudiar normalmente. Se había apagado el furor de esa celebridad repentina.

Muchas veces me pregunto en qué nos cambió el desastre de los Andes. Analizo uno a uno a los que sobrevivieron, y llego a una conclusión muy terminante: nos tornó luchadores, nos quitó para siempre la actitud resignada. A unos les ha ido mejor que a otros en la vida, y claro que no me refiero al éxito mundano como se conoce en la sociedad. Pero todos tienen un común denominador, son luchadores, no se doblegan. Esta es la fórmula que define a los Andes, nunca hubo resignación. Cada uno ha tenido sus tragedias posteriores, mayores o menores. Mi primera mujer murió muy joven, en una circunstancia dramática, pero ninguno de nosotros se ha derribado. Esto no es una reflexión teórica sino una constatación. Todos los sobrevivientes son combativos, van adelante aunque tengan que perder. Por eso ninguno se apagó.

Y lo otro que me cambió es una sensación vinculada con el tiempo. ¿Por qué se escribió en aquella pared que nunca más encontré «Amigos por la eternidad»?

Hoy siento que no sólo del grupo de sobrevivientes soy amigo por la eternidad, sino que de los cuarenta y cuatro pasajeros del Fairchild soy amigo por la eternidad. Y esta es una convicción tan firme como una roca de la cordillera de los Andes.

---

* Tintín Vizintín nació en 1953. Su primera mujer, Graciela, murió en 1992. Tuvieron dos hijos, Lucía y Patricio.

Durante muchos años reunió al grupo de sobrevivientes en su casa, todas las semanas, para hablar de la montaña.

Años después se casó nuevamente con su actual mujer, Josefina.

Vive en una casa amplia, en Carrasco. Tuvo diferentes empresas, con éxito variado. También fue presidente de la Unión de Rugby del Uruguay.

Por momentos Tintín resulta enigmático. Es muy fuerte y parece muy rígido.

Pero al final se devela el enigma, se parece a los Hermanos del colegio, a quienes tanto admira, duro por fuera, sensible por dentro.

Por eso detrás de su rostro decidido asoma, de cuando en cuando, una mirada lánguida, que se pierde por ahí... «¡Up! ¡Up!», le dijo el Brother McGuinness después de darle un abrazo que duró menos de lo que él quería, pero suficiente para que siguiera adelante.

27

«Vengo de un avión que cayó
en las montañas»

◆

El sábado 16 de diciembre, Nando y Roberto se levantaron temprano. Se sentían descansados y no bien descongelaron los zapatos y las botas, comenzaron a escalar hacia la cumbre por los escalones cavados el día anterior. A medida que subían, el aire se tornaba más fino, y sentían que el corazón se les escapaba por la boca. Debían detenerse cada diez pasos.

Tardaron casi tres horas en llegar a la cima. Ahora, que habían decidido continuar, el paisaje les resultaba más desolado e inmenso. Cada uno advertía el miedo en los ojos del otro.

—Siempre seremos amigos —le dijo Nando, sin darse cuenta de si estaba haciendo una previsión del futuro o una despedida.

—Siempre —respondió Roberto—. Por más empinada que sea la cuesta.

Avanzaron por el borde rocoso e iniciaron el descenso, descubriendo que bajar era mucho más peligroso que subir.

Demoraron cuatro horas en descender cincuenta metros. Al fin, las rocas dieron paso a unas laderas con una capa gruesa de nieve. Caminaron media hora y llegaron a una pared de hielo, que los obligó a retroceder. En otra oportunidad desembocaron en un precipicio, lo que también les exigió desandar el camino. Cuando bajaron doscientos metros, el terreno cambió abruptamente. Como la cara oeste de la montaña estaba expuesta al sol de la tarde, a diferencia de la cara este, aparecían superficies rocosas donde la nieve se había derretido. El suelo seco les permitió avanzar con más facilidad. No obstante, a causa de las piedras sueltas, cada pocos pasos perdían el equilibrio y debían aferrarse a las rocas para no rodar por la pendiente.

Después de dos horas, llegaron a un área con una gruesa capa de nieve, donde debían pisar la superficie dura con cuidado para no resbalarse. Sin que Roberto lo percibiera, Nando se sentó sobre un cojín, se impulsó con los codos hacia delante y empezó a deslizarse por la ladera. En unos pocos metros alcanzó una velocidad vertiginosa, porque la ladera tenía una inclinación de setenta grados, lo que no percibió desde arriba. Para aminorar la marcha, enterró el bastón de aluminio en la nieve y hundió los pies, pero no sirvió de nada y además temía rodar hacia adelante. Siguió bajando cada vez a mayor velocidad, sin golpear las rocas de casualidad, hasta que más adelante chocó contra un banco de nieve que no escondía ninguna roca, lo que amortiguó el impacto frontal. Roberto, desde arriba, miraba espantado lo que había sucedido, porque pensó que había muerto o se había quebrado todos los huesos cuando se estrelló y vio volar nieve hacia todos lados. De pronto, Nando emergió de la nieve, completamente blanco, y, por gestos, le expresó que estaba bien. Roberto meneó la cabeza. «Qué locura», gritó.

Al fin se detuvieron. Roberto quería descansar, comer un poco y coser la bolsa de dormir, que la noche anterior presentó una gran abertura en un costado, por donde entró tanto frío que le entumeció una parte del cuerpo.

El día siguiente, domingo 17 de diciembre, continuaron descendiendo la ladera. Las piernas se les acalambraban de continuo. De tarde accedieron a la parte inferior de la montaña, donde encontraron la entrada del valle que habían visto desde la cima. Con menor altura, respiraban mejor, lo que les devolvió algo de fuerzas. La nieve del glaciar se había fragmentado, formando piedras heladas que dificultaban la marcha. Los dos sabían el peligro que representaba tropezar en esa zona. Si cualquiera se rompía o incluso lastimaba un tobillo, lo que les impediría avanzar, era la muerte segura. Si bien habían acordado que si uno se lastimaba, el otro seguiría, en verdad no sabían lo que harían.

Esa tarde, Roberto se dio cuenta de que al final del valle el sol se ocultaba para ellos pero que las sombras de la tarde no cubrían el área detrás de la montaña que tenían adelante.

—Si acá no vemos el sol, ¿cómo está entrando aquel rayo de luz? —dijo.

Nando lo observaba, sin entender su lógica.

—Quiere decir que esa es la salida de la montaña —exclamó Roberto—. ¡Quiere decir que más adelante es más bajo, que esa es la entrada y que por fin estamos dejando la parte alta!

Nando no dijo palabra, pero sonrió.

Al otro día, lunes 18, el séptimo día de la expedición, comenzó a retroceder la nieve y aparecieron más rocas rodeadas de parches nevados.

Esa tarde, Nando, que iba adelante, se detuvo de golpe. Esperó a Roberto y le hizo gestos para que escuchara. Se oía nítidamente el ruido de una caída de agua, a lo lejos.

Un poco más adelante, el valle que habían seguido se bifurcó en dos: era la «Y» que vieron desde lo alto de la montaña. A suerte y verdad eligieron el brazo izquierdo, hasta que encontraron una pared de hielo de la que brotaba agua por una grieta. Desde donde estaban, veían cómo, cien metros más abajo, esa corriente de agua se transformaba en un torrente impetuoso que circulaba por una garganta en dirección al oeste. Estaban ante la naciente de un río. Decidieron caminar junto a él, para que los llevara rumbo a su desembocadura. Sin embargo, la caminata junto al río fue más dura todavía, porque el terreno estaba salpicado de enormes rocas redondas o irregulares, que en algunos casos tenían que escalar. A medida que avanzaban, el río se iba ensanchando, ganando caudal y velocidad. La nieve terminó de un modo brusco, y pudieron caminar por terreno seco.

En un momento, Roberto se detuvo, sorprendido. Frente a sus ojos, a medio metro, había una lagartija, mirándolo fijamente. Era el primer ser viviente que veía. Se dio cuenta de que al dejar de ver nieve, dejaba de ver muerte. Había lagartijas, agua y, un poco más allá, un manchón de pasto, musgo, hierba y juncos. Si bien era un lugar extremadamente árido y solitario, le resultó el paraíso.

Al atardecer divisaron, junto a unos árboles lejanos, dos vacas. Por primera vez, desde el accidente, los embargó una sensación completamente nueva, tal vez no morirían.

Un poco después encuentran un sendero estrecho donde ven huellas de animales. Más adelante hallan el primer indicio netamente humano (porque Nando sostenía que esas vacas podían ser chúcaras o salvajes): una lata vacía y herrumbrada de sopa. Doscientos metros después encuentran la herradura de un caballo. Más tarde vuelven a ver vacas y algunos árboles talados con hacha. Bajo esas lengas cortadas despliegan el saco de dormir y se acuestan con una sensación extraña en todo el cuerpo.

—¿Viviremos? —le pregunta Roberto a Nando.

—Parece que sí —responde Nando, con una sonrisa que Roberto no había visto desde hacía tiempo.

A la mañana siguiente están exhaustos, como si no hubieran descansado. Les duelen las piernas y los pies. Descubren que más adelante el curso de agua que acompañaban (el río Azufre) se conecta con un torrente que baja de otro lado de la montaña, los que convergen en una cascada gigantesca. Toda la serenidad con que habían dormido se convierte de pronto en espanto: están en medio de dos corrientes de agua, atrapados.

Desandaron el camino para intentar cruzar el primer río en un lugar más estrecho y menos torrentoso, con una roca al medio a donde podían saltar sin tocar el agua. Pero cuando lanzaron las mochilas de la roca hasta la otra orilla, una cayó al agua, atada de la soga. Con el golpe se rompió la botella de ron, que impregnó la carne con gusto a alcohol. Paralelamente, con la temperatura más alta, la carne comenzaba a descomponerse, tornándose verdosa.

Esa tarde ocurrió otra novedad: encontraron troncos y ramas sueltas y pudieron encender fuego. Secaron la ropa húmeda y desplegaron el saco de dormir junto a la lumbre. Estaban perplejos, sentados junto al fuego, observando la silueta gigantesca de la montaña. De un minuto para el otro cambió toda la perspectiva, y los moribundos de ayer eran jóvenes que podían sonreír.

El martes 19 de diciembre se detuvieron a descansar al mediodía. A última hora llegaron a la base de una meseta. En ese lugar, el caudal del río torrencial tenía un ancho de treinta metros. Acamparon junto a un monte de árboles achaparrados.

En la mañana del miércoles 20 de diciembre, el noveno día de la expedición, estaban tan cansados que para poder seguir caminando decidieron abandonar la carga que creían que ya no necesitarían, como el saco de dormir y la carne que estaba al fondo de las medias, más verdosa y descompuesta que la que estaba en la parte superior. Con menos peso, siguieron andando por el valle, pero se alarmaron porque no encontraron más vestigios de civilización. Comenzaron a caminar en zigzag, pero si hasta entonces les resultaba natural improvisar el camino, ahora, que habían recuperado la expectativa de vivir, les parecía alocado. Al fin encontraron otro sendero formado por cascos de animales que avanzaba junto al río, y poco después arribaron a un valle donde pastaban dos caballos. Era inminente el contacto con alguna persona.

Roberto comenzó a tambalearse, doblado hacia adelante y sujetándose el estómago. Lo aquejaba una diarrea aguda, producto, según él creía, de comer carne descompuesta. A partir de ahí, Nando debió llevar las dos mochilas y caminar más lentamente, hasta que al final de la tarde descubrieron un corral hecho con piedras y una rústica tranquera de madera.

A Roberto le impresionó vivamente tomar contacto con el producto del trabajo del hombre, porque si bien habían visto indicios —árboles talados, la lata oxidada, la herradura—, cuando llegaron a esa precaria tranquera que un ser humano había unido con alambre, y vio alrededor las huellas de unas botas, se emocionó sobremanera.

Nando salió a recorrer el área para encontrar la salida por la que partió el caballo. Roberto permaneció sentado sobre una gran piedra, mirando al este, a la cordillera. Regresó una hora después con una mala noticia: estaban rodeados por dos ríos caudalosos, imposibles de cruzar.

La novedad no alarmó a Roberto, porque ese hombre y ese caballo, cuyas huellas estaban frescas a su lado, por algún lado habían cruzado. Le pidió a Nando que trajera leña para hacer un fuego y pensar con tranquilidad. Pero cuando Nando caminó unos metros por el prado, escuchó la voz chillona de Roberto, con el tono de falsete que afloraba cuando se alteraba.

—¡Un hombre a caballo! ¡Un hombre a caballo!

Nando se volvió y vio a Roberto parado sobre la roca, exaltado, señalando hacia el río.

—¡Corre! —gritó Roberto—. ¡Viene del otro lado del río! ¡A trescientos metros!

Nando bajó por la ladera hasta llegar al río, mientras Roberto le indicaba el rumbo donde había visto al jinete. Roberto venía trastabillando tras él, tomándose el estómago con las manos.

—¡Juro que lo vi, lo vi! —exclamaba.

En ese momento, Nando miró hacia el río, y, efectivamente, a unos doscientos metros vio a un hombre a caballo, con un sombrero aludo, cabalgando muy despacio, bajando la montaña. Los dos comenzaron a gritar como descosidos, mientras Nando también saltaba y agitaba los brazos: «¡Socorro! ¡Socorro! ¡Nuestro avión chocó! ¡Un avión! ¡Auxilio!». El griterío retumbó como un estruendo en el silencio de la montaña. El jinete se detuvo y permaneció quieto, observándolos. Ellos seguían saltando y gritando, simulando las alas de un avión con los brazos y repitiendo la palabra «avión», hasta que Nando se hincó de rodillas y juntó las manos en señal de súplica. Corrió hasta la orilla del río cuando prácticamente no se veía más nada, temiendo caer al agua o a un barranco. De pronto, el jinete continúa la marcha, e instantes antes de que se vaya la luz, grita una palabra que Nando y Roberto identifican claramente a pesar del ruido torrentoso del río: «¡Mañana!».

Oscurece de repente y los dos retornan a donde habían dejado las mochilas, junto a la tranquera y las huellas del jinete.

Se guarecen debajo de los árboles y encienden un fuego. Están tan felices que se golpean las espaldas con las manos, sin dejar de reír. Aprietan los puños, levantan los brazos y miran al cielo, como celebrando.

—Dijo «mañana», ¿no es verdad? —preguntó Roberto.

—Yo lo oí, no tengo dudas —respondió Nando.

—«Mañana», ¿no es cierto? —volvió a preguntar Roberto.

Por un instante, antes de dormirse, les vuelve a asaltar la duda.

—¿Volverá? —pregunta Nando.

—¿Por qué nos va a abandonar? —dice Roberto.

—A lo mejor piensa que somos unos cuatreros, mira el aspecto que tenemos —responde Nando.

Decidieron hacer guardia durante la noche, durmiendo dos horas por turno, de modo que uno siempre permaneciera despierto por si volvía a aparecer. Sin embargo, cuando Roberto vio dormir a Nando tan profundamente, le apenó despertarlo y permaneció despierto, mirando hacia todos lados, para reparar en el menor movimiento que surgiera. Mientras tanto, su mente se pobló de pensamientos y recuerdos, observaba las patéticas medias de rugby con carne humana semidescompuesta, pensó en todo lo que habían tenido que sacrificar en la montaña, y con estos pensamientos, cabeceó, y cuando despertó, sobresaltado, llamó a Nando para que viera lo que había del otro lado del río: el jinete había hecho una fogata gigantesca, para que ellos la vieran. Nando saltó como un resorte y corrió hasta la orilla del río. Roberto no se podía mover, estaba como entumecido por el cansancio y la diarrea.

Cuando llegó hasta la orilla, divisó a tres hombres sentados al calor de la hoguera, del otro lado, a poco más de treinta metros. El del sombrero aludo se puso de pie y se aproximó a la orilla, con la misma calma del día anterior. Nando intentó gritar, pero el estrépito del río ahogó sus palabras. Señaló el cielo y volvió a gesticular para indicarle la caída de un avión. El campesino sacó un papel del bolsillo, escribió algo, ató el papel y un lápiz alrededor de una piedra con una piola y lo lanzó al otro lado del río. Nando lo recogió y con las manos temblorosas cortó la piola, desdobló el papel y leyó lo siguiente: «Está de camino un hombre al que he mandado hasta allí. Dígame lo que desea».

Nando le escribió un mensaje en el reverso de la misma hoja, con el mismo lápiz: «Vengo de un avión que cayó en las montañas. Soy uruguayo. Hace 10 días que estamos caminando. Tengo un amigo herido arriba. En el avión quedan 14 personas heridas. Tenemos que salir rápido de aquí y no sabemos cómo. No tenemos comida. Estamos débiles. ¿Cuándo nos van a buscar arriba? Por favor, no podemos ni caminar. ¿Dónde estamos?». Se aproximó a la orilla y lo arrojó con toda la fuerza que pudo. El hombre lo recogió, leyó y le hizo señas con las manos para tranquilizarlo, como diciéndole «Ya entendí». Antes de marcharse, fue hasta el caballo, tomó unos panes y un queso, los envolvió en un pañuelo con una piedra, y volvió a arrojarlos a través del río San José, un afluente del río Azufre.

Eran las siete de la mañana del 21 de diciembre de 1972. Habían transcurrido setenta días desde el accidente. Roberto enterró la carne que sobraba junto a la piedra y le dijo adiós a la sociedad de la nieve.

Dos horas más tarde, apareció por ese lado del río un campesino con rasgos mapuches montando una mula. Se llamaba Armando Serda y trabajaba como peón para el hombre del sombrero aludo, el arriero Sergio Catalán. El campesino venía con una pala para pocear porque debía colocar dos postes. Los miraba con reticencia y hablaba con monosílabos, pero era evidente que venía a ayudarlos. Les dijo que regresaría a buscarlos en dos horas. Volvió a las once en punto. Subió a Roberto a la grupa con él, porque no podía caminar más, y Nando lo siguió a pie. Buscó un paso en el río y una hora después llegaron a una enramada, con dos pequeñas y rústicas cabañas de troncos, junto a otro afluente del río Azufre. Armando Serda ayudó a Roberto a bajar de la mula y les pidió que se sentaran en unos bancos hechos con troncos, mientras él y otro campesino que estaba en la cabaña, al que Armando presentó como Enrique González, les ofrecían queso de leche de cabra, pan y un plato de «porotos con riendas» —frijoles con fideos y trozos de carne—, que Nando y Roberto —a pesar de la diarrea que lo aquejaba— devoraron.

—¿Dónde estamos? —preguntó Nando.

—Los Maitenes —respondió Armando Serda.

Ninguno de los dos olvidaría ese nombre por el resto de sus vidas.

Estaban en la región montañosa de la provincia chilena de Colchagua. Armando les explicó que usaban esa cabaña en verano, cuando cuidaban los rebaños que pastaban en el verde que surgía entre la nieve de la montaña. Les contó que todos trabajaban para los dueños de esas tierras, la familia de Joaquín Gandarillas. Sergio Catalán, el capataz, había ido al poblado de Puente Negro por ayuda, a ocho horas a caballo de distancia, y otras por carretera, con la carta que le había arrojado Nando a través del río San José.

A las seis de la tarde llegaron el arriero Sergio Catalán y diez carabineros a caballo, que ni por un instante dejaban de mirar, extrañados, a Nando y a Roberto. Los comandaba el sargento Orlando Menares, que traía un rollo de soga en su mano. También estaba asombrado, pero lo disimulaba hablando. Habían venido en dos camiones hasta un puente del río Azufre. En uno de los vehículos venían los hombres y en el otro los caballos. Después cabalgaron hasta la cabaña de los arrieros, entre los maitenes, junto a un recodo del río. El sargento desplegó un mapa en el suelo y preguntó dónde estaba el avión accidentado con los otros sobrevivientes. Nando y Roberto miraron el mapa y empezaron a rehacer el largo camino que habían recorrido. Encontraron el río donde estaban, con el dedo indicador Nando llegó a la naciente del otro río, el Azufre, después al último valle, al anterior, a los glaciares, a la nieve y a las montañas gigantescas.

—Están del otro lado —expresó.

—Imposible, eso es Argentina, cerca del Sosneado, es del otro lado de la cordillera —respondió el oficial, con ademán intranquilo.

—Están del otro lado —reafirmó Roberto.

—Ustedes no pueden haber atravesado los Andes, tú no sabes leer mapas, deben estar más cerca —volvió a insistir el jefe del pelotón de los carabineros.

—Están allí —repitió Nando.

Al fin, el sargento creyó que tal vez fuera cierto, porque esos dos jovencitos parecían muy persuadidos y estaban demasiado extenuados para mentir. Envió a dos de sus hombres a Puente Negro para que se volvieran a comunicar con el destacamento de San Fernando y pidieran helicópteros a Santiago, por radio. Como no podían volar de noche, tendrían que esperar hasta la mañana siguiente.

Esa noche les dieron más abrigo y comida a Nando y Roberto, quienes hablaron durante horas, contando algunos episodios de la epopeya. Sergio Catalán habló poco, pero los escuchaba con atención. Les comentó que tenían olor a hierbas, a «hierbas de la montaña».

Al otro día amaneció con una niebla espesa, cosa que nunca habían visto en la cordillera. No alcanzaban a ver a treinta metros de distancia.

A las nueve empezaron a sentir un griterío, como un alboroto descomunal. Hasta ahora sólo habían escuchado murmullos, viento, tempestades y agua.

—¿Qué es eso? —preguntó Roberto a Sergio Catalán.

El arriero se encogió de hombros.

De la bruma, embarrados hasta las rodillas, comenzaron a aparecer decenas de periodistas con cámaras de televisión y fotográficas, micrófonos y grabadores, para hacer notas y entrevistas.

—Yo soy de la BBC de Londres, me gustaría que me diera una nota —dijo el primero.

—Y, ¿por qué? —le preguntó Roberto, desconcertado.

—Porque es una historia inverosímil, todo el mundo quiere conocerla —dijo el reportero, mientras los otros los filmaban y fotografiaban.

Una hora después llegaron los dos helicópteros a Los Maitenes. El comandante Carlos García, el mismo que había estado detrás del Fairchild accidentado desde el primer día, los miraba boquiabierto. Luego desplegó un mapa en el suelo y Nando y Roberto volvieron a indicarle el mismo punto que habían señalado al sargento Orlando Menares en la tarde anterior.

—Es imposible —dijo García, observando al comandante del segundo helicóptero, Jorge Massa.

—Es así —volvió a decir Nando, con más premura, porque el rescate se estaba demorando demasiado.

—Miren lo que son los Andes, no podemos ir a buscarlos a ciegas. La única forma es que uno de ustedes nos acompañe, ¿tú vienes? —dijo García, mirando a Nando.

28

Pancho Delgado*

Volar con las alas congeladas

◆

El proceso que vivimos en los Andes nos llevó, más que a esconder los sentimientos, a enterrarlos en la nieve, al punto que yo salí de la montaña con las emociones congeladas, y ese período de congelamiento dependió de cada uno, y de cómo cada uno vivió su reinserción en la sociedad. Tal vez por eso yo, hasta hoy, nunca concedí una entrevista, nunca brindé una charla, nunca hablé de los Andes, salvo en mi círculo más íntimo. Sólo hablé en esos primeros días inmediatamente después de retornar a la vida, cuando no entendía bien lo que estaba sucediendo.

Hablar de aquella tragedia fue y es doloroso, entonces y ahora. No me siento bien cuando lo recuerdo, ni cuando me preguntan sobre el tema. Nunca más tomé un avión y me alejo todo lo posible de aquello que me recuerda lo que padecimos en el 72. No sólo no voy a su encuentro, sino que sigo alejándome, queriendo que permanezca como un episodio de mi vida que ocurrió en el pasado más remoto posible.

En los setenta y dos días de los Andes, lo que hicimos para poder sobrevivir fue un viaje que nos sacó de las pautas de la sociedad civilizada para llegar a la barbarie y retroceder a otros ciclos de la historia del hombre, accediendo a algo así como el Paleolítico. Nuestro período en la montaña, si lo comparamos con otras tragedias, fue muy largo. Por eso siento que recorrimos, en setenta y dos días, miles de años. Y para poder sobrevivir, para poder adaptarnos a ese ciclo diferente de la historia del hombre, debimos convertir nuestras emociones en rocas, no sólo porque convivíamos con la muerte y el desamparo, sino porque debimos crear un mundo con los pocos elementos que estaban en nuestro entorno, como hacía el hombre del Paleolítico, con la única diferencia de que teníamos un bagaje previo que el hombre prehistórico no tenía; él creaba de la nada, nosotros creábamos sobre la base de lo que recordábamos, que si bien nos ayudaba en la práctica, nos destrozaba en lo anímico. Y al igual que él, estábamos enteramente supeditados a la naturaleza y sus caprichos.

Es inimaginable que un proceso como ese termine abruptamente en el día setenta y dos, como si se pasara la hoja de un calendario. Habíamos abandonado repentinamente la era civilizada. Cada día era un siglo, setenta y dos siglos, 7.200 años. A veces me pregunto a qué etapa hubiéramos llegado si sobrevivíamos algunos días más. No lo sabemos. Sólo sabíamos que había un final, un límite en el horizonte, más acá o más allá. Y en un helicóptero te sacan de la Edad de la Piedra Pulida, y te trasladan de vuelta a la civilización, un viaje de treinta minutos que el hombre hizo en 7.200 años. Por eso cuando llego a Los Maitenes sigo en el Paleolítico. Consigues reaccionar de acuerdo a pautas civilizadas porque te acuerdas cómo eran, no porque las sientas. Esa diferencia es crucial, porque en verdad estás congelado, eres un bloque de hielo que se perdió en el tiempo. Entonces lo que haces es una representación, un simulacro de lo que eras, de lo que es la vida de un hombre en sociedad.

Ese viaje hacia el congelamiento de las emociones comenzó el 13 de octubre de 1972, a las dos de la tarde, cuando estaba haciendo la fila para subir al F571, y tuve un presentimiento muy poderoso de que ese avión se iba a caer. Ocurrió de repente, en el instante que subía la escalinata, y fue una certeza que me cayó como un rayo, una certidumbre de que nos iba a ocurrir una tragedia, y con ese estremecimiento subí los tramos finales de la escalerilla, con las manos temblando sobre la baranda.

Solamente tuve un ademán de demora, de duda, pero ya era demasiado tarde para echarme atrás, porque en ese momento ocurre lo que sucede tantas veces en la vida, que uno se deja llevar por la inercia más que por la convicción, en particular cuando se participa de un grupo. Sentí que no podía arrepentirme, que no podía bajarme del avión y entonces opté por seguir la corriente, tomando algunas precauciones elementales, con aquella idea atormentándome. Me senté en la cola del Fairchild, porque siempre había escuchado que esa es la parte más segura de un avión que se accidenta. Pero las cosas se dieron como tenían que darse. Si bien yo estaba en la última hilera, en el instante que comenzaron las fuertes turbulencias apareció el navegante de la tripulación con las cartas de vuelo en la mano para analizarlas y nos pidió a los que estábamos en ese lugar que nos corriéramos hacia adelante, a efectos de dejarle espacio para desplegar las amplias hojas de papel. Ese fue el motivo por el cual todavía estoy acá, y está vivo Tintín Vizintín, que también se corrió hacia adelante por esa misma circunstancia.

Luego vienen esas horas tan angustiantes que se prolongan desde el momento del choque hasta la mañana siguiente, que fue como un anticipo, como una preparación para lo que vendría después. Como si nos dijeran: de esto se trata, este es el escenario que tienen por delante. Sigan viaje o bájense, y déjense llevar por la muerte, suave y neutra. Pero si continúan el periplo, sepan que tiene un costo ilimitado.

Ese proceso de endurecernos que comenzó entonces continuó hasta el final, multiplicándose y solidificándose. Cada acontecimiento que ocurrió en la montaña fortalecía ese retroceso. Al décimo día, cuando escuchamos que habían suspendido la búsqueda, nos vimos obligados a ingresar, de un instante para el otro, en un proceso genuino de estar «solos frente al mundo». Es muy cruel y severo, porque esa sensación de estar «solos frente al mundo», cuando se analiza en profundidad, resulta algo inusual.

Si alguien se prepara para llegar al Polo Sur o al Polo Norte, o se organiza para atravesar el desierto en un camello, o el océano en un velero, o se dispone a ir a la guerra, hay una preparación física y psicológica previa. Nosotros estábamos solos desde cualquier ángulo que se quiera observar, en el confín del planeta, en una de las partes más inhóspitas imaginables, en las manos de Dios, donde había variables que podíamos controlar y organizar pero donde la mayoría estaba mucho más allá de nuestro alcance.

Comencé a constatar, a un grado que jamás imaginaba, que el ser humano puede adaptarse a todo, si lo hace poco a poco, día a día, y fundamentalmente, creo yo, si nunca conoce el final.

Cuando hablas con un chileno y le relatas algo del accidente, invariablemente te dice: «El primer día en ese lugar yo me enloquezco, porque sé que jamás podré salir». Porque ellos a la cordillera la ven todos los días. Esa fue la gran diferencia, nosotros teníamos la inconsciencia de no saber lo que eran la nieve, el frío, los desprendimientos, el mal de altura, la cordillera. Es decir, no sabíamos que «jamás podré salir». Nuestro hábitat natural en Uruguay es la playa, el río, el océano y el verde. Nuestra ignorancia en la materia fue, sorprendentemente, nuestra principal aliada, porque impidió que nos enloqueciéramos, amortiguó la desesperación, el caos y la histeria, y nos permitió creer, irracionalmente, que en verdad se podía. La ignorancia maximiza la osadía, y, factor clave, evita que la profecía tienda a cumplirse: los que crees que son tus límites terminan marcando la frontera. Cuando Numa Turcatti hace aquella primera expedición a la montaña del sur, con Gustavo Zerbino y Daniel Maspons, como le contó a Daniel Fernández, tuvo el atisbo de que «jamás podremos salir». Daniel está convencido, hasta el día de hoy, de que eso fue lo que lo mató.

El escalón más duro fue adaptarnos a las muertes indiscriminadas y completamente arbitrarias, como ocurrió en el alud, donde aprendías de la forma más descarnada posible que el próximo podías ser tú. Que aquello era, apenas, una cuestión de tiempo. Si me salvé en el accidente porque me obligaron a cambiar de asiento, en el alud nos salvamos con Numa porque estábamos en la peor ubicación. Como estábamos junto al agujero, nos cayó encima la puerta de emergencia que se usaba para construir la barricada que lo tapiaba, junto con las maletas y la mampara, y esa puerta curva nos dejó una pequeña cavidad, con un par de minutos de oxígeno más que los otros. Fuimos los últimos en ser rescatados, pero teníamos esos minutos suplementarios. Luego de esa muerte aleatoria, donde este murió pero aquel sobrevivió, permanecimos durante tres días sepultados. Y esa gran desdicha que se sumaba a las anteriores continuó adaptándonos, porque uno se iba amoldando a las contingencias, a que este muere y el otro sigue, y el que muere es cualquiera. Cuando mis hijos o sus amigos me preguntan por qué me salvé, respondo que murieron los mejores, porque Dios o el destino no quería que sufrieran más. Tal vez sea una simple racionalización, aunque lo siento así.

Algo que siempre me sorprende y me admira es que todo se dio en los tiempos justos. La decisión tan atribulada de alimentarnos de los cuerpos fue tomada en el momento adecuado. Antes de que se terminaran las ínfimas provisiones que había en el avión, empezamos a prepararnos para lo inevitable. Se habló del tema desde múltiples abordajes. No llegamos a esa etapa tan triste en estado de desesperación, o de inanición, cuando el cerebro emite señales distorsionadas, ni esperamos hasta el final, cuando el deterioro de nuestros cuerpos fuera irreversible. Estábamos obligados a decidir antes de que las fuerzas nos abandonaran por completo. Y los que más demoraron en asimilar esa necesidad tuvieron ese décimo día, cuando experimentamos la genuina soledad, lo que terminó convenciendo a los más renuentes porque nadie vendría a rescatarnos. Pero si la decisión se hubiera tomado fuera de tiempo, si no hubiera estado plenamente asumida, después la división del grupo hubiera sido irreversible: aunque acumules y acumules, ya te alejaste y no puedes volver a sumar, y sin el grupo unido, no salíamos.

Todo se dio en el tiempo justo. Nosotros vivimos adaptándonos a la adversidad que emanaba del ambiente gélido, donde todos los microbios que existían no se manifestaban porque estaban apagados por el frío. Pero estoy convencido —y lo he hablado con expertos— de que si el rescate se demoraba más, no hubiéramos sobrevivido. Todos esos microbios que teníamos en el organismo, en particular los estafilococos que estaban latentes, empezarían a entrar en ebullición con el calor y harían estragos. Lo veíamos minuto a minuto cuando subió la temperatura, cómo se propagaban las infecciones. No teníamos ninguna defensa, nuestros organismos carecían de cualquier reserva y nuestro sistema inmunológico había claudicado por la inanición. Paradójicamente, el calor y el sol que tanto anhelamos en la montaña nos hubieran matado.

Cuando regresé a la vida, demoré muchos meses para volver a dormir como lo hacía antes del accidente. Porque allá arriba pasaba las noches en vela, durmiendo a intervalos, donde el sueño nunca es sueño del todo. Y si bien temía dormir y morirme sin poder defenderme si caía otro alud, más temía despertar, ya que invariablemente soñaba que estaba viviendo mi vida normal, en Montevideo, y en el sueño el accidente y el avión eran una pesadilla irreal. La verdad de mis sueños era mi vida cotidiana, mis idas a la Facultad, mi novia, mi casa, mis padres, y cada despertar era un impacto intolerable, porque abría los ojos y siempre me encandilaban las letras fosforescentes del cartelito del avión que decía «EXIT». Sentí que me iba a volver loco a corto plazo, porque los estados depresivos después de cada despertar me hundían más y más en la desesperación. Entonces decidí no dormir, pero sin dormir no podría resistir, por lo que me las ingenié para poner mi mente en blanco antes de dejarme ir por el cansancio, con los ojos cerrados.

Cada uno tenía su propia fórmula de contención. La mía era recordar los lugares que más anhelaba, los espacios familiares, rincones de mi casa, zonas de los balnearios donde veraneaba con mi familia, pero siempre recorría mentalmente todos esos lugares sin personas, con todos los elementos pero vacíos. Recordaba sitios, momentos, quitando de ellos a las personas queridas. A veces, con el recuerdo me instalaba en mi casa, caminaba por ella, me sentaba en un rincón, me ponía a leer en mi habitación. Pero siempre tenía especial cuidado de vaciar de gente los momentos y los lugares. De esa manera, esas andanzas por el pasado me servían como estímulo para esquivar los pozos depresivos que siempre estaban acechándome.

Había personas que estaban enteras y podían trabajar. Estaban los heridos, los graves y los quebrados, como yo, que me arrastraba para trasladarme porque tenía rota la cadera, y entonces trabajaba en lo que me permitía esta condición, donde la acción estaba muy restringida, fundamentalmente fundía nieve, llenando las botellas de agua. Álvaro Mangino estaba en una situación semejante, con una pierna rota. ¡Qué impotencia cuando tanto se requería la actividad, y uno está como un inválido, postrado, sin siquiera un andador o una silla de ruedas! Esa impotencia no es la que uno conoce en la vida ordinaria, es de otro calibre, porque te obliga a mover igual a pesar de los huesos rotos que crujen dentro.

Entonces colaboré donde pude. Cuando regresamos, y planeamos la conferencia de prensa, me convencí que ahí sí podía actuar, porque no requería la cadera entera, y no importaba que cojeara. Así como arriba en la montaña estaba postrado, abajo en la civilización me alcé lo más alto que pude y hablé de ese tema tan penoso y embarazoso que a todos atormentaba, a nosotros y a los familiares: cómo nos alimentamos, por qué lo hicimos, dónde están los fallecidos. Eso, creo, fue mi principal aporte: de esa manera, pienso, compensé el hueso roto que me tumbó en la cordillera.

Siento que mi contribución la hice en aquella conferencia de prensa del 28 de diciembre de 1972, en el gimnasio del colegio Stella Maris-Christian Brothers, ante la prensa del mundo. Mejor de lo que hablé en ese momento no voy a hablar nunca más en la vida. Y como además es un tema que me resulta muy doloroso, siempre sentí que no tenía sentido que siguiera hablando, porque lo que había que decir, y en el momento que había que hacerlo, lo dije aquella tarde.

Estando en Chile, antes del regreso, empezaron a circular los rumores de que nos habíamos alimentado con los cuerpos de los muertos, se había filtrado por las fotos que habían sacado los propios tripulantes de los helicópteros, las que habían llegado a los periódicos. Recuerdo que fuimos a una reunión en la embajada uruguaya en Santiago, donde estaban mis padres, César Charlone, que era el encargado de negocios que representaba a la embajada, y otros padres de sobrevivientes. Entonces Carlos Páez Vilaró dijo: «Cuando se regrese a Montevideo, hay que tratar de ubicar a la gente en el contexto verdadero, en el escenario de la montaña, y una vez que se explique esto, si se hace bien, las cosas se van a comprender». Había dado en el clavo, lo fundamental era el contexto. Y esa preocupación que todos teníamos empezó a ocupar mi pensamiento, y me dije: lo primero es ubicarlos en el lugar, que era la montaña helada, con nieve y nada más que nieve.

Cuando llegamos al aeropuerto, el 28 de diciembre del 72, muchos de los que habían pertenecido al colegio Stella Maris-Christian Brothers (yo había ido a otro colegio, al Sagrado Corazón de los jesuitas) querían hablar primero con el Brother John McGuinness, el director, y con el Brother Eamon O'Donnell, que fue director del colegio en otro período. Los choferes de los dos ómnibus dieron un rodeo, y mientras todos nos esperaban en el frente del gimnasio, entraron por la calle French, y doblaron por el fondo de las canchas de rugby, donde habían abierto el cerco. Así llegamos al edificio sin que nadie nos viera y se pudo hablar con los dos Hermanos, sin gente ni prensa. En ese momento alguien les confesó que había dos posibilidades acerca de lo que podíamos decir, y se quería conocer su opinión. El Brother John McGuinness no vaciló un instante: «Deben decir la verdad». Sólo pronunció esas cuatro palabras, mientras Eamon O'Donnell asentía en silencio. Entonces salimos rumbo al gimnasio, con todo el mundo esperando a través de los medios de prensa internacionales.

Planificamos brevemente lo que íbamos a decir cada uno, y a mí se me encomendó hablar del tema que todos querían escuchar. Esas frases salieron espontáneamente. No lo preparé previamente, no me asesoré con los dos Hermanos Cristianos a los que vimos un instante antes de la conferencia. Tampoco me asesoró ninguno de los padres de los miembros del grupo, muchos de los cuales viajaron con nosotros. Dije: «Yo hablo, confíen en mí», porque sabía perfectamente lo que tenía que decir. Ubicarlos en el lugar y a partir de allí, todo se entendería, como había dicho el padre de Carlitos Páez. Y hablé: «Uno se levanta de mañana y mira para los costados esos picos nevados, impresionantes. El silencio de la cordillera es majestuoso. Es una cosa que aterra, solo frente al mundo...», empecé, y se hizo un silencio sepulcral en todo el gimnasio.

Me quedaron reminiscencias de todo esto, claro que sí. Un precio carísimo, donde dejé pedazos de mí por el camino. También me quedaron aprendizajes indelebles, grabados a fuego, que nunca más se borrarán. Creo saber lo que siente un anciano que ve a la muerte merodeando del otro lado de la ventana, decidiendo si es ahora o en un rato cuando golpeará a su puerta. Aprendí, además, que uno puede endurecerse tanto, puede enfriarse a tal punto, que queda anestesiado y deja de sentir.

Yo venía de situaciones donde el que estaba a mi lado se moría en mi regazo, y siempre creía que yo sería el siguiente, pero igual había que seguir resistiendo, y cuando retorno a la vida lo primero que me dicen es que debo continuar los estudios de Notariado. Pero si hasta ayer nomás me iba a morir mañana, ¿qué quieren que estudie? Hacía ocho años que estaba con mi novia Susana, y como cumplí veinticinco años en la cordillera, mis padres y los padres de Susana lo primero que me dijeron al regreso fue que me casara enseguida. Pero si hasta ayer nomás me iba a morir al día siguiente, ¿cómo podía casarme? No sabía qué iba a hacer con mi vida, porque lo único cierto que tenía era que me había preparado para morirme en el momento menos pensado. Entonces, lo primero que hice fue pedir tiempo, decidí que todavía no me podía casar, que todavía no podía estudiar, que todavía no podía hacer nada más que ablandarme, dejar de ser una roca. Y no sólo no me casé, sino que le dije a Susana que ni siquiera podía mantener una relación normal hasta no estabilizarme. Muchos meses después pude ordenar mínimamente mi cabeza, mi futuro, lo que quería hacer, porque empecé a tener sensibilidad. Y entonces me di cuenta de que estaba regresando de la montaña, estaba incorporándome nuevamente a la sociedad, estaba dejando el Paleolítico, dejando de representar, para pasar a vivir de verdad.

Esos seis primeros meses fueron terribles. Me sentía en el limbo, no pertenecía a ningún lugar, ni al mundo de los vivos ni al de los muertos. No entendía qué sentido tenían las cosas, no comprendía cómo alguien podía preocuparse por el futuro, porque este en verdad no existía, el tiempo era un punto, no un proceso. Ni siquiera entendía por qué la gente se mortificaba, yo no me angustiaba porque no tenía emociones. Quería volver a ser como era antes, a sentir como antes, pero no lo conseguía.

Primero intenté autoconvencerme de que había posibilidades en pensar más allá del mañana, no porque lo creyera sino porque veía que otros lo hacían, y todos no podían estar equivocados. A partir de entonces fui reaprendiendo que la vida funciona en base a proyectos, a planes, a expectativas, y que no todas son falsos y tramposos, sino que a veces se cumplen. Mi sensibilidad regresó de a poco. Recuerdo que por momentos sentía ganas de hacer una caricia, o de llorar, pero me quedaba a mitad de camino, sentía que me iban a saltar las lágrimas pero me tocaba las mejillas y estaban secas, no habían brotado, aunque había tenido la sensación de que lloraba. Hasta que un día ocurrió lo mismo, pero había llorado de veras. Me toqué y mis mejillas estaban húmedas de verdad. Me asusté e inmediatamente me alegré. Cuando recuperé las emociones, pude continuar los estudios, terminé la carrera, me casé con Susana y confirmé definitivamente que mi vida era el presente, sí, pero que también podía incluir los planes, como cuando comenzaron a nacer nuestros hijos, que eran nuestros proyectos.

La cordillera también partió al medio mi memoria. Curiosamente, de la montaña borré los peores recuerdos. Sí me acuerdo de la luna que veía por la ventanilla, el cielo estrellado, el horizonte infinito. Además, pese a que cumplí veinticinco años en la montaña, del 72 para atrás perdí prácticamente todos los recuerdos. Por más que me esfuerce, no consigo encontrarlos. Es como si mi vida hubiera comenzado entonces. Los pocos recuerdos que conservo pertenecen al colegio, pero sospecho que es porque en todos está presente Numa Turcatti, mi mejor amigo. Fui yo el que lo convenció para que viniera a Chile, incluso tuve que hablar con su madre para que lo impulsara a viajar, porque él estaba indeciso. Y Numa se murió a los sesenta y un días, faltando tan poquito.

Regresé a la montaña por primera vez en 1995, con buena parte del grupo. En verdad no quería hacer ese viaje, me resistí hasta el final, no quería seguir penando en un mundo que ya no me pertenecía, pero a último momento mis amigos me convencieron. En rigor, como fue un viaje no deseado, me resultó mortificante. Cuando tras un durísimo ascenso llegué al glaciar donde estaba el fuselaje, y visualicé aquel paraje que me dio vuelta la vida como un guante, experimenté una confluencia de emociones tan intensas, y contradictorias, que me sentí muy mal. Dormimos arriba, en un lugar próximo a donde estaba el fuselaje, donde ahora está la cruz de hierro, y lloré y lloré, y no podía parar de llorar.

Pasaron los años, y una década después, en 2005, regresé, pero en este caso era una travesía deseada, voluntaria, con mi mujer Susana y todos mis hijos. Era una asignatura pendiente que tenía para con ellos. Y aquel viaje fue de los mejores episodios de mi vida. Creo que nunca más regresaré, pero en esa segunda oportunidad pude revivir todo aquel calvario desde una perspectiva diferente, fue una catarsis, porque me saqué de adentro demasiadas cosas que tenía atoradas desde hacía treinta y tres años.

Ahora consigo recrear el tránsito de los tiempos, cuando de la noche a la mañana te suben a un helicóptero y te trasladan a la civilización, que no tiene la más remota posibilidad de saber ni adivinar lo que tú acabas de vivir. A la sociedad le resulta imposible entender que tú eres una roca, que tienes las emociones congeladas, porque no sabe lo que es, porque nunca lo vivió y no se han creado las palabras para explicarlo. Pero del mismo modo que hiciste aquel proceso hacia el Paleolítico, comienzas a hacer el viaje inverso. A partir de allí, la roca comienza un lento proceso de erosión, las emociones vuelven a insinuarse, muy levemente al comienzo, con más intensidad después, porque han recuperado la confianza, perdieron el miedo a la eterna frustración, y cuando quieres acordarte, vuelves a sonreír, a llorar, a querer. Aunque debes asumir que no eres ni jamás serás el mismo de antes del 13 de octubre de 1972. Porque ahora ya sabes que en cualquier momento puede bajarse, abruptamente, el telón.

* Pancho Delgado nació en 1947. Se casó con Susana, la novia de toda su vida, que lo sintió vivo durante los setenta y dos días en que estuvo en los Andes. Tuvieron cuatro hijos.

Se recibió de escribano y hoy tiene uno de los estudios notariales más prestigiosos de Uruguay.

Vive en una amplia residencia de Carrasco, cuidada hasta en los mínimos detalles.

Es evidente que le duele hablar de la cordillera. El rostro se le contrae, los ojos se cargan de melancolía, aunque intenta, vagamente, sonreír, para disimular la pena.

Está y no está, porque lo lastima.

Acompaña a sus amigos de los Andes cuando se lo piden, incluso yendo a la montaña con ellos, pero siempre tiene un pie afuera, para preservarse.

Parece un hombre afectuoso, de gestos tiernos, que, como él dice, daría la vida por cualquiera de sus cuatro hijos. Pero detrás, en su mirada, asoma lo que parece un destello lejano e insondable: los Andes no están, y están.

29

La espera

◆

Nando, que estaba tocando la tierra firme, con comida, con gente, no quería subirse a un helicóptero por nada en el mundo. Pero no sabe cómo ni por qué, después de que los comandantes le consultaron si podía guiarlos, en treinta segundos estaba sentado en el helicóptero, con un tripulante amarrándolo con los cinturones a la butaca. Le pusieron unos auriculares con micrófono y un minuto después el aparato despegó entre la niebla. Los iba guiando sobre el río, los valles, el glaciar, hasta que llegaron a la base de las montañas más altas.

—Están del otro lado —les dijo.

Cuando les señaló las sierras de San Hilario, García creyó, una vez más, que se había desorientado.

Nando escuchó la conversación entre el piloto y el copiloto en su auricular.

—Este chico está perdido, no tiene idea de dónde está —decía el piloto.

Al escucharlo, Nando intervino, con decisión.

—¡No estoy perdido, están del otro lado, lo juro!

Los dos lo miraron, para confirmar la determinación de sus ojos. García asintió, respiró hondo e intentó subir, una vez, dos veces, tres veces, pero no lo lograban, el aire era muy ligero, había demasiada turbulencia y el helicóptero caía, vibraba, mientras el segundo helicóptero, a una distancia prudencial, aguardaba que pasara el primero. Nando escuchaba la conversación consternada de los pilotos: «¡Dale más potencia! ¡Cuidado, sácalo de ahí! ¡Córrelo de las rocas!» o «¡Bájalo, bájalo!», mientras los motores chirriaban y parecía que todo el aparato se iba a desintegrar.

Al final, como no podían cruzar en la zona más elevada, los helicópteros se dirigieron al sur, en busca de un paso más bajo. Fue entonces, mientras hacían ese trayecto, cuando el piloto García le pidió autorización a la tripulación.

—Esta es una misión con riesgo de vida y no quiero tomar la decisión solo. Lo intentaremos por encima del techo de vuelo. Si la tripulación me dice que yo siga, seguiremos, y si no, regresaremos —les dijo con voz grave.

Todos los miembros de la tripulación, salvo Nando, a quien no se le consultó, asintieron de a uno.

Al sur volvieron a experimentar fuertes turbulencias, el aparato se zangoloteaba para todos lados, parecía no responder a los controles, pero al final aprovecharon una corriente de aire y atravesaron las montañas, casi rozando las rocas.

Los dos aparatos entraron a los glaciares de la Argentina, doblaron a la izquierda y diez minutos después subieron por el valle donde estaba el fuselaje. De inmediato, Nando reconoció el área que tantas veces había recorrido: el Valle de las Lágrimas.

—Es este valle, al final hay un glaciar, y arriba a la izquierda está el avión —gritó.

—¡No lo veo, no lo veo! —exclamó García, alterado.

Dos minutos después, García lo vio, al tiempo que Nando también divisó una manchita más grisácea sobre un gigantesco fondo blanco.

—Ahora cállese, no me hable más —le suplicó García, ansioso y reconcentrado en los instrumentos.

Los helicópteros comenzaron a girar en redondo sobre los restos del Fairchild, buscando cómo descender, comunicándose entre sí, mientras Nando intentaba contar a los sobrevivientes que corrían como enloquecidos alrededor del fuselaje, trastabillando, con las manos en alto o hincándose para rezar. Pero como el helicóptero giraba y se movía, los perdía de vista y no lograba contar más que nueve. No puede ser, pensó.

—Por lo menos hay nueve vivos —le gritó a García.

—No tengo suficiente sustentación y hay muchos remolinos de viento. No voy a aterrizar, voy a bajar muy cerca de la nieve para que salten los del Rescate y me voy enseguida, no voy a estar ni treinta segundos cerca de la nieve —respondió el piloto.

Massa, por su parte, haría lo mismo, después de que García iniciara el operativo.

Nando logró ver a otro sobreviviente y exclamó:

—¡Veo a diez!

Al tercer día de la expedición final de Nando y Roberto, Álvaro Mangino salió más temprano del fuselaje. Los buscó con su excelente vista pero no los encontró. Se frotó los ojos mal dormidos hasta que al fin le pareció distinguir una sombra, en la cumbre misma, o muy cerca de la cumbre. Sonrió, y su vista miró lo que creía que ellos estaban mirando. Por un momento cerró los ojos para imaginar mejor. Los verdes valles de Chile. ¿Estarían salvados?

Al cuarto día, Álvaro continuó observando la ladera inmóvil, hasta que le pareció ver un punto que volvía a surgir desde lo más alto, pero ahora se movía en sentido inverso. Pegó un grito. Un punto se movía, pero en lugar de dirigirse a la cumbre, a los verdes prados chilenos, estaba regresando a la naturaleza muerta del avión abandonado.

Cuando reconocieron que era Tintín, les costaba creer que Nando, con aquella vehemencia, y Roberto, con su fuerza y brillantez, hubieran fenecido. ¿Una avalancha?, ¿una grieta? ¿Los traicionó el viento blanco que tanto los había castigado en las caminatas anteriores? Después de discurrir en voz alta, cada uno pensó las hipótesis más sombrías para sí mismo, sin transmitirlas al grupo.

Lo primero que hizo Vizintín cuando se preparó para el regreso fue buscar el punto insignificante del avión, o al menos paisajes de los alrededores que reconociera.

Cuando vio el avión, pequeñísimo, a una distancia inalcanzable, sintió pánico. «Jamás lograré llegar hoy», pensó. Empezó a caminar y cien pasos después percibió que la pendiente era demasiado empinada, con un ángulo de entre sesenta y setenta grados. Ante la desesperación decidió que, en lugar de bajar caminando, cuando la ladera lo permitiera se deslizaría sentado sobre los almohadones, como si fueran un trineo o esquíes. Puso un almohadón debajo de los pies, atados fuertemente con una cinta, como hacían usualmente para caminar, y se sentó en el otro. Antes de impulsarse con los brazos tomó conciencia de que estaba haciendo una locura. La pendiente era tan abrupta que le parecía que volaría hacia adelante. Pero no tenía otro recurso. Se impulsó con las manos y comenzó a deslizarse montaña abajo. Lo que jamás imaginó fue que ese trineo improvisado pudiera alcanzar semejante velocidad, exactamente como le ocurrió a Nando, del otro lado de la montaña.

Cuando se aproximaba al fuselaje, antes de llegar a la pendiente leve del glaciar, Tintín alcanzó a ver a todos los que salieron a esperarlo. Se deslizó hasta la parte más horizontal, presionó los pies contra la nieve y el trineo se detuvo. No podía creerlo: estaba entero, no había chocado. Los que se acercaban estaban sorprendidos y asustados. El primero que se arrimó, a cien metros del avión, con gesto consternado, fue Daniel Fernández. Inmediatamente llegaron Adolfo, Pedro y Gustavo, que lo abrazaban porque creían que era el único que había sobrevivido. Luego que se aproximó al fuselaje, tenía a todos alrededor.

—Tal vez lo logren. Están con mucho ánimo —remató el relato Tintín.

«Tal vez, tal vez», pensó Adolfo, y en ese mismo momento viró hacia el este, a los valles helados, y decidió preparar cuanto antes un plan alternativo, por si la expedición final fracasaba. Miró a los trece que estaban ahí afuera, uno a uno, para ver quiénes podrían formar parte de otra aventura de intrépidos.

Tras reclutar a Gustavo, se autoimpusieron un régimen mejor de comidas y empezaron a caminar por los alrededores del avión para entrenarse. Incluso hicieron una caminata más prolongada hacia las montañas del sur, para buscar cuerpos. Encontraron uno y lo trajeron hasta las proximidades del fuselaje. Para Adolfo fue una circunstancia particularmente dolorosa, porque el cuerpo que encontraron en la montaña pertenecía a su otro primo hermano, Daniel Shaw, pero sabía que no podían hacer diferencias. Sin embargo, lo colocaron junto a los cuerpos que se preservarían hasta el final: Liliana, y la madre y la hermana de Nando. Y en verdad no tuvieron que recurrir a ellos.

Cada día que pasaba eran más los que permanecían las veinticuatro horas adentro del fuselaje, sin salir ni siquiera cuando había sol. Incluso Adolfo y los que se mantenían firmes tenían que llevarles la comida y el agua, y hasta obligarlos a alimentarse y beber, o ayudarlos a hacer sus necesidades, porque si fuera por ellos no lo hacían. La comida les repugnaba, se orinaban encima, y la voluntad de vivir desaparecía minuto a minuto, como se veía en el brillo cada vez más débil de sus miradas.

Lo primero que Daniel y Eduardo oyeron por la radio fue una noticia difusa: habían aparecido sobrevivientes, pero no daban los nombres ni se sabía a qué habían sobrevivido, aunque era posible que se refirieran a ellos. Los embargó una ansiedad tal que la radio se les caía de las manos, los dos querían girar el dial y mover el aparatito al mismo tiempo. Les faltaba el aire, como si se hubieran olvidado de respirar.

—¡Son once, doce, trece! —exclamó Nando, exaltado, desde el lateral del helicóptero, a medida que descendía todo lo que podía—. ¡Catorce! —gritó, eufórico, cuando vio a Pancho Delgado desplazándose con dificultad, con su cadera rota a cuestas.

El piloto Carlos García ni lo atendía, el descenso se hacía cada vez más difícil y la máquina subía y bajaba, o se ladeaba, como si fuera una hoja de papel arrastrada por el viento, que formaba remolinos. Al fin pudo acercar un patín a la nieve dejando el otro suspendido en la ladera, pero no podía permanecer en esa posición más de treinta o cuarenta segundos. Cuando García intentó el despegue, se sobresaltó porque no podía levantar el helicóptero, el viento lo tiraba hacia abajo, mientras los sobrevivientes que habían subido, a los que ni siquiera había visto trepar por la puerta corrediza, se abrazaban y lloraban, ajenos a la catástrofe que él imaginaba.

Al fin el helicóptero consiguió subir, se alejó del lugar, captó corrientes ascendentes y logró pasar, a aproximadamente tres metros de la cumbre, seguido por la máquina de Massa.

Cuando los helicópteros llegaron a Los Maitenes, mientras los sobrevivientes bajaban corriendo y se abrazaban o se revolcaban por el pasto, los tripulantes permanecieron mirándose entre sí. Todos sabían que se habían salvado de milagro. Algunos se pusieron a llorar. García y Massa se aproximaron para consolarlos, uno a uno, estrechándoles las manos. «Gracias», les decían. «Gracias.»

30

Eduardo Strauch*

Lo que encontré en la montaña

◆

Una tarde de febrero de 2005, estaba trabajando en mi estudio de arquitectura cuando recibo una llamada telefónica de Mendoza, Argentina, de un montañista mexicano, que me dice que tenía unos objetos para entregarme. Empieza a contar, y se me eriza la piel.

El montañista mexicano Ricardo Peña, un hombre de treinta y ocho años, seguidor hasta los mínimos detalles de nuestra odisea del 72, había estado explorando el área del accidente, tratando de encontrar vestigios del lugar donde golpeó el avión, para aportar elementos que ayudaran a entenderlo. Muy próximo al lugar donde pegó el F571, a cuatro mil setecientos metros de altura, apretado entre unas rocas, distinguió un trozo de paño oscuro. Con sumo cuidado, pensando que eran restos de algún cuerpo, escarbó con herramientas adecuadas y se dio cuenta de que ese paño azul era un saco, la chaqueta que yo había puesto en el maletero veinte minutos antes del accidente, poco después de despegar del aeropuerto de El Plumerillo, en Mendoza. Recuerdo perfectamente que en el bolsillo exterior y superior del saco había colocado mis lentes de sol. Estaba en mangas de camisa, sentado, y después pasó todo lo que pasó. El montañista me dice que adentro del bolsillo interior del saco encontró mi billetera, con dinero, mi cédula de identidad, la libreta de conducir y el talón del transporte aéreo militar uruguayo para retirar el equipaje cuando llegáramos a Santiago de Chile. Además estaba mi pasaporte, también en buen estado, con la firma perfectamente legible, el sello de la aduana a la salida de Uruguay, el de la entrada a la Argentina el 12 de octubre y la salida del 13 de octubre del 72 desde Mendoza. Todos los documentos que me enumeraba fueron los que el día de la partida yo había olvidado en mi casa y casi impiden mi viaje. A seis metros de ese lugar, Ricardo Peña también encontró la armazón metálica de mis lentes Ray-Ban, sin los cristales.

En todos estos años había pensado muchas veces en ese pasaporte, que era como una síntesis de parte de mi vida de estudiante, porque estaba cubierto de sellos de aduanas de mi primer viaje largo, cuando recorrí el mundo como estudiante de arquitectura. Había pensado varias veces en el saco, que había comprado especialmente para la ocasión y que había quedado como un rastro mío en algún lugar recóndito en la cordillera. Y todos esos objetos me transportaron al avión de una manera muy vívida, como si el tiempo se hubiera detenido y no hubiera transcurrido un minuto desde entonces. Y ahora que he regresado no consigo alejarme.

A pesar de mi silencio en todo este tiempo, fundamentalmente por respeto a los familiares de los muertos, mi vida posterior al accidente ha sido, en cierto modo, la búsqueda de eso que encontró el montañista Ricardo Peña en la cumbre de los Andes: quién era yo antes del accidente, qué me ocurrió en la montaña y cómo fui después que sucedió. Siempre supe que en medio de la desdicha accedí a estados de conciencia desconocidos para mí, con los que intentaba huir de la tribulación que me rodeaba.

En los primeros momentos del accidente viví cuadros confusionales severos, me quise ir del avión varias veces, nunca sabré hacia adónde. Quería beber agua porque me moría de sed, tomaba grumos de nieve impregnada de combustible alrededor del avión y las manos me quedaban tiesas y los labios se me quemaban. Me costó tiempo y trabajo acomodar mi psiquis a esos primeros momentos tan estremecedores.

Me miro, a ese Eduardo que está en las fotos de los documentos, y me asombra que haya podido extraer algo positivo de aquella experiencia tan lúgubre. Que huyendo de la realidad, haya tropezado en la espiritualidad sin quererlo.

Creo que casi todos los jóvenes que viajamos en aquel avión estábamos dentro de una burbuja que todavía no había estallado. Vivíamos sin mayores problemas, en Carrasco. La mayoría de nuestras familias tenía un buen pasar, habitábamos en casas cómodas, con holgura y en un entorno de afectos. Hasta ese momento, yo y la mayoría de los pasajeros habíamos tenido una vida muy plácida. Nunca pudimos imaginar que la burbuja iba a estallar de esa manera, con una onda expansiva que nunca más se detuvo.

Para superar ese sufrimiento que me hubiera llevado a la locura, en medio de aquellos cuadros de delirio que sufría desde los primeros días tras el accidente, me volqué hacia mi interior en busca de una explicación, o de una salida, habida cuenta de que en el exterior no sólo nada podía ayudarme, sino que todo me abrumaba cada vez más. Ese fue mi método para esquivar la demencia, la expansión de la conciencia facilitada por la soledad y el sufrimiento.

A su vez, cuando analizo lo que está en la base de todas las religiones, descubro que todo se presentaba en la montaña. En primer lugar, la esperanza, creer que hay una salida, que es su fundamento; la necesidad de perder el miedo, que en la cordillera era un terror omnipresente; la necesidad de integrarse a lo absoluto, que te permitía alejar tu mente de lo más cercano; la experiencia mística, que siempre conserva un misterio que no se revela, y allí todo era un enigma, empezando por nuestro destino; los rituales o mantras que producen paz y equilibrio, cuando la mente está jaqueada de continuo por el desequilibrio y el caos, como el rosario nocturno que rezábamos en el avión; la sensación de que somos más que nuestros cuerpos físicos, lo que te permite enfrentar la muerte de otra manera.

La primera vez que pude advertir ese estremecimiento, de que mi mente se separaba del cuerpo físico, fue cuando creí morirme en la avalancha. Fue un proceso que se desarrolló en forma atropellada. Al sentirme aprisionado en esa masa de nieve comprimida, inmediatamente pensé que había llegado la hora de morirme. En los días previos sabía que era probable que ocurriera, y por fin me había llegado. Primero fue esa sensación de miedo que se transformaba en pánico mientras me dirigía hacia lo desconocido. Después, experimenté nostalgia, sensaciones que se iban enganchando una con la otra, el miedo con el terror, el terror con la nostalgia. Luego quedó una honda tristeza de dejar la vida, y sobre esa congoja empecé a recorrer mi pasado en imágenes. Hasta que esa aflicción fue cediendo, y se le superpuso un magnetismo hacia un estado que me arrastraba, que me atraía física y espiritualmente hacia algo demasiado agradable, imposible de describir. Desaparecieron las imágenes del pasado y me vi llevado hacia algo maravilloso, hasta que llegó un momento en que sentí que estaba muerto. Después, siento movimientos a mi costado, escucho la voz de Adolfo a lo lejos y una bocanada de oxígeno me devuelve la vida. Respiro otra vez, y surge la angustia de regresar al sufrimiento, con ganas de gritar «¡Quiero volver a estar muerto!», pero la pulsión de estar vivo es demasiado poderosa y, con fuerza arrolladora, pasa por encima de las otras sensaciones.

Todo este proceso abrupto, que ocurrió en forma prácticamente simultánea, me permitió captar, entre otras cosas, la fugacidad del tiempo. El miedo, la nostalgia y el magnetismo placentero suceden en un solo instante, y cuando Adolfo me llama y me destapa para respirar, se trunca ese viaje que había iniciado, pero lo que surgió fue nuevo, porque ya conocía aquel magnetismo que se cortó antes de concluir.

Después del alud, tras permanecer tres días sepultados, cuando se calmó el viento, tres de nosotros conseguimos llegar a la superficie. Al salir por el hueco que logramos hacer, descubrimos un día de sol majestuoso, el cielo azul más límpido que nunca, sin una nube, con la superficie cubierta por un espeso manto de nieve. Aspiré profundamente el aire de la montaña y sentí que me purificaba.

Entonces nos revolcamos en la nieve con Nando y Carlitos, y sentí claramente que me fusionaba con la naturaleza, mi mente se expandió en ese paisaje esplendoroso, a tres mil setecientos metros de altura, en una zona que jamás había sido pisada por el ser humano, y sentí como una explosión hacia el universo, mi espíritu se ampliaba y luego regresaba a mí, como una gigantesca red que se arroja al exterior, recoge elementos y luego los vuelca en mi interior.

Luego permanecí aspirando y expirando ese aire tan limpio, hipnotizado con la visión nueva que me ofrecía la montaña, hasta que mis amigos cortaron ese proceso misterioso que empezaba a conocer cuando me llamaron para regresar a la realidad del fuselaje, para trabajar y ampliar el túnel que habíamos hecho y permitir que los otros también pudieran salir.

Cuando me introducía, gateando, sonreía, porque me daba cuenta de que había vivido algo extraordinario. Sin quererlo ni suponerlo, había concebido una espiritualidad diferente, que hacía que me sintiera parte de algo mayor, que es lo que busco hasta el día de hoy. Entonces no le pedí más nada a Dios, como hacía hasta entonces, no quise rogarle más a un ser que estaba fuera de mí, infinitamente superior, sino que comencé a concebir a una divinidad dentro de mi propio ser.

En ese alud murió Marcelo, el líder del equipo y mi mejor amigo, con quien habíamos recorrido juntos la aventura de la vida, desde los siete hasta los veinticinco años. Los tres primos Strauch —Daniel, Adolfo y yo— asumimos ese segundo liderazgo, la segunda etapa de la cordillera, sin que fuera explícito ni impuesto. Teníamos prácticamente la misma edad, éramos muy unidos, y eso permitió que cada decisión en la montaña no fuera tomada por uno solo, sino que la conversábamos entre los tres y luego con todos.

Los menores no sólo necesitaban liderazgo, sino que además precisaban una imagen paterna, buscaban a alguien que les mostrara un rumbo y les dijera: las cosas están encaminadas, no decaigan, vamos a salir.

A la vez, todos precisábamos consuelo. En mi caso, me servía la actitud de Nando, que a pesar de que era menor, desde que reaccionó del coma, al cuarto día, dijo: «Voy a volver a abrazar a mi padre», y lo hizo con tanta convicción y lo repitió durante todo el período que estuvimos en la montaña con tanta seguridad, que a mí me tranquilizaba: «Este es uno de los que sale», pensaba.

En las últimas semanas de diciembre, cuando el clima mejoró, intenté una y otra vez volver a ese estado de expansión de la conciencia que había experimentado después del alud, cuando salimos al exterior. Dejándome ir, soltando mis pensamientos para que se alejaran del entorno más cercano, llegaba de vuelta a fundir mi mente y mi espíritu con la naturaleza, y logré experimentar sensaciones tan vigorosas como no he vuelto a sentir acá abajo, en la vida cotidiana.

Mucho después, a mi regreso a Montevideo, entendí que lo que había ocurrido es que, sin preparación previa y sin saber lo que ocurría, había vivido lo que se llama «meditación».

Se sabe —yo entonces lo desconocía— que la meditación permite manejar las tensiones de la vida y a la vez lograr un mejor funcionamiento de nuestro organismo, porque reduce la respiración, se consume menos oxígeno y se disminuye la tasa metabólica. Allá arriba no había oxígeno, estábamos extremadamente débiles y necesitábamos reducir el metabolismo hasta el mínimo imprescindible para seguir vivos. La meditación revierte el estrés, ¿y qué era lo que nosotros teníamos las veinticuatro horas del día si no el estrés máximo? Todos los elementos que se requieren para entrar en ese estado tan especial de relajación estaban presentes en la montaña. Estimulado por mi predisposición anterior hacia estas sensaciones, mi mecanismo de defensa apuntó en esa dirección. Cada uno tuvo el suyo. Pero esta defensa no me llevó a formar una coraza que luego sería difícil de romper, sino, por el contrario, colaboró a que me abriera, y cuando lo hice, las experiencias no terminaron nunca.

Lo paradojal es que la paz real sólo llega cuando dejamos de perseguirla. En la montaña, yo no buscaba ninguna paz, sino que huía despavorido del terror. Sin saberlo, había encontrado un método para sobrevivir: el desapego de lo que estaba viviendo. Cuando ahora me aproximo a esos estados que me llenan de éxtasis y arrobamiento, percibo que son semejantes a lo que experimenté en el 72, cuando mi mente vagaba en busca de otras dimensiones, porque la que me rodeaba era demasiado intolerable.

Alguien puede pensar que yo estaba sufriendo un estado alterado de conciencia, en esa situación tan truculenta, con el cerebro alucinando por el *shock* y la falta de oxígeno. Prefiero creer que conocí una forma especial de la meditación. Estábamos a tres mil setecientos metros, la misma altura del Palacio Potala de los budistas, para quienes, como todo es una ilusión, la vida con sus adversidades resulta más soportable.

Siempre he tenido, y sigo teniendo, un veinte por ciento de mí en la cordillera, y no tengo ningún interés en bajarlo. En realidad, no es que lo haya dejado, está arriba. Es como un cordón umbilical con todo eso que experimenté y por eso siento tanta necesidad de volver a la montaña cada tanto. Regresé en 1995, con otros once del grupo. En el año 2006 estuve dos veces, regresé en 2007 y en 2008 estuve tres veces. Cuando retorno me vuelvo a conectar con algo tan nuevo y emocionante que no pretendo entender, sólo quiero experimentarlo. Ante la fatuidad o el asalto a los sentidos de la cotidianidad, lo vivo como un antídoto.

Por la misma razón me conecté muy profundamente con la gente de la montaña, con los baqueanos, con los que viven en los alrededores y la conocen y suben cada tanto, esos hombres que duermen a la intemperie en verano, a veinte grados bajo cero, cubriéndose con los cojinillos de los caballos, porque ellos sintonizan directamente con la frecuencia que transmite la cordillera.

Todo esto me ha llevado a hablar de los Andes, a brindar charlas, conferencias, para explicar que con la vida hecha trizas encontré una curiosa forma de la felicidad vinculada con esa fantasía o ese deseo tan humano de ir un poco más allá. Cuando relato la historia, me impresiona y me maravilla cómo reacciona la gente. Te escuchan sin pestañear, ves lágrimas, fortaleza, conciliación. Y por ser muy intensa toda esa experiencia, cuando llega el momento en que me formulan preguntas y esbozan reflexiones, que es lo que más me gratifica, invariablemente termino conmovido y transformado. Y al final, cuando todo ha finalizado, es el momento más íntimo, cuando la persona se te arrima para hablar, cara a cara, dándote el nombre, no para preguntar, sino para conversar, para comentarte sobre sus propias cordilleras, cómo lo han vinculado con lo que acaban de oír y cómo esbozan posibles soluciones, y te agradecen que compartas con tanto interés sus palabras.

En la cruz de hierro que se instaló en el Valle de las Lágrimas en enero de 1973, los mensajes que hemos dejado junto a las tumbas de los muertos en el accidente se alternan con otros mensajes o epitafios que otras personas que no conocemos dejan a sus propios muertos, o a sus propias desgracias, apretados entre las piedras para que no se los lleve la ventolera de los Andes. Tal parece que depositan allí la angustia y bajan de la cordillera en paz, serenos con la experiencia dolorosa y majestuosa de la montaña.

Cuando se cumplieron los treinta años del accidente, todos experimentamos una transformación, porque la necesitábamos y el aniversario nos sirvió de pretexto. Nos reencontramos con muchas familias de los muertos que antes no querían vernos, nos reencontramos con los jefes de la Fuerza Aérea, que tampoco querían saber nada de nosotros, los espectros de los Andes. Fue una elaboración muy lenta pero necesaria, para ir procesando lo que habíamos vivido.

Hasta entonces no sólo no había hablado de los Andes, sino que jamás lo mencionaba. Incluso cuando la gente se refería a lo ocurrido en la cordillera, yo no decía que formé parte del viaje. En el año 2003, venía en el automóvil con un médico y su mujer, a quienes les estaba construyendo una casa en José Ignacio, a treinta kilómetros de Punta del Este. Cuando pasamos por un chatarrero en la ruta, que tiene los despojos del avión gemelo al que cayó en los Andes, el médico comenzó a relatarme la historia del 72, describiéndome el avión por adentro. Tuve que corregirlo varias veces, en particular con respecto a la dimensión de la cabina de los pilotos y a la disposición de los asientos en la cabina de los pasajeros. La mujer del médico se volvió en el asiento y me preguntó: «¿Y cómo sabes tantos detalles?». «Porque yo estaba ahí», les dije. El doctor detuvo el auto de golpe, y con los ojos desorbitados, me acribillaron a preguntas durante una hora, estacionados en la banquina de la ruta. Hablé y hablé, y me sorprendió que pudiera hacerlo sin dolor. ¿Qué estaba sucediendo? La relación con ellos, desde entonces, se estrechó tanto que de clientes se convirtieron en amigos y confidentes.

Con frecuencia pienso en aquel gesto en apariencia tan ilógico, cuando el 22 de diciembre escuchamos en la radio que venía el rescate, y cada uno, sin hablarlo con los otros, se puso a hacer un bolsito con trapos viejos y porquerías, para traernos algo de los Andes. Tras pensarlo durante largo tiempo concluí que ese fue un símbolo importante para cada uno de nosotros. Así como habíamos perdido mucho en la montaña, habíamos encontrado otras cosas, y traer esos objetos sin ningún valor que poníamos en los bolsitos (yo coloqué un cartel de «EXIT» y dos herramientas del avión) era como traer un símbolo que representara ese mísero hogar que habíamos creado y que permanecería en nosotros para siempre. Por eso a tantos les sucedió lo mismo cuando nos llevaban los helicópteros: esa alegría incontenible y el rumor de la nostalgia.

Tras regresar a Montevideo, demoré más de un año en reinsertarme. Me costó mucho el descenso, porque yo seguía con un pie en los Andes y no me interesaba bajar del todo. Recién entonces empezaba a hacer el duelo de mis amigos muertos, procesando lo que no había tenido tiempo de elaborar arriba. Pasaba el tiempo y no me acostumbraba, y pensaba que nada me sacaría del pozo. Más que preguntarme si había vida después de la muerte, me preguntaba qué era la vida antes de la muerte. Pero al fin, como en todo, vas saliendo. Y la cordillera me ha servido para soportar esos momentos difíciles, en los que crees que no hay escape.

En ese verano de 1972, en mi casa no sabían cómo tratarme. Me sobreprotegían, me agobiaban, lo que me resultaba mortificante. Me parecía mentira que, después de habernos salvado de milagro, había regresado a la vida y esta me resultaba insulsa, deprimente, incomprensible, sentía que la gente no me entendía y que sólo me sentía a gusto entre mis amigos del accidente. ¿Dónde estaba ese algo más que había conocido en la montaña? Algo de ello estaba en mis compañeros.

Cuando ahora subo a la cordillera, o cuando doy una charla y escucho las preguntas y los aportes de los que me escucharon, e incluso cuando estoy un rato largo pensando o hablando del tema de los Andes, vuelvo a quedar desubicado y desacomodado respecto a la realidad cotidiana, la rutina. Cuando regreso de la cordillera siento lo mismo, con más intensidad, por lo que de nuevo, como en el 72, demoro en aterrizar. Pero ahora es un aterrizaje sin traumas, sin depresión, porque ya sé cómo es el proceso, ya sé por qué me sucede, y sé que puedo retornar a la montaña cuando quiera, mientras tenga fuerzas, para sentir ese sueño lúcido tan apremiante de ir más allá de mis límites.

La sociedad de la nieve que creamos en los Andes es difícil de definir. En un primer vistazo puede parecer una comunidad prehistórica y salvaje, en ese entorno maloliente y despojado. Muchos, como ha ocurrido, pueden pensar que formamos una sociedad deshumanizada, donde asomó la bestia y sepultó al hombre. A pesar de que en apariencia puede parecer que vivimos por debajo de los patrones humanos, fuimos más humanos que nunca. Dejamos todo lo material y nos aproximamos a nuestra esencia, enriquecimos el espíritu, y nuestros talentos de seres pensantes funcionaron al máximo. Un grupo de moribundos semicongelados y famélicos, que ignoraba por completo dónde estaba, abrazándose para no morir de frío, sin ningún otro elemento más que afectos e inteligencia, encontró la salida, la espiritual y la física.

Cuando escuchamos en la radio minúscula que dos sobrevivientes de los que no daban los nombres habían llegado a Los Maitenes, movimos el dial buscando más información y surgió, inconcebible, el «Ave María», lo que para mí fue una confirmación indubitable de que eran ellos, que nos habíamos salvado. Experimenté una alegría que brotaba como una emanación que salía por todos mis poros.

Durante la Segunda Guerra Mundial, en 1942, el famoso violinista británico Yehudi Menuhin, en Honolulu, tocaba su violín a los soldados que partían al frente de batalla, y tocaba su violín a los heridos que regresaban, camino a sus casas, tras una escala en el hospital de Hawái. A los dos grupos les tocaba el «Ave María», a los que partían a la muerte y a los que regresaban a la vida. Y los dos grupos lo escuchaban con el mismo arrobamiento, con la misma esperanza. La vida y la muerte no eran, entonces, tan antagónicas.

Ahora estoy convencido de que los cuarenta y cinco pasajeros que subimos al F571, en la mañana del 12 de octubre de 1972, no sabíamos adónde íbamos. Era un vuelo sin destino, por eso cada uno llegó a un lugar diferente. Y cada uno que se acerca a este viaje asciende al mismo vuelo de destino incierto, sin saber adónde lo llevará.

* Eduardo Strauch nació en 1947.

Está casado con Laura, con quien tiene cinco hijos.

Posee uno de los estudios de arquitectura más acreditados de Uruguay.

Vive en un apartamento de los años cincuenta, en el centro de la ciudad, muy amplio y elegante.

Eduardo es sereno, de hablar pausado. Parece mucho más joven de lo que es, como si el tiempo no transcurriera para él.

Después de treinta y tres años del accidente, comenzó a dar charlas y conferencias sobre los Andes, con una visión humanista y despojada de cualquier sentimiento de heroicidad.

Habla con el estímulo de quien siempre estuviera empezando un proyecto nuevo. Pero el que más lo seduce es volver el próximo verano a la montaña, y dormir al sereno con los baqueanos, cubierto con las pieles de oveja que usan sobre los recados de los caballos, soportando los veinte grados bajo cero, para poder sentir las estrellas más cerca, y todo lo que aprendió en la montaña más próximo.

31

Los Maitenes

E l 22 de diciembre amaneció nublado en el fuselaje. El Sosneado estaba cubierto por una bruma espesa, cosa que los sobrevivientes conocían bien: era señal de mal tiempo, que los sacudiría hasta las entrañas.

Como dejaron prendida la radio durante toda la mañana, sabían minuto a minuto qué estaba sucediendo. Se enteraron del instante exacto en que los helicópteros llegaron a Los Maitenes, e incluso supieron el momento en que despegaron para buscarlos, con Nando como guía.

Después del mediodía, Bobby François escuchó el eco de los helicópteros retumbando a lo lejos en el valle del este. Empezó a mirar hacia arriba con tal ansiedad que no conseguía fijar la vista, el sol lo encandilaba y le lastimaba el ojo enfermo, pero el ruido tronaba cada vez más cerca, aunque él seguía sin ver nada.

Daniel, que estaba esperando el rescate por la montaña del oeste, de pronto sintió un ruido que lo sacudió. Corrió al otro lado del fuselaje y los vio, cada vez más cerca, subiendo por el valle, y quedó dando vueltas en redondo, perplejo.

Tintín, que estaba en excelentes condiciones físicas, fue el primero que salió corriendo cuando vio venir los helicópteros por el valle. Uno de ellos pasó rasante sobre sus cabezas y arrojó una bolsa: corrió a ella, la abrió y descubrió enormes tortas de pan con carne. Mientras ese helicóptero ascendió y permaneció volando más alto, dando vueltas, el otro intentó posarse.

Carlitos se estremece aún hoy cuando recuerda el sonido de las aspas de los helicópteros ascendiendo por el valle del este, un rumor que se escucha desde muy lejos, que se aproxima, hasta que de pronto irrumpen como pájaros gigantescos y empiezan a aletear sobre ellos.

Salió corriendo con el otro zapatito del sobrino de Nando hacia donde le parecía que intentaría acercarse una de las máquinas, vapuleada por el viento. Eduardo hizo lo mismo y, cuando llegó, un tripulante le extendió un brazo, él se prendió con las dos manos y lo subieron de un tirón.

Gustavo, que era de los que más gritaba, tenía un ojo focalizado en los helicópteros y el otro en el bolso con los restos de sus amigos.

Pancho Delgado, con su cadera rota, era de los que se movía con más dificultad. Entre la alegría del rescate y la lentitud con que se desplazaba, estaba como aturdido, no sabía hacia dónde dirigirse.

Coche miraba los helicópteros con incredulidad. Estaba a tres días de su muerte, y ver a Nando haciendo señas con las manos le resultó un espejismo, otra trampa de la mente, pero por las dudas que fuera verdad se aproximó junto con Pedro, cojeando, adonde le parecía que descendería uno de los aparatos.

El primer helicóptero bajó muy rápido, imitado por el segundo: los del Socorro Andino abrieron la puerta y saltaron enseguida. Mecánicamente, Nando llamó para que entraran como una ráfaga a Álvaro Mangino y Daniel Fernández, que venían corriendo en la dirección exacta donde el helicóptero se aproximó a la nieve. Cuando ellos se abalanzaron al aparato, que estaba a un metro de altura, Nando los tomó de las manos y los tiró para adentro.

—¡Me voy, me voy, me voy! —repetía alterado el piloto, porque no lograba sustentar la máquina.

En veinte segundos levantó vuelo nuevamente, mientras los dos que entraron abrazaban y besaban a Nando.

En el otro helicóptero lograron subir Carlitos Páez, Pedro Algorta, Eduardo Strauch y Coche Inciarte. Los demás permanecieron, sorprendidos, en torno al fuselaje con los miembros del Socorro Andino y el enfermero José Bravo.

El vuelo en los helicópteros del 22 de diciembre rumbo a Los Maitenes fue tenebroso. El helicóptero parecía volar sin comando, el viento o el vacío lo empujaba para cualquier lado. Pedro, Coche, Carlitos y Eduardo advirtieron cómo sudaban y se miraban los tripulantes, pero ninguno de los cuatro expresaba lo que pensaban en voz alta. En la montaña habían aprendido que a la mala suerte se la llama, y si no se la convoca, a veces se la conjura.

En el otro helicóptero, Daniel iba sentado atrás del piloto, a quien le veía la parte posterior del casco, pero podía ver el costado del rostro del copiloto, un hombre demasiado joven para lo que tenía que enfrentar. A su lado venía Nando y atrás Álvaro Mangino. Cuando el helicóptero comenzó a vibrar como una batidora, le preguntó a Nando si el viaje de venida había sido así, porque el helicóptero parecía desarmarse con el crujido de metales, y por más potencia que le dieran al motor, nunca llegaban a estabilizarlo ni conseguía llegar a la cumbre que quería superar. Nando le respondió que sí, que se quedara tranquilo, que había sido igual. Daniel observó nuevamente al copiloto y percibió que ahora estaba llorando. Volvió a mirar a Nando y descubrió su expresión sombría. Qué incongruencia, pensó Daniel, setenta y un días sufriendo para venir a terminar así. Pero no entró en pánico. Atinó a pensar incluso que peor era el caso de Nando, que ya estaba salvado y se viene a morir por buscarlos a ellos. El helicóptero se despeñaba hacia abajo y parecía que iba a chocar con el otro que venía detrás, pero después logró distanciarse, y observando al otro aparato, Daniel pensó que parecían dos moscas en la inmensidad del espacio, que se cruzaban para un lado y para el otro. Daniel sintió una vez más que las cosas eran extremadamente difíciles, que en verdad la historia de ellos siempre tenía una vuelta de tuerca imprevista, porque iban a terminar en un segundo accidente aéreo peor que el primero.

En el segundo helicóptero, Coche cerró los ojos. Al ruido metálico del aparato que parecía que iba a perder todos los tornillos y remaches le seguía el silencio, porque el helicóptero se deslizaba con aire caliente, mientras el piloto no lo podía sacar del Valle de las Lágrimas. Cuando más tarde abrió los ojos, divisó los verdes valles de Chile, con árboles y corrientes de agua. Si hasta hacía un segundo lloraba de temor, ahora lloraba pero de euforia.

Al cumplirse treinta años del accidente, se hizo una celebración y una recreación del partido de rugby que no pudo jugarse en Santiago de Chile en 1972, donde participaron todos los personajes estrechamente vinculados con la tragedia, los dos pilotos, García y Massa y el arriero Sergio Catalán. En esa oportunidad el piloto Jorge Massa le confesó a Daniel Fernández, con la sobriedad de un militar templado, que de todos los vuelos que hizo en la montaña, el del 22 de diciembre del 72 fue, sin lugar a dudas, el más peligroso y donde estuvo más asustado, porque en verdad creyó que no lo lograrían.

Por eso suspendieron los rescates de la tarde y a los ocho sobrevivientes que permanecieron en los restos del avión recién los trajeron al día siguiente.

Cuando el helicóptero estaba aterrizando, Coche Inciarte creyó que ese prado verde era un campo de alfalfa. Los famosos verdes valles de Chile, que él ya los había dado por muertos y marchitos, en verdad existían, y ardían de flores y aromas.

Recién en Los Maitenes fue donde Álvaro tuvo real conciencia de que se habían salvado. Tumbado en el pasto, comió todo lo que les ofrecían: porotos, pan, café, chocolate.

Daniel Fernández sintió un impulso irresistible y se revolcó por el pasto de felicidad. Pero luego surgieron los imprevistos, porque después del médico y los de la Cruz Roja llegó un enjambre de periodistas.

—¿Qué hacen acá? ¿Qué sucedió? ¿Hubo un terremoto? —les preguntó, creyendo que en los alrededores había ocurrido un cataclismo imponente que los convocaba.

—El terremoto es que ustedes están con vida —le dijo un reportero, que lo observaba sin pestañear.

Cuando Eduardo Strauch bajó del helicóptero, enseguida vio a Nando y a Carlitos. Los tres se abrazaron, lloraron y formaron un ovillo en el suelo. Se incorporó y vio que a dos pasos nacían flores silvestres amarillas. Cortó una, extasiado, y se la mostró a Carlitos para que la oliera, pero Carlitos no interpretó que era para olerla, se la llevó a la boca y la comió. Entonces Eduardo decidió imitarlo: tomó un manojo de flores y pasto y lo llevó a su boca, mientras la gente que los atendían los miraban preocupados: «Enloquecieron de veras, ¡comen pasto!».

A la mañana siguiente, el sábado 23, a las 9:30, los dos helicópteros volvieron a la montaña. En el primero viajaron Pancho, Tintín, Javier y Roy. En determinado momento, Pancho Delgado, como no tenía forma de que lo escucharan, le golpeó el casco a uno de los tripulantes, y cuando este se volvió, con su lenguaje preciso le preguntó si lo que estaban viviendo estaba dentro de los parámetros normales de un vuelo. «Sí, completamente normal», le respondió, pero Pancho no le creyó y atinó a reclinar la cabeza, colocándose en posición fetal, para protegerse de lo que sería el segundo accidente aéreo de su vida.

En el segundo helicóptero viajaron Adolfo, Moncho, Bobby François y Gustavo Zerbino.

Al pisar el valle de Los Maitenes, y experimentar bajo sus pies esa pradera de tréboles y pastos tiernos, Adolfo sintió que se le expandía el corazón y se ahogaba, porque eran demasiadas sensaciones para que su pecho pudiera contenerlas. Dos médicos le pidieron para revisarlo, porque les parecía que no podía respirar, pero él les dijo que se ocuparan de Roy y Javier, que habían llegado en el otro vuelo, porque ellos estaban realmente mal.

Gustavo Zerbino bajó del helicóptero pero no le perdió el ojo al bolso con los restos de sus amigos, porque tenía la sospecha de que el comandante quería tirarlo; no sabía por qué, pero él no se lo iba a permitir aunque tuviera que defenderlo a brazo partido.

Pancho Delgado estaba exultante y asombrado a la vez, porque al fin habían llegado a tierra y el helicóptero no se había estrellado.

Cuando Moncho bajó del helicóptero en Los Maitenes, escuchó el rumor de una corriente de agua. Se aproximó para tocarla con sus manos, mirándola absorto, como si nunca hubiera visto algo semejante. Mientras introducía las manos sucias y quemadas por el sol de la montaña en el agua helada, se estremeció. Se mojó el rostro con el agua del río que se confundía con sus lágrimas, para cambiar de mundo, cuando escuchó que los llamaban para partir rumbo a San Fernando, la siguiente escala.

32

Nando Parrado*

«Sigue de largo, papá»

◆

Durante muchos años tuve una fantasía. Aquel 12 de octubre de 1972, veníamos con mi familia por la rambla costera de Montevideo rumbo al aeropuerto. Adelante iban mis padres, y en el asiento trasero del Rover verde oliva veníamos mi hermana Susy y yo. A mitad del camino, cuando habíamos atravesado el arroyo Carrasco, donde la ruta se bifurca, y a la izquierda continúa hacia el aeropuerto y a la derecha a los balnearios del Río de la Plata, yo le decía a mi padre: «Dobla, papá, da un giro en el volante, sigue por la derecha, no vayas al aeropuerto». Si hubiera doblado, no estaría la montaña atravesando mi destino.

Pasaron muchos años y seguía con ese ensueño diurno, porque nunca fue una pesadilla ni me apareció en sueños. Hace pocos años, un día me sobresalté al darme cuenta de que había cambiado esa ensoñación recurrente. Volvía a recrear la escena por la rambla, pero cuando llegábamos al camino que se bifurca, no le decía más que diera un giro en el volante, sino que en mis pensamientos le indicaba: «No dobles, papá, sigue de largo, déjanos en el aeropuerto y en el infierno». Y me di cuenta de que ese cambio en mi ensueño no se refería a mi madre y mi hermana, cuyos duelos lentamente había procesado, ni a la condena que viviríamos, sino que lo que le quería decir a mi padre era que por el camino del infierno, esa bifurcación después del arroyo Carrasco, también llegaba a lo que indefectiblemente sería mi vida, con la familia que hoy tengo. Que por ese camino se cruzaría un día mi mujer, Veronique, y si seguía esa autopista un día nacerían mis dos hijas, Verónica y Cecilia, y que lo que le estaba indicando a mi padre era, simplemente, que me dejara hacer mi vida, que mi destino continuara, porque llegaría a conocer la paz, no a pesar de lo que ocurriría sino a causa de lo sufrido. Y desde entonces no tengo más ese pensamiento agónico que durante tanto tiempo me ha atormentado.

Cuando les relaté esta anécdota a mi mujer y a mis hijas, las tres me dijeron, por primera vez, que querían ir conmigo a la montaña, al lugar donde estuvimos aquellos setenta y un días, porque ellas querían conocer el lugar donde nacieron. Y fuimos los cuatro en marzo de 2006, y las tres observaban ese paisaje con esa idea en sus mentes: este fue el principio de los principios.

Volví once veces al lugar. Mi padre regresó en diecisiete ocasiones. Un año después del accidente, mi padre me dijo que quería poner flores sobre las tumbas de mi madre y mi hermana. Como todavía nadie había ido, tuvimos que improvisar el camino con un montañista, a pie, en una peregrinación peligrosa que nos tomó tres días para ir y tres para regresar. Mi padre llevó las flores y una caja de acero con el oso de peluche que acompañó a mi hermana durante toda su vida.

¿Por qué regresé y regreso tantas veces? Allí están mi madre y mi hermana. Y allí está el signo que llevo marcado en la frente.

El primer recuerdo que tengo de la cordillera es un dolor de cabeza intensísimo, como si tuviera un alienígena adentro del cerebro que pujaba por escapar. Después recuerdo pequeñas figuras grises que se mueven y la dificultad para salir de ese coma, muchas horas en esa etapa intermedia, hasta que abro los ojos y veo miradas, rostros, cabellos, labios que se mueven, me hablan y me dicen: «Nando, el avión se cayó; Nando, nos estrellamos; Nando, estás vivo». Distingo a Roberto Canessa, a Gustavo Zerbino y a Diego Storm, observándome.

Vuelvo mi cabeza y veo gente. Hay heridos, hay sangre por todos lados. Unos minutos después, mis ojos ven con más claridad y distingo en las miradas el abatimiento. Hace tres días que ocurrió el accidente, ellos esperaban el rescate inmediato, y todavía no ha llegado. Escucho gemidos, el llanto de los heridos.

En ese momento, cuando mis pensamientos comienzan a acomodarse, recuerdo que no estaba solo en el avión, que estaba con mi madre y con mi hermana y pregunto, a quienes están observándome, dónde están. Y estos chicos que en tres días ya habían hecho un curso acelerado en horror me responden drásticos y frontales: tu madre murió, tu hermana está muy herida allí adelante, tirada en el fuselaje. Sentí un hachazo, pero enseguida razoné que si Susy estaba viva, entonces tenía que atenderla, y me arrastré hasta donde estaba tumbada y estuve con ella hasta el final.

Ella no podía hablar porque tenía heridas internas muy graves, solamente se expresaba a través de la mirada, y así dialogábamos. Dos días después, mi hermana querida, murió en mis brazos.

Entonces cambió el foco de mis pensamientos y me di cuenta de que estábamos en una situación sin salida. Observé las montañas y me dije: «Hay que irse». Y ese fue mi pensamiento desde el principio, tal vez equivocado porque el rescate podía venir, y entonces tratar de huir sin ninguna preparación en aquellas circunstancias hubiera sido un suicidio, pero la semilla de la fuga se sembró en el instante mismo en que falleció mi hermana.

Hay varias razones que me motivaron o me influyeron para preparar mi huida con tanta angustia y premura. Yo podía ver el guion de la película completa, y sabía que más tarde o más temprano se terminarían los cuerpos y tendríamos que usar el de mi madre y mi hermana. Imposible. Había que huir antes que eso sucediera. Después estaba mi padre, que pensó que había perdido a toda su familia en la montaña, pero como yo estaba vivo, tenía que regresar para decírselo. En una situación tan desmesurada, en lo único que podía pensar era en mi familia. No existía otro objetivo. Mi padre y mi hermana mayor eran la familia que me quedaba.

Mi padre era y es un hombre muy pragmático, que fue creciendo a fuerza de trabajo incansable. De un simple talabartero ambulante que vendía sus productos de hacienda en hacienda en el interior del país, llegó a tener la mayor cadena de ferreterías de Uruguay. Y todo ese esfuerzo y esa indoblegable vocación de trabajar de sol a sol, durante toda una vida, los había sostenido con una sola meta: el bienestar de su familia. Una de sus frases que siempre recuerdo me la decía cuando me explicaba, uno a uno, cómo eran los tornillos que vendía nuestra empresa: el tornillo articulado, el tornillo de ancla, el tornillo de torno, las tuercas de alas, las arandelas de freno de anillo, y todo esto me lo describía con una paciencia y una ternura infinitas, de noche, cansado, con sus grandes gafas, ante el escritorio de la compañía, para ambientar este concepto final: «No andes en las nubes, Nando. Atiende a los detalles». Que era una forma de decirme: la vida es esfuerzo, Nando, allí se responden las grandes preguntas, la vida vale la pena pero es sacrificio, hay que ir armándola de a poquito, ajustando las tuercas y los tornillos.

Poco antes de los Andes tenía grandes dudas sobre mi futuro. No eran vacilaciones profesionales sino las dudas de cómo sería mi porvenir. Observaba esas montañas y me daba cuenta de que ellas me habían robado las posibilidades de tener un proyecto, no de tener dinero, ni de ser un profesional exitoso, sino lo más simple y lo que más anhelaba, que era tener una familia como la que yo había tenido cuando niño y adolescente. Entonces tuve un pensamiento poderoso como un rayo: no sé cómo ni cuándo, pero mientras esté vivo, voy a luchar por eso. Voy a atacar esas montañas con furia, voy a tratar de escalarlas, voy a buscar mi vida hasta que pueda y, como sospecho que no podré, pues moriré luchando, y cuando mi rostro pegue contra el hielo me levantaré de nuevo, hasta que llegue un momento en que no consiga incorporarme más.

Tampoco me lamentaba, porque la mente funciona en otra dimensión. ¿Quejas? ¿Reproches? ¿Por qué invité a mi madre y hermana a este viaje? No tenía sentido. La mente funciona diferente. ¿Fue un designio de Dios? No, el accidente sucedió porque el piloto se equivocó, interpretó mal su posición y se estrelló contra una montaña, con la suerte posterior de que el tubo partido no se tambaleó, y el ángulo de descenso se ajustó a la ladera, y por eso no dio vueltas de campana. Con estos pensamientos te transformas, te vas convirtiendo en una máquina de supervivencia. Pensé: «¿Qué puedo hacer por mi madre? Nada, se murió». Parece muy frío decirlo, pero hay que estar en el lugar. No puedes hacer absolutamente nada respecto al pasado, entonces tienes que afrontar la realidad con lo que hay, después de enterrar a tu madre y a tu hermana, con una capita de hielo sobre sus rostros, focalizando lo que puedes hacer mañana. Tu mente llega a pensar cosas como esta: no puedo llorar, porque si lloro pierdo sal con las lágrimas.

Recuerdo lo que pensaba en el fuselaje en la noche del alud, el domingo 29 de octubre. A mi izquierda estaba Liliana, con quien estuve charlando casi una hora, en susurros. Hablamos de sus hijos. Le preguntaba qué pasaría conmigo, dónde estaría la mujer con la que me hubiera casado, si no hubiera ocurrido ese desvío en mi destino. Cómo serían mis hijos, ¿los querría tanto como ella quería a los suyos? Pensar que estoy aquí, congelándome en la cima de una montaña y pensando en una mujer que jamás conoceré. Nuestros hijos no nacerían, nunca crearíamos un hogar, porque las montañas me habían amputado ese destino. Liliana intentó consolarme: todo saldrá bien, me dijo, confía en lo que te digo.

Lo más terrible que he pasado en mi vida fueron esos tres días enterrados debajo de la nieve que trajo la avalancha, en esa oscuridad, con los amigos muertos al lado, apretados contra el techo, totalmente mojados, abrazándome al que estaba más cerca para darnos calor, fuerza, sin tener la más mínima idea de qué hacer.

A la vez, la avalancha es una desgracia que marca y decide definitivamente la suerte de todos. Esos tres días sepultados sirvieron para que los que estábamos con vida nos uniéramos más todavía, lo que colaboró en la lucha para huir. Pero también este accidente dentro del accidente nos da la posibilidad de que nos quedáramos un mes y medio más en la montaña, porque había ocho cuerpos más. Si no fuera así, hubiéramos tenido que intentar esa expedición kamikaze un mes antes y hubiéramos muerto en la escalada, porque el tiempo no lo permitía. Esto hay que analizarlo fríamente; yo no le busco explicaciones religiosas ni esotéricas, no creo que haya sido la voluntad de Dios o una coincidencia de los signos zodiacales, sino que simplemente estas cosas pasan y pasó. En ese avión no había boletos, ni tickets con asientos numerados, cada uno se sentaba donde quería e iba cambiando de lugar de acuerdo al impulso o a la contingencia. De esa elección absolutamente fortuita dependía tu destino, desde el primer día hasta el último. Los que murieron tenían tantas ganas de vivir como nosotros; nos podíamos haber muerto ocho de nosotros y haberse salvado otros ocho y la historia podría haber sido la misma o nunca se hubiera conocido el final. No lo sabemos, pero esto es lo que sucedió.

Cuando alguien piensa en los Andes y dice «setenta y un días» o «setenta y dos días», en el caso de los que fueron rescatados un día después, yo siempre agrego, «no fueron setenta y dos días, fueron setenta y dos noches». Porque las noches eran mucho peores que los días. Las noches eran el miedo, la oscuridad, pero eran también los recuerdos, la percepción de que la vida se desviaba y se truncaba en un estallido. El frío quemaba, el viento se te clavaba como un cuchillo, y el único calor que aliviaba es el aliento del chico que tenías a tu lado, a quien le pedías que te respire encima. Si el infierno existe no es con fuego: es con hielo y en penumbras.

Por eso creo que la fuerza que nos impulsó a huir no fue coraje sino desesperación, hambre y un miedo físico que se instala en la boca del estómago y nunca te abandona.

La gente te ve de una forma diferente a lo que tú eres, a lo que tú pensabas en ese momento. Ve arrojo, tal vez porque necesita ver coraje, pero yo estaba absolutamente aterrado. No podía respirar del miedo que tenía. Busco en el pasado y pienso: ¿yo decidí conscientemente hacer los movimientos que hice, me planteé racionalmente los pasos a dar? No lo creo. Actué por impulsos que no manejan demasiadas variables, pero que son hondos e inefables, y la energía que movía esas pulsiones era el espanto. Estaba convencido de que me iba a morir. Y creo que eso fue lo que me empujó a salir. Es un pensamiento extraño, que te puede llevar a la apatía o por el contrario apalancarte hacia la acción, cuando te respondes, como si fuera el eco de tu duda: entre morirme acá, sentado, que será una muerte terrible, prefiero morirme pegándome de frente contra estas montañas.

Una noche soñé que estaban cortando trozos de mi cuerpo. Gritaba tan agitado que Roberto me despertó. Y eso me hizo pensar qué iba a suceder cuando se terminaran los cuerpos. Sabíamos de lo que habíamos sido capaces de hacer hasta entonces para sobrevivir, ¿pero dónde estaba el límite? Cuando se terminaran los cadáveres, ¿qué iba a ocurrir? ¿Esperaríamos a ver quién se muere primero para poder comer? Ya habíamos traspasado una barrera, ¿cómo serían las siguientes etapas? Fue una pesadilla terrible, que también formó parte de mi voluntad de huir.

Mi mente tenía tantas dudas, estaba tan borrosa, que me aferré a lo único que sabía con certeza: Chile está al oeste, por ahí hay una salida. A partir de entonces comencé a ensayar mi huida con tanta determinación que por momentos era el único pensamiento que ocupaba mi mente: cómo hacerlo bien, cómo aumentar mis posibilidades, cómo minimizar mis múltiples carencias.

La subida a la montaña con mi mujer y mis hijas, en marzo de 2006, a caballo, no fue una travesía fácil, en esas laderas empinadas, o en cornisas escarpadas y peligrosas. Yo iba al lado de las tres, alerta como nunca, observando los detalles, las cinchas de los recados, el monótono resonar de los cascos bailoteando entre las piedras, en esos senderos diminutos, de vértigo. «No miren al costado, miren de frente», les indicaba. Por momentos me arrepentía: no debía haberlas traído a una travesía tan imprudente. Atravesamos torrentes, subimos y bajamos las laderas más empinadas. Pero al mismo tiempo percibía que las tres observaban, extasiadas, la magnificencia del paisaje, con la expectativa de llegar. En la primera noche, en el campamento base, mi hija Verónica comenzó a sufrir los efectos del mal de altura, fatiga, náuseas y confusión. Al día siguiente había empeorado notoriamente y se tambaleaba en el caballo. Nos detuvimos y le dije que regresaríamos de inmediato, que ella no tenía condiciones de seguir, porque lo peor estaba por venir. «Quiero continuar, papá», me dijo con una convicción que me estremeció, «como tú lo hiciste», agregó. Para mi sorpresa, a medida que nos acercábamos a destino, Verónica, en lugar de empeorar, mejoraba. Seis horas después, llegamos al Valle de las Lágrimas.

Cuando subimos al promontorio donde está la cruz de hierro, con las tumbas de mi madre, mi hermana y mis amigos, me di cuenta de cómo ellas observaban detenidamente la montaña gigantesca del oeste. No dijeron una palabra, pero no tengo dudas de que estaban pensando que mi historia era su historia. Y que mi lucha por salir de allí fue mi lucha por llegar a ellas.

En determinado momento, en el último recodo desde donde todavía se ve el Valle de las Lágrimas, detuve mi caballo y me volví, para echar un último vistazo al lugar. Y entonces tuve un pensamiento que me emociona al recordarlo: «Valió la pena. Volvería a hacerlo por ellas».

En ese escenario desmesurado que observaba desde el caballo, nosotros formamos una sociedad completamente diferente, pero extremadamente afectuosa y eficiente. Siempre me digo que mi gloria fue haber tenido semejantes amigos en la montaña, y muchos de los mejores son los que no volvieron, chicos que lucharon igual que nosotros o más, y entregaron su intuición, su instinto, su inteligencia, su valor. Unos murieron y otros no, por decisión de Dios para el creyente o por decisión de la naturaleza o del destino para el que no cree. Pero todos dieron el máximo y nunca fuimos mejores hombres que en la montaña. Diez minutos después del accidente, cuando yo estaba inconsciente, en coma, ya actuábamos como un equipo, con responsabilidades, organización y eficacia.

Es en ese contexto, también, que debe entenderse el tema de la alimentación con los cuerpos. Es una de las aristas que ha hecho que esta historia sea universalmente conocida. Para mí no ha sido lo más importante ni cosa que se le parezca. La gente que lee, que escucha o que formula la pregunta muchas veces no se pone o no puede ponerse en el lugar donde nosotros estábamos, ni tiene en su mente la información de que disponíamos nosotros como para poder tomar esas decisiones.

Nosotros estábamos solos en un glaciar, no teníamos comida, carecíamos de agua, en la alta montaña el cuerpo se deshidrata como en el Sahara, cinco veces más que al nivel del mar, y la radio nos advirtió que estábamos abandonados. No sabíamos dónde estábamos ni teníamos la menor información de cómo era vivir o caminar en una montaña. Entonces la mente funciona en una forma completamente inesperada. Cuando hay opciones, hay opciones. Pero cuando no las hay, no las busques porque no existen. Y, sin embargo, con la forma de usar los cadáveres nosotros actuamos como adelantados. Hoy, décadas después, ¿cuántas personas estando vivas firman documentos donde establecen «Si yo muero, dono mis órganos para que otros vivan»? Hoy es algo frecuente. Nosotros, a aquella edad tan temprana, en medio de un glaciar, lo creamos. Y lo hicimos por intermedio de un pacto. Los veintisiete lo suscribimos aunque sólo dieciséis sobrevivimos. Fue un gesto de verdadera grandeza y, creo yo, una forma avanzada de pensar: donarse en vida.

Es muy fácil decir: «Yo no lo hubiera hecho». No te equivoques: tú lo hubieras hecho exactamente igual que nosotros en ese momento, porque cuando estás famélico, más que el hambre es el miedo el que te impulsa a encontrar comida. Unos lo hicieron por sus hijos, como Liliana, y una madre hace cualquier cosa por sus hijos; otros lo evaluaron como una comunión espiritual; otros porque querían regresar al seno de sus padres, o a su novia, o a la vida.

Nunca fuimos mejores personas que en los Andes. Allí no había interferencia externa, no había dinero, no había intolerancia, no había hipocresía de relaciones por ventajas, o por interés, porque nadie tenía nada material para ofrecer, no había dobles discursos, no había posibilidad de ascenso en el trabajo porque no había empleo, no había nada. Todos éramos absolutamente honestos, porque íbamos a morirnos. Cuando el médico te anuncia que te queda una semana de vida, ¿se te ocurre mentirles a tus amigos?

También siento que mi cordillera es diferente, no sé si es peor que la de los demás, pero es distinta, porque tuvo otros componentes. En el accidente me fracturo la cabeza en cuatro pedazos. Estaba tan hinchado que Roberto ni siquiera lograba reconocerme porque yo parecía un monstruo. Estoy en coma durante tres días, pero no es un coma en un hospital, sino en un campo de batalla. Pierdo a mi madre y mi hermana, a mis dos mejores amigos. Con Roberto nos cruzamos los Andes a pie. Me subo a un helicóptero y casi me mato. Llego al hospital de San Fernando y debo anunciarles a mi padre y a mi otra hermana que mi familia está muerta. Vuelvo a Montevideo, mi padre está buscando paz y consuelo con otra mujer, y me voy a vivir a un apartamento alquilado. La siguiente Navidad, doce meses después, la paso solo, sentado en un auto en la calle Blanes Viale de Carrasco, esperando que sean las doce porque no tengo dónde pasarla, aguardando para ir a lo de Roberto Canessa después de que abran los regalos. O sea, mi cordillera no terminó en el 72. Volví a la sociedad a vivir solo, a hacerme mi comida, a trabajar, no pude seguir estudiando. Ese fue, también, el precio de mi pasaje.

Con el tiempo la montaña se convirtió en una parte de mi vida, afectó mi carácter, mi destino, y debo aceptar que será así para siempre. Y cuando lo aceptas, y dejas de lamentarte, o de intentar imaginar cómo hubiera sido tu vida sin el accidente, puedes continuar tu camino. Fue la peor cosa que me ocurrió, y por eso no guardo recuerdos de esos días. ¿Para qué voy a guardar objetos del día en que me dejaron mi madre, mi hermana y mis mejores amigos? No, no guardo nada. Lo acepto, sé lo que sucedió, sé lo que hice y siempre miré para adelante y nunca hacia atrás. Y el tiempo es un buen cicatrizante; en caso contrario viviríamos anclados en los dolores, de tragedia en tragedia, y no lo resistiríamos. ¿La vida de todos nosotros no es, acaso, aprender a tolerar la frustración sin vivir bajo su embrujo? Pienso como uno de los héroes de mi juventud, Ernest Shackleton, cuando tras dos años perdido en la Antártida, le escribió a su mujer desde el sur de Chile: misión cumplida, y hemos estado en el infierno.

Casi veinte años después del accidente, en 1991, yo estaba muy ocupado viviendo mi vida, mirando hacia adelante, cuando me llama un amigo mexicano para sugerirme que brinde una conferencia sobre los Andes. Me niego una y otra vez, pero fue tal la insistencia que al final accedí. Trabajosamente armé la charla, pero cuando llegó el momento de exponer, con mil doscientas personas colmando el auditorio, me bloqueé por completo, no me brotaban las palabras de la boca. Era la primera vez que daba una conferencia en mi vida. La había preparado durante seis meses. Pero cuando subí al estrado y me enfrenté a esa multitud, me paralicé y no pude leer los papeles. Ni siquiera podía ver, estaba como encandilado por los reflectores. Sudaba y las manos me temblaban. Qué bochorno, pensaba, ¡por qué diablos había aceptado! Y mi amigo mexicano había logrado crear semejante expectativa entre esa inmensa multitud que me miraba ansiosa, a medida que percibía mi pavor. ¿Qué me había sucedido?, se preguntaban. Tras un silencio terrible, al límite de la tolerancia del público, opté por una de esas ideas sencillas y concluyentes que pautan mi vida, «Hazla simple, Nando. Pásale por arriba a la teoría». El tornillo articulado, las tuercas de alas, el tornillo de ancla... Abandoné los apuntes que había elaborado, y decidí hablar con el sentimiento, sin ningún orden preestablecido, con una primera frase que pautó toda la charla: «No debería estar aquí. Debía haber muerto en un glaciar de los Andes». Bebí un sorbo de agua, percibí que el hecho de dejar los papeles a un lado me había serenado, y me largué a hablar. Fue una exposición larguísima, de una hora y media, cuando estaba previsto que durara menos de una hora. Pero el público atendió en silencio, compenetrado, desde la primera hasta la última palabra. Y terminó en una ovación estruendosa. Mi amigo mexicano, que se ocupaba de organizar ese tipo de conferencias, estaba fascinado.

En el año 2006 escribí un libro, *Milagro en los Andes*, contando la historia de mi vida, con la cordillera como eje central. ¿Qué me impulsó a hacerlo? Fueron varios los motivos. Sé que una de las personas que influyó fue una mujer que vino a verme después de una conferencia, en Estados Unidos. Llegó llorando como nunca había visto llorar a nadie. Vino abrazada por una amiga y me dijo: «Quería agradecerle sus palabras porque hoy estoy volviendo a la vida». «¿Qué te sucedió?», le pregunté. Y me contó su tragedia: «Me ocurrió lo que no puede ocurrir, lo peor que le puede suceder a una madre. Pero hoy me di cuenta de que debo seguir adelante. Tengo dos hijos. Tenía tres. Hace dos años y medio di marcha atrás con mi auto y maté a mi propio bebé en el garaje. Desde hace dos años y medio no puedo pensar, no puedo comer, no puedo dormir, no puedo hacer absolutamente nada, porque estoy muerta. Pero hoy me doy cuenta de que después de estar muerto puede haber vida». ¿Qué le di a esa mujer? ¿Qué les doy a esas personas que me escuchan o que me leen? Simplemente les cuento y cada uno acepta y toma un pedacito de la historia, lo incorpora y lo recrea lo mejor que puede, formando a partir de mi relato su propia cordillera.

Hay varios momentos que me marcaron a fuego en los Andes. Uno fue cuando escuchamos en la radio que nos habían abandonado, lo que equivalía a estar abajo de la guillotina y sentir que la hoja viene cayendo. Otro momento similar fue cuando me asomé a la cima de la montaña más alta, en la expedición final, y vi lo que había del otro lado, me asusté tanto que me olvidé de respirar, no podía concebir un pensamiento, no conseguía mover un músculo. Esperaba ver verde, árboles a lo lejos, humo saliendo de una chimenea, luces distantes, pero apenas veía montañas y montañas, trescientos sesenta grados de montañas nevadas alrededor. Entonces escuché que Tintín gritaba desde abajo, pero yo no podía hablarle; sentí que estábamos definitivamente liquidados.

Tres horas después llegó Roberto, miró lo mismo que yo e interpretó mis palabras: «Estamos muertos, Nando». Increíblemente, creo que he vivido toda mi vida de acuerdo a ese momento, cuando tomé la decisión más difícil de todas las que tuve que tomar hasta hoy, cómo me iba a morir, y, fundamentalmente, con quién me iba a morir. En menos de treinta segundos le dije: «Yo sigo, Roberto, vamos hasta el final, te pido que me acompañes». Cualquier otra decisión en mi vida comparada con esa ha sido muy fácil. ¿Quién decide cómo y con quién morirse?

Mucha gente habla de la ayuda divina, de la Virgen, de Dios. Puede ser. Yo recé igual que todos, o más que nadie en la montaña, pero lo que hicimos con Roberto Canessa sólo él y yo lo sabemos, y no sentí ninguna mano divina a nuestro lado, ningún rosario que me ayudara. A mí que me perdonen, puede haber algo religioso en todo esto, pero lo que hicimos con Roberto lo hicimos con nuestras piernas, y yo no hubiera hecho nada sin él, y creo que él no lo hubiera logrado sin mí. Para mí, el verdadero milagro es que, al vivir tanto tiempo esquivando a la muerte, rozándola siempre, aprendimos de la forma más poderosa lo que significa estar vivo.

Por eso la noche que dormimos en la cima, cuando Tintín regresó al fuselaje y permanecimos descansando para afrontar la escalada final, fue como el arco iris después de la tormenta. Ahí estábamos los dos en medio de la nada, en la cúspide de la inmensa pared de hielo, aquella que durante sesenta y cinco días nos había bloqueado el horizonte. Al anochecer extendimos el saco de dormir, y cuando el sol se escondió detrás de los Andes, que en su etimología *aymará* significa «las montañas que se iluminan», estas resplandecieron con el ocaso más maravilloso que he visto jamás.

Entonces le dije a Roberto: «Qué extraordinario sería esto si no estuviéramos muertos». Sentí que él presionaba mi mano.

Estaba tan asustado como yo, pero tomados de las manos nos dábamos fuerza, y sabíamos, los dos teníamos la misma convicción, de que íbamos a dar lo mejor de nosotros mismos. Lo mejor de los catorce sobrevivientes que estaban en el fuselaje y lo mejor de los veintinueve que habían muerto.

* Nando Parrado nació en 1949. Se casó con Veronique, con quien tuvo dos hijas, Cecilia y Verónica.

Tuvo y tiene diversas empresas exitosas, entre ellas varias productoras de televisión donde realiza programas sobre la pasión que cultiva desde la infancia, el automovilismo.

A diferencia de lo que le pedía su padre, siempre fue un soñador, para quien el futuro es tan sólo un rumor distante. Nunca imaginó una vida apacible, sino llena de desafíos y aventuras, yendo un poco más allá de la frontera. Cumplió sus deseos más recónditos y corrió en fórmulas profesionales de automovilismo. Pero un día descubrió que las emociones más fuertes no tienen por qué ser desafíos al peligro o las leyes de la física, sino que las emociones más intensas, hoy por hoy en su vida, son su mujer y sus dos hijas, las que nacieron en la cordillera de los Andes.

33

El reencuentro

◆

Mientras Nando guiaba a los helicópteros que se dirigían a rescatar a los catorce sobrevivientes, su padre, su otra hermana Graciela y su cuñado Juan volaban hacia Santiago. Seler Parrado sólo sabía que su hijo estaba vivo y que en las montañas quedaban otros catorce. Nando y Roberto no habían querido que se divulgaran los nombres, porque tres estaban muy frágiles y dudaban si habrían sobrevivido esos once días. Cuando Seler Parrado y su hija, con su marido, llegaron al hospital San Juan de Dios en San Fernando, no sabían si la madre, Eugenia, y la otra hermana, Susy, estaban vivas. Lo descubrieron en ese mismo momento.

Aunque la enfermera no lo permitía, Graciela logró aproximarse a la habitación de Nando, y lo abrazó en sollozos. Nando vio a su padre al final del pasillo, con la cabeza inclinada hacia adelante. En un primer momento, Seler creyó que los tres habían muerto, luego cabía la posibilidad de que los tres estuvieran vivos. Nando caminó hacia él y lo abrazó. Con el rostro pegado contra el pecho de su hijo, preguntó en susurros por su mujer y su hija. Nando hizo silencio y Seler comprendió todo. El padre de Nando había pasado más de dos meses en un estado de irrealidad. Deambulaba sin destino por las calles de Montevideo, había dejado de concurrir a sus empresas, caminaba diez o doce horas sin saber adónde se dirigía, para desembocar en los lugares más extraños de la ciudad, donde siempre encontró a alguien que se compadecía de su desgracia y lo llevaba de vuelta a su casa, que no recordaba siquiera dónde quedaba.

Luego se sentaron en torno a la cama y Nando les relató la historia.

—Hiciste lo que debías —le dijo Seler, cuando Nando le contó cómo se alimentaron.

A partir de ahí, Nando percibió que a medida que llegaban los rescatados de la montaña, todos, excepto Javier, celebraban estruendosamente con sus familias, pero a él le faltaba la mitad de la suya. Discretamente, su hermana cerró la puerta de la habitación.

Cuando pasaron Nochebuena con el resto de los sobrevivientes, en la discoteca del hotel Sheraton, Nando terminó de darse cuenta de que no tenía motivos para celebrar. Habló con su padre, su hermana y su cuñado, y decidieron irse solos a Viña del Mar, para ir introduciéndose gradualmente en la realidad. Regresaron a Montevideo el 30 de diciembre, dos días después de la conferencia de prensa. Cuando llegó a su casa y abrazó a su abuela ucraniana Lina, ella lo estrechó tan fuerte que Nando sintió que el abrazo abarcaba, también, a su hija Eugenia y a su nieta Susy, su «querida».

El doctor Juan Carlos Canessa voló el 22 de diciembre a Santiago, donde se reunió con la madre de Roberto, Mercedes, y la novia, Lauri, y poco después encontró a su hijo en San Fernando. Al verlos, Roberto comenzó a llorar tan intensamente que su padre temió que se desestabilizara, pero Roberto les pidió que se quedaran, tomando a Lauri de la mano. Cuando se serenó, y su padre le preguntó si se sentía bien en el lugar donde estaba alojado, Roberto les dijo que le daba lo mismo ese hospital que la cabaña de los arrieros, donde había dormido un par de noches antes.

Cuando Eduardo Strauch llegó al hospital San Juan de Dios de San Fernando, como su cuerpo se había acostumbrado a dormir inclinado, al acostarse en una cama horizontal tenía la sensación de que se caía por la ladera de la montaña. Pidió cinco almohadas y formó en la cama un plano inclinado de treinta grados, similar al del fuselaje, y recién entonces concilió el sueño sin rodar por la pendiente.

A la mañana siguiente muy temprano apareció su madre ante la puerta de la habitación. Eduardo se incorporó y se abrazó a ella conmovido. Su madre, que si bien formaba parte del grupo que siempre creyó que estaban con vida, estaba tensa, impresionada, aparentando una naturalidad que no conseguía transmitir, porque ya había escuchado los rumores de que se habían alimentado con los cuerpos de los muertos.

Como quería convencerse de que era una mentira infame que provocaba repulsión, después de hablar un rato, le formuló la pregunta que tanto le inquietaba:

—¿Comieron... líquenes y pájaros? ¿De qué se alimentaron?

Con la mayor espontaneidad, Eduardo le dijo lo que había sucedido y su madre intentó, vanamente, parecer natural, pero se puso pálida.

Cuando Coche despertó en el hospital San Juan de Dios, experimentó una intensa sensación de plenitud. Al aparecer su novia Soledad, que era el primer nombre que tenía anotado en su libretita de cuentas pendientes, sintió como un estallido de luz que lo deslumbró.

Pedro Algorta encontró a sus padres en el hospital de San Fernando. Cuando le dieron el alta, su padre alquiló un coche para salir cuanto antes rumbo a Santiago, donde se reunirían con los otros sobrevivientes y decidirían qué hacer.

En su primera noche en el hotel Sheraton San Cristóbal, en Santiago, los sobrevivientes bajaron hasta la piscina, rodeada de mesas. Cuando los huéspedes los vieron, se incorporaron para saludarlos, tocarlos. Entonces ellos se cambiaron de mesa, pero otros huéspedes volvían a abordarlos, lo que los obligaba a cambiar de mesa una y otra vez, intimidados por el tumulto, hasta que tuvieron que regresar a sus habitaciones.

No bien alojaron a Daniel Fernández en la habitación del Sheraton, entró uno de sus íntimos amigos, Miguel Shaw, hermano de Daniel. Todavía no se había divulgado la lista y Miguel tenía la esperanza de que su hermano, un deportista excepcional, se hubiera salvado. Pero Daniel no lo dejó cavilar más, porque se lo dijo en el mismo momento que lo abrazó para liquidar la tortura de la duda: «Daniel no viene». No pudo ver el rostro de Miguel, pero en ese momento el abrazo se estrechó aun más, y se prolongó durante un tiempo que Daniel no sabe calcular. Daniel recordaría ese abrazo durante muchísimos años, y eso, sumado al cambio que advirtió en el esquema corporal de Miguel, fue una de las principales razones por las que guardó silencio sobre el accidente durante tres décadas. A las nueve de la noche, le anunciaron a Daniel que lo llamaban por teléfono de la radio El Espectador, para hacer un enlace en directo con su familia en Montevideo. La charla telefónica dejó a sus padres, a su hermana y a su novia Amalia estupefactos. Daniel no paraba de hablar, pero en sus palabras no transmitía ninguna emoción, con una insospechada sangre fría, mientras en Montevideo nadie podía articular una palabra entera, ahogados por el llanto.

Bobby François se encontró con su padre en la parada técnica de San Fernando, en el segundo día del rescate. Como hizo en el accidente, se arrojó del helicóptero cuando estaba descendiendo para correr y abrazarlo. El doctor Roberto François, como les ocurrió a todos los padres de los sobrevivientes, en particular los que eran médicos, lloraba y le pedía perdón por creerlo muerto, al punto que la familia había guardado luto desde el mismo día del accidente.

Cuando aterrizaron en el sanatorio Posta Central, las enfermeras y el personal ambulatorio hicieron un corredor donde los aplaudían y rezaban. Los médicos, que ignoraban cómo tratarlos, no sabían si llevarlos en camillas, en andadores o en sillas de rueda. Adolfo pidió que lo llevaran de la mano, porque sentía que caminaba sobre nubes.

No bien alojaron a Moncho Sabella en su habitación, entró su hermano, Juan, que estaba tan delgado y demacrado como si también viniera de la cordillera. Cuando lo abrazó, Juan le dijo que había recuperado al hermano y también a la madre, porque creía que ella había enloquecido. Durante esos setenta y dos días siempre puso el plato de Moncho en la mesa, como si estuviera presente, y mandaba cambiar y lavar las sábanas de su cama dos veces por semana, como si estuviera durmiendo. Moncho lo miraba boquiabierto: la mesa familiar que Juan le describía, con su plato de más en la mesa, era lo que él había visualizado cuando casi muere en el alud.

Poco después, Moncho no consiguió pegar un ojo en su primera noche en el hotel. Se había acostumbrado a dormir apretujado y la cama le resultaba insoportable, como le había sucedido a Eduardo la noche anterior. Estaba tan habituado al frío que, aunque ponía el aire acondicionado a la temperatura mínima, no podía respirar por el ambiente sofocante de quince grados. Tenía un hambre tan insaciable que le pareció necesario repetir el esquema de precauciones que tenían en la montaña. Se llevó a la habitación seis platos de comida, tres para comerlos de inmediato y tres de reserva para la madrugada, por si surgía algún imponderable, un sismo, un derrumbe o un alud.

El 24 de diciembre, José Pedro Algorta fue a buscar a sus hijos menores al aeropuerto de Santiago. En medio de la euforia general, les hizo una advertencia sobre cómo tratar a su hermano mayor, que ninguno comprendió del todo. Recién lo entendieron cuando entraron a su habitación del hotel. Pedro estaba sentado en la cama junto a su madre, tomando el desayuno ante una gigantesca bandeja. Su madre Gloria casi no tenía tiempo de preparar las tostadas con dulce, jalea o manteca porque su hijo se las devoraba en pocos bocados, mientras chasqueaba los dedos para pedir más. A medida que iban entrando sus hermanos, que lagrimeaban, Pedro los saludaba, uno a uno, pero sin descuidar por un instante la próxima tostada que su madre le estaba preparando.

Javier Methol pasó la Navidad en el sanatorio Posta Central. Pesaba cincuenta y cuatro kilos, y según decían las enfermeras que venían a verlo, sólo tenía huesos envueltos en piel. Cuando Roy Harley llegó, tenía los ojos hundidos, con el rostro sin carne y la piel pegada a los huesos. Casi de inmediato se descompensó y sufrió una fuerte pérdida de potasio. No sólo pasó la Navidad sino otros quince días internado en la clínica Santa María, debatiéndose entre la vida y la muerte.

El 26 de diciembre, el diario *El Mercurio* publicó en portada una fotografía del fuselaje, tomada desde un helicóptero, donde se veía claramente una pierna humana a medio comer a pocos metros del avión. Un periódico sensacionalista tituló: «¡Que Dios los perdone!».

Daniel Fernández y Bobby François fueron los primeros en llegar a Montevideo, el 24 de diciembre. A Bobby, que viajaba con sus padres, lo sacaron por atrás de la aeronave, en una ambulancia, anestesiado, porque no podía subir al avión.

Cuando Daniel Fernández salió del aeropuerto, lo acosaron los micrófonos. A todos respondió con la misma tranquilidad, sin la menor alarma en su voz o en su expresión. Pero cinco minutos después, cuando subió al automóvil de su padre, en el estacionamiento del aeropuerto, sentado en el asiento de atrás junto a su novia, se transformó de repente y comenzó a llorar desconsoladamente. Lloraba sin parar, se ahogaba, pero no abrazaba a su novia, ni a sus padres, sino que permanecía aislado, como si estuviera haciendo una catarsis en soledad, mientras el vehículo se trasladaba lentamente por la avenida De las Américas, rumbo al Parque de los Aliados, donde vivía.

Dos meses después de la llegada, en el balneario Punta del Diablo, próximo a la frontera con Brasil, Amalia recibió de su novio Daniel Fernández el primer abrazo tierno y cariñoso. Ese fue el tiempo que le llevó a su novio expresar una emoción que ella interpretó como genuina.

La mayoría viajó a Montevideo el 28 de diciembre. Lo que conjeturaban que sería un viaje íntimo se transformó en una multitudinaria expedición de periodistas de todas partes del mundo que los acompañaron desde el Pacífico hasta el Atlántico. Lan Chile había dispuesto una tripulación antipánico, por miedo a que se desestabilizaran en el vuelo. Cuando el avión tocó suelo uruguayo, algunos sobrevivientes y sus familias comenzaron a cantar el himno nacional.

El recibimiento en el aeropuerto de Carrasco fue muy organizado. A pocos pasos de donde aterrizó el Boeing 707 había dos ómnibus aguardándolos. Integrantes del club Old Christians se ocuparon de todos los pormenores de la llegada y de la conferencia de prensa. No bien subieron al estrado, por atrás, se enfrentaron a un espectáculo insólito: nunca se habían visto en aquel pequeño país tantas cámaras de televisión y micrófonos de todas partes del mundo.

Los sobrevivientes se fueron sentando en las sillas colocadas en el estrado. El moderador, el presidente del club Old Christians, les formulaba preguntas uno a uno con un libreto básico preestablecido, anunciando el tema al que cada uno se referiría en un par de minutos. Se acercaba el momento que todo el mundo estaba esperando, cuando se relataría cómo se habían alimentado. La tarea más dura le correspondería a Pancho Delgado, el avezado estudiante de Derecho de quien todos admiraban su exuberante facilidad de palabra y su habilidad para articular conceptos complejos y transmitirlos en forma simple y persuasiva. Las palabras de Pancho fueron tan convincentes que los periodistas comenzaron a gesticular con las manos anunciando que no formularían más preguntas, a lo que siguió un aplauso estruendoso. No es que no tuvieran curiosidad, no es que no quisieran saber más detalles, sino que preferían dejarlos en paz, que regresaran a sus familias, porque ya habían sufrido demasiado.

No bien llegó a Montevideo, Roberto Canessa se dirigió a la casa del padre de Lauri, el doctor Luis Surraco, el médico y cartógrafo que tanto había colaborado en la búsqueda. Roberto se trajo con él un bolso con toda la ropa que usó para atravesar la cordillera. Entró a la casa de quien sería su suegro y dejó el bolso en medio de la sala, sobre la alfombra. Inmediatamente escuchó la voz de uno de los hermanos de su novia, desde la planta alta de la casa, que no lo había visto llegar y comentaba en voz alta que en la casa había un olor muy fuerte, un olor a hierbas. Roberto miró el bolso y sonrió, porque recordó que el arriero Sergio Catalán había pronunciado las mismas palabras. De inmediato apareció el doctor Surraco. Abrazó a su futuro yerno y le dijo una frase que Roberto no olvida:

—Lo que hiciste fue de hombre.

En los primeros tiempos del regreso, los sobrevivientes creían que sólo ellos se entendían. Por eso se reunían de continuo para recordar, porque necesitaban hablar del tema pero a solas. Llegaron a aislarse de la gente de tal manera que sus familiares y amigos creyeron que nunca volverían a tener con ellos la intimidad y confianza de antaño, porque se expresaban en un lenguaje tan cifrado que sólo el grupo comprendía.

En poco tiempo, la vida de Nando Parrado mutó por completo. Empezó a trabajar en las empresas de su padre, sustituyendo a su madre, que había sido su mano derecha, por lo que tuvo que abandonar sus estudios de administración de empresas. Perseguido por la fama que no lograba elaborar, entró en un vértigo de agasajos, fiestas y viajes. Un día de enero, en Punta del Este, en una discoteca a la que solía concurrir con su amigo Pancho Abal, Nando se puso a llorar sin consuelo, por primera vez desde el accidente del 13 de octubre.

Eduardo Strauch sentía que había dejado un pedazo de su mundo en otro planeta. Recorría la ciudad caminando, sintiendo que todo era un continuo devaneo. Poco después de su llegada a Uruguay viajó a España, donde lo invitaron a una fiesta glamorosa en Marbella. No bien llegó, la anfitriona pidió silencio y lo presentó a los invitados: «*C'est le cannibale sud-américain*».

A Sergio Díaz, el socorrista que pasó la noche con los sobrevivientes en el fuselaje, le cambió la vida de repente. Un hombre apacible, sin problemas de sueño, pasó a vivir pesadillas terribles, como lo recuerda su hija Maricruz: «Sobresaltaba las madrugadas con sus gritos. No lo hablaba con nadie, pero escuchábamos los alaridos y lo despertábamos». Murió sorpresivamente poco tiempo después, el 18 de marzo de 1975, a los cincuenta años. Fue cremado y Maricruz llevó la urna a la cordillera, a la parte más profunda a la que pudo acceder, la abrió, y dejó que el viento esparciera las cenizas.

En los años noventa, Gustavo Zerbino creó la Asociación Solidaridad Viven. Compró un proyector portátil 35 milímetros, alquiló una camioneta y recorrió todas las poblaciones de Uruguay para entregar la recaudación del primer día de exhibición de la película *¡Viven!* en la comunidad donde se presentaba, en nombre de los que murieron en la montaña.

En junio de 2006, Moncho Sabella, el único que permanecía soltero, se casó con una joven paraguaya. Para acompañarlo en el casamiento viajaron a Asunción siete sobrevivientes. Bobby François, uno de los testigos, como no pudo viajar más en avión, lo hizo en automóvil, en un viaje de dos días.

En agosto de 2006, Daniel Fernández abrió un restaurante en el centro de Carrasco, a cuarenta metros de la plaza en homenaje a la epopeya de los Andes, donde una estela de granito dice: «Unión, valor y fe en los Andes». Cuando lo inauguró, en compañía de muchos de los sobrevivientes, era como si estuvieran cumpliendo la meta que tanto anhelaban en el fuselaje, cuando, muertos de hambre, soñaban con comidas, y su mayor deseo era sentarse en restaurantes imaginarios que sirvieran platos abundantes y sabrosos, llenos de colores.

A fines de 2006, los sobrevivientes crearon una institución largamente acariciada: la Fundación Viven, cuyos valores fundamentales, como lo señalan sus estatutos, son el amor, el honor, la piedad, el orgullo, la compasión y el sacrificio. Una frase de William Faulkner, que figura destacada en sus documentos, revela su esencia: «Crear de los elementos del espíritu humano algo que no existía».

El arriero Sergio Catalán siguió siendo amigo del grupo. Sonríe cuando dice que es «el segundo padre de los muchachos y el abuelo postizo de los hijos de los sobrevivientes». En junio de 2007, a los setenta y nueve años, el hombre que desde los siete monta a caballo cuidando animales en la montaña, como lo hizo su propio padre desde esa misma edad, tuvo el primer trastorno de salud, por una osteoporosis en la cadera derecha. Con la humildad de siempre, concurrió al hospital público de San Fernando y le dieron número para operarse al año siguiente. Hasta entonces debía reposar, sin poder cabalgar ni subir a su «casa de piedra» en la montaña. Una breve nota de prensa local dando cuenta de la situación llegó a manos de Roberto Canessa y Tintín Vizintín, quienes, junto con los sobrevivientes, en una semana consiguieron el dinero para una operación en una clínica privada con el mejor cirujano de Chile, un amigo del grupo.

El 19 de agosto de 2007 fui a visitar a Catalán a su casa de madera en Los Baños de Roma. Primero hay que llegar a San Fernando, luego andar otros cinco kilómetros e internarse en una calle de tierra rumbo a Agua Fría, muy humilde y bien cuidada, bordeada de casitas de madera con cercos de flores de colores, como crecen en la precordillera. Como no tienen número, hay que preguntar por la casa de Catalán. Todos lo conocen y da la impresión de que todos lo aprecian. Su casa es de madera azul, con aves de corral en el patio trasero. La montaña está ahí nomás. Sergio está eufórico porque ya camina sin muletas y asegura que en verano volverá a montar a caballo. Su mirada es transparente. Viste con el mismo tipo de indumentaria que usaba en el 72, cuando tenía cuarenta y cuatro años, el sombrero aludo y la chaqueta característica de la zona central de Chile, en la provincia de Colchagua. Recién ahora, treinta y cinco años después, Sergio admite la hipótesis de su gran amigo Roberto Canessa: tal vez todo el encuentro suyo con los caminantes, esos «hombres secos, con el estómago pegado al espinazo», estuviera programado, vaya a saber por quién, o por qué. Todavía se sorprende con las coincidencias. Siempre sospechó que los iba a encontrar, porque nadie conocía esa parte de la precordillera como él, que la cabalga hace setenta y dos años. Ese día pasó exactamente por la ruta de los dos escaladores y cree que es el único campesino de toda la precordillera que siempre lleva consigo papel y lápiz (para contar y volver a contar los animales al fin de cada jornada), lo que era fundamental para que le creyeran los carabineros. Y si bien a él no le gusta decirlo, su mujer, Virginia, lo asegura: como las autoridades habían recibido tantas mentiras sobre presuntos avistamientos de los sobrevivientes para cobrar alguna recompensa, al único que creerían sería a Sergio Catalán. «Por eso cuando Sergio habló con el sargento Orlando Menares, tras viajar un día a caballo y en camión, el oficial llamó al comandante en San

Fernando y le dijo: "Lo que dice don Sergio es verdad. Si no lo es, le entrego mi uniforme, comandante". Y el comandante le tomó la palabra: "Si no es cierto, le doy de baja".»

El 8 de mayo de 2008, en un sábado otoñal, se casó Sofía, la hija mayor de Bobby François. La cita era en la iglesia Stella Maris, a cien metros de la plaza que recuerda a los Andes. Entre las escasas personas que aguardaban en la entrada de la iglesia, estaba la mayoría de los sobrevivientes. Cuando Bobby llegó en su automóvil con su hija, estaba muy nervioso. Los sobrevivientes se le acercaron al oído, uno a uno, y le susurraron algo. Cuando Bobby llegó ante la puerta del templo, estaba transformado.

Recientemente, la hija de Sergio Díaz, Maricruz, escuchó que se estaba por construir un memorial sobre el accidente de los Andes en el barrio de Carrasco, en Montevideo. Tomó coraje y por primera vez llamó por teléfono a uno de los sobrevivientes, a Roberto Canessa, para pedirle un favor. Si iban a construir un recordatorio, por más humilde que fuera, que en algún lugar pusieran el poema de Martí que su padre les había enseñado en el avión, en aquella noche tan sublime.

Todos los 22 de diciembre, el día del primer rescate, los sobrevivientes cumplen un ritual. Se reúnen los dieciséis con sus familias. Así fueron viendo nacer a los hijos de sus amigos, junto con los suyos, que llegaban en brazos de sus madres. Luego, mayores, jugaban con ellos, los ponían en sus faldas. Ahora la mayoría de los hijos tiene entre dieciocho y veintiséis años, exactamente la edad que ellos tenían en la montaña. Se les parecen. En la última reunión del 22 de diciembre, en la casa de Pancho Delgado, eran casi cien personas. Todos parecen hermanos o primos. Es difícil adivinar quién es hijo de quién, porque todos parecen hijos de todos.

Eduardo Strauch sube todos los veranos a la cordillera, desde hace años. Su hijo menor, Pedro, está aprendiendo montañismo con Ricardo Peña, el escalador mexicano que encontró la billetera y el pasaporte entre unas rocas. En marzo de 2008, Eduardo subió a la cordillera con hombres y mujeres de cinco países, que necesitaban saber lo que se sentía. Antes de llegar a la cumbre, un baqueano llevó a Eduardo, a caballo, a una laguna que acababa de descubrir en medio de la montaña. Cuando se enfrentó a esa extensión de trescientos metros de largo por doscientos de ancho, con agua color turquesa, Eduardo quedó extasiado. El paisaje era el mismo que el mentalista Gérard Croiset Jr., que tanto había alentado a las madres hacía treinta y seis años, había recreado tras el accidente.

El 16 de mayo de 2008, murió Seler Parrado, el padre de Nando, que fue su principal palanca para volver a la vida. Tenía noventa y un años y murió completamente lúcido, pidiéndole a su hijo que siguiera en paz. No hubo velorio sino una misa sencilla, en la parroquia Stella Maris, donde estaban los sobrevivientes y los amigos más cercanos. Sus cenizas fueron llevadas a la cordillera de los Andes, donde descansan los restos de su mujer Eugenia y su hija pequeña, Susy.

El 24 de diciembre de 1972, el coronel Ruben Terra regresó a Montevideo en el Douglas C-47. El jefe de la Base Aérea n.º 1 escribió esta nota: «En la fecha regresó de su misión de búsqueda sobre la cordillera de los Andes, en la que voló más de treinta y cinco horas sobre una zona en la cual no estaba familiarizado» y «donde sorteó situaciones de emergencia como el fallo total de un motor» demostrando, además de «capacidad técnica, un elevado espíritu de vuelo». El coronel Ruben Terra murió en 1999, con sesenta y cuatro años de edad. A bordo del C-47 también buscaba a sus amigos del alma, los pilotos Julio Ferradás y Dante Lagurara, dos «transporteros» como él, como se les llama a los pilotos de transporte en la jerga aeronáutica militar.

El 18 de enero de 1973, veintisiete días después del rescate de los sobrevivientes, dos helicópteros llevaron a una patrulla del Cuerpo de Socorro Andino, junto al capitán Enrique Crosa, de la Fuerza Aérea Uruguaya, hasta los despojos del Fairchild, para reunir los restos que quedaban de los muertos, tanto los que estaban alrededor del avión (huesos, rostros como máscaras, manos, pies y cuerpos enteros) como los que habían quedado en la parte alta de la montaña del sur.

A ochocientos metros del fuselaje encontraron una zona más elevada, donde estimaron que no llegarían las avalanchas, y donde había tierra y rocas suficientes como para cavar una fosa, donde sepultar los restos. Junto a la fosa colocaron una rústica cruz de hierro sobre una placa de bronce que dice: «Cerca, oh, Dios, de ti». Hasta hoy, treinta y seis años después, misteriosamente esa zona nunca ha sido cubierta por la nieve, a pesar de estar en lo alto de la montaña.

El viernes 13 de octubre de 2006, cuando se cumplían exactamente treinta y cuatro años del accidente, Roberto Canessa invitó a los sobrevivientes para inaugurar un gran salón que construyó en su casa laberíntica. Creó ese espacio con la esperanza de que se convierta en el lugar de encuentro del grupo. Con paredes de piedra y madera, techo de tejas y una gigantesca estufa de leña, protegida con trozos de hierro que adquirió en un desguasadero de navíos, el ámbito invita a las confidencias, a la introversión y a la serenidad.

No vinieron todos. Nando estaba en España presentando su libro, Tintín no estaba en Montevideo, Eduardo había viajado a Washington para dar una charla y Carlitos estaba en México ofreciendo una serie de tres conferencias.

Los únicos que no pertenecían al grupo de sobrevivientes eran Mercedes, la madre de Roberto, que se sentó en un rincón, como siempre hace, observando minuciosamente los movimientos de su hijo mayor, y uno de los ancianos a los que Roberto aloja en su casa, don Miguel Comparada.

El hombre, que aparenta unos ochenta años, aunque puede tener muchos más, llegó hace dos años, golpeó la puerta y pidió un plato de comida. Casualmente fue Roberto quien le abrió. El hombre usaba un viejo sombrero de fieltro marrón. A Roberto le sorprendió su aspecto y lo hizo pasar, le sirvió comida, conversaron durante dos horas y, como no tenía dónde dormir, Roberto le ofreció alojamiento en una de las alas de esa casa que se amplía hacia los lados y hacia el fondo, con varias construcciones anexas, como si nunca quisiera terminarla. Don Miguel, que había sido rabdomante, ayudó a Roberto a encontrar agua en dos pozos de una chacra que posee en las proximidades de Montevideo. En una de esas caminatas por el campo, don Miguel le contó a Roberto, como al pasar, lo que había sucedido en octubre de 1972, cuando dos familiares de los caídos en los Andes aparecieron en su casita junto al Río de la Plata, para pedirle que intentara localizarlos en un amplio mapa que desplegaron sobre el suelo, con su vara de madera. Roberto se detuvo y permaneció estupefacto, observándolo. Un año después, don Miguel, sin que se lo pidieran, ayudó a construir el salón que se inauguró el viernes 13 de octubre y fue quien se ocupó de los últimos detalles, en especial para que la gran estufa de leña funcionara y caldeara el ambiente.

El grupo habló de los Andes desde el primer momento. Surgieron anécdotas nuevas y en un momento Álvaro Mangino empezó a nombrar a los cuarenta y cinco pasajeros del Fairchild 571. Todos escuchaban. Cuando llegó al séptimo, se detuvo para hacer memoria, y entre todos fueron completando la nómina. Los muertos y los vivos.

Don Miguel, a quien Roberto presentó como el constructor del salón, se había sentado en el otro extremo, junto a los grandes ventanales que daban al fondo, con su infaltable sombrero de fieltro. Cada tanto se incorporaba para agregar más leños al fuego, de modo que siempre mantuvo la llama encendida.

A medianoche, con los rostros cansados y la luz tenue, Roberto sintió que el grupo se había aproximado al fuselaje.

A las dos de la mañana, los primeros comenzaron a marcharse. A las tres quedaban seis sobrevivientes, además de Roberto, su madre y don Miguel. Ahora el grupo hablaba en susurros, como en la montaña. La madre de Roberto seguía acompañándolo con la mirada, como siempre, para que no se le perdiera de nuevo.

A las cuatro, con la mayor discreción, intentando pasar inadvertido, don Miguel se puso de pie, abrió la puerta de atrás y salió al fondo. En la estufa quedaban suficientes brasas para caldear el amplio salón hasta que amaneciera. Adolfo Strauch, que estaba de pie junto a la estufa, lo observó mientras caminaba en la penumbra del jardín, hasta sentarse en un banco de madera, bajo las ramas de un sauce. Cuando lo volvió a mirar, cinco minutos después, le sorprendió que tuviera la cabeza reclinada junto a las rodillas, sin el sombrero. Se aproximó al ventanal y lo miró con más atención: sí, estaba como encogido en el banco bajo el árbol, en la oscuridad.

Adolfo continuó observándolo y desatendió el murmullo con que hablaban sus amigos. Abrió la puerta y lo azotó el frío. Cuando se acercó al viejo, le preguntó si se sentía bien. El hombre asintió con la cabeza.

Adolfo se sentó junto a él, poniendo el sombrero en su falda. Cuando volvió a dirigirle la palabra, y don Miguel lo miró, Adolfo se dio cuenta de que había estado llorando. Sus ojos oscuros se habían enrojecido. La luna llena bañaba el jardín sin terminar, con trastos viejos contra los cercos y un portón de madera allá lejos, que daba a la avenida Rivera.

Adolfo le palmeó el hombro.

—No esté triste, hombre —le dijo.

—No lo estoy —respondió don Miguel.

—¿Está seguro? —sonrió Adolfo.

—Completamente. Me siento muy bien —afirmó el viejo.

Adolfo lo miró con atención, en verdad no parecía afligido.

—Pues entonces no nos tenga lástima, ni compasión —le añadió, con la misma sonrisa cariñosa, poniéndose de pie para regresar al salón—. Hablamos de recuerdos dolorosos pero también de muchas vidas.

—Ya lo sé —agregó el viejo—. No les tengo compasión. En absoluto.

—¿Y entonces por quién llora? —preguntó Adolfo, masajeándose la barbilla, con curiosidad.

El viejo lo miró con ternura.

—Lloro por mí —musitó.

Agradecimiento

◆

Esta obra comenzó a escribirse en febrero de 1973. Nando Parrado había llegado hacía pocos días de Chile, tras el accidente, y quería narrar la epopeya que había vivido. Me llamó para que lo ayudara. Era razonable lo que me pedía, éramos amigos. Los dos fuimos compañeros de clase durante los diez años de la primaria y la secundaria en el colegio Stella Maris-Christian Brothers y a los dos nos gustaban las historias y el cine. A ello se sumaba que yo era el «escribidor» del colegio, una cualidad que resultaba poco relevante en aquel ambiente de muchachos inteligentes y rudos, en una institución exclusiva de varones, pero que mis amigos consentían como si fuera una excentricidad pasajera, que se evaporaría con el tiempo. Colaboré con el proyecto de Nando durante un par de meses. Incluso, para captar el ambiente de la montaña, fuimos a la base de la Fuerza Aérea en Carrasco donde vimos imágenes –fotos de cuando quemaron el fuselaje, en enero de 1973– que nunca volví a ver.

Pero aquel libro de los Andes corría por otros carriles. Se había generado una polémica a escala mundial y el grupo quería dar una versión rotunda de lo ocurrido. Un día me citó a un bar en Carrasco quien entonces era el presidente del Old Christians, el pequeño club de los exalumnos del colegio (cuya comisión directiva yo mismo había integrado en el pasado). Venía a pedirme que «diera un paso al costado» con el libro, porque aquello había cobrado otras dimensiones. Me pareció tan prudente lo que me decía, que nunca más hablé del asunto.

Como a todos los que participamos en aquellos años del rugby, y del Stella Maris-Christian Brothers, el accidente nos partió la vida al medio. Siempre había jugado al rugby, aunque con una diferencia curiosa respecto de mis compañeros: nunca pude tomármelo demasiado en serio. Más bien utilizaba los partidos para divertirme y enfadar a los adversarios, estimulado por una pequeña hinchada que lideraban, entre otros, Gustavo Zerbino y Julio Martínez-Lamas (el primero sobrevivió a la tragedia y el segundo pereció). Al grito de «¡Dibuje, niño!» (mi sobrenombre desde la infancia, por ser el menor de la clase), y aprovechando que tenía alguna velocidad y era bastante grande, corría hasta detrás de la línea de gol adversaria, pero en vez de apoyar la pelota, volvía a la cancha, a toda velocidad y sorteando a los jugadores del equipo contrario, sólo para alterarlos y hacer que mi pequeña hinchada vibrara de gozo, a los gritos. Hasta que un día, después de entrar y salir tres veces de la línea de gol adversaria sin apoyar la pelota, con mis seguidores enardecidos, el Hermano Cristiano irlandés que oficiaba de entrenador, que tanto me había admirado como alumno del colegio, me expulsó del juego. Mi exótica hinchada quedó desconsolada, y yo nunca más regresé a una cancha de rugby, aunque seguí siendo amigo de todos para siempre. Mi otra extravagancia, la de ser el «escribidor» del colegio, en lugar de atenuarse, se afianzó con el tiempo.

También se consolidó la fractura que a todos nos produjo el accidente de los Andes. Nunca entendimos cabalmente lo que había sucedido. Por eso intenté abordarlo desde todos los ángulos que pude, escribiendo en los diferentes periódicos y diarios donde trabajaba. Destaco tres tentativas, aunque nunca me complacían. En el diario *El Día* intenté un abordaje sociológico, entrevistando a expertos en la materia. En el mismo periódico hice un extenso reportaje entrevistando a varios pilotos, para ver si entendiendo lo que había ocurrido en los instantes mismos del accidente, lograba aproximarme a lo demás. Cuando se cumplieron treinta años de la tragedia, en 2002, escribí un artículo largo para el diario *El País*, titulado *Nosotros, los otros*. En esa oportunidad escribí desde el punto de vista de los muertos, en primera persona.

En 2005, el colegio Stella Maris-Christian Brothers me pidió que escribiera el libro que conmemoraba los cincuenta años de su fundación, al que titulé con el lema de la institución, *Ad astra* («al máximo, hasta mi estrella»), donde el capítulo de la cordillera divide el libro al medio y se titula *Antes y después de los Andes*. La presentación intentó recrear la conferencia de prensa en el gimnasio del colegio del 28 de diciembre del 72.

En el estrado estaban la mayoría de los sobrevivientes, con el gimnasio abarrotado de gente, al punto que hubo que adaptar otras salas con pantallas para atender a una demanda desmedida. Resultaba demasiado obvio, como lo dije en esa oportunidad, que esa gente no había concurrido a la presentación de un libro, sino a revivir un sentimiento que había experimentado hacía treinta y tres años. Lo que más me complació de ese libro fue la carta de agradecimiento que me enviaron las madres de los muertos en la montaña, que en 1973 fundaron la Biblioteca Nuestros Hijos.

En 1955 los Hermanos Cristianos de la congregación Christian Brothers de Irlanda decidieron fundar un colegio católico y de habla inglesa en Uruguay, después de haber creado el Cardenal Newman en Buenos Aires, en 1948. Resultaba una experiencia temeraria que debería imponerse contra viento y marea mediante normas rígidas y austeras, donde lo que más se valoraba era la lealtad y la integridad. Por eso se apuntaló la práctica del rugby, un deporte que los Hermanos imaginaban que cristalizaría su propuesta pedagógica, en un país eminentemente futbolero, que a la fecha era el único que había obtenido dos copas mundiales, en 1930 y 1950.

Uruguay era un país calificado como «modelo» que a principios del siglo XX había establecido el primer Estado Benefactor de América Latina. A partir de 1955 el país dejó de crecer, iniciando un período de estancamiento económico que duró treinta años. La decadencia trajo tensiones e inestabilidad política. Vino la guerrilla tupamara —alentada por el desencanto en un país que había perdido de vista un pasado ejemplar e idealizado— que alfombró el camino de la dictadura militar en 1973, ocho meses después del accidente de los Andes. El golpe de Estado, que duró once años, se desató en la misma época que en todos los países del Cono Sur de América Latina como expresión violenta de la Guerra Fría que, paradojalmente, en los continentes donde verdaderamente se dirimía el conflicto no provocaba convulsiones tan sangrientas.

En esa época y en ese marco, en un país conformado esencialmente por una vasta clase media, ese grupo de *rugbiers* y sus amigos, pertenecientes a la clase media alta, y provenientes en su mayoría del barrio-jardín más exclusivo de Montevideo, Carrasco, arrendaron un avión de la Fuerza Aérea Uruguaya, la misma que participaría pocos meses después en el golpe de Estado que derrumbó las instituciones democráticas.

En agosto de 2005, Roberto Canessa y Gustavo Zerbino le plantearon a Gonzalo Arijón, un documentalista uruguayo residente en Francia que estaba filmando desde hacía varios años una película con los sobrevivientes, titulada *Stranded* en inglés y *Vengo de un avión que cayó en las montañas* en español, que compartiera conmigo las entrevistas que iba a realizarles, de modo que yo pudiera elaborar, sumándole las entrevistas que yo mismo haría, el primer libro donde se expresaran los dieciséis. Cuando Gonzalo me llamó por teléfono y me contó la idea, yo no dejaba de sonreír: ¿cómo decirle que hacía treinta y tres años estaba esperando esa llamada?

Dos condiciones me parecieron imprescindibles para elaborar este libro. En primer lugar, subir a la montaña y permanecer en el lugar del accidente todo el tiempo posible, hasta que nos expulsaran las tempestades, para poder vislumbrar, aunque fuera por destellos, lo que ellos sintieron. Pude hacerlo con cuatro sobrevivientes, en marzo de 2006: Adolfo Strauch, Moncho Sabella, Gustavo Zerbino y Roberto Canessa. La segunda condición era que participaran los dieciséis. No era una tarea fácil, porque muchos de ellos no sólo no habían concedido jamás una entrevista, sino que se alejaban del accidente todo lo que podían.

Opté por probar suerte con el que todos consideraban el más difícil: Pedro Algorta, que residía en Buenos Aires. Lo conocía de la infancia y la primera juventud, porque estaba una clase por debajo de la mía. Si bien hacía cuarenta años que no lo veía, recordaba perfectamente que entonces nos llevábamos bien, que era muy cordial y talentoso. Animado por la expectativa del libro, le escribí un correo electrónico excesivamente largo. En el primer párrafo le planteaba mi objetivo, pero luego me extendí en recuerdos del pasado, que a Pedro le resultaron desmesurados. Su respuesta fue tan lacónica que me lastimó: «¿Para qué tanto?». Con esas tres palabras se desvaneció el proyecto del libro. Le respondí en el mismo tono, sin saludos ni despedidas, relatándole esta anécdota: hacía cuatro años, navegando por el lago Argentino en la Patagonia andina, cuando nos aproximábamos al glaciar Upsala, tuve que subir a la parte más alta del catamarán, solo, para que no me vieran mi mujer y mis hijas, porque no podía dejar de llorar, desconsoladamente, pensando en mis amigos de la montaña de 1972. Quince minutos después Pedro volvió a escribirme: «Te encuentro el viernes en Montevideo, en el bar Anrejó, a las nueve de la noche».

Doy gracias por este libro a los dieciséis sobrevivientes, con muchos de los cuales compartí la niñez y juventud, por permitirme compartir, también, su madurez. Pero fundamentalmente doy gracias a los veintinueve que perdieron la vida tan jóvenes, entre los que estaban mis amigos de la vida, compañeros de generación y de deportes del colegio Stella Maris-Christian Brothers.

Por los azares del destino no volé en ese avión, pero el viaje de ustedes me marcó para siempre e hizo que emprendiera mi propia travesía con un rumbo diferente.

PABLO VIERCI

MONTEVIDEO, JULIO DE 2008

Pasajeros y tripulantes del Fairchild 571

◆

Francisco Abal
Pedro Algorta
Roberto Canessa
Gastón Costemalle
Alfredo Delgado
Rafael Echavarren
Daniel Fernández
Julio Ferradás
Roberto François
Roy Harley
Alexis Hounié
José Luis Inciarte
Dante Lagurara
Guido Magri
Álvaro Mangino
Felipe Maquirriaín
Graziela Mariani
Julio Martínez-Lamas
Ramón Martínez
Daniel Maspons
Juan Carlos Menéndez
Javier Methol
Liliana Navarro de Methol

Francisco Nicola
Esther Horta de Nicola
Gustavo Nicolich
Arturo Nogueira
Carlos Páez
Eugenia Dolgay de Parrado
Fernando Parrado
Susana Parrado
Marcelo Pérez del Castillo
Enrique Platero
Ovidio Joaquín Ramírez
Carlos Roque
Ramón Sabella
Daniel Shaw
Diego Storm
Adolfo Strauch
Eduardo Strauch
Numa Turcatti
Carlos Valeta
Fernando Vázquez
Antonio Vizintín
Gustavo Zerbino